edition suhrkamp

Redaktion: Günther Busch

edition suhrkamp 881
Erste Auflage 1977

Satz, in Linotype Garamond, Druck und Bindung bei Georg Wagner, Nördlingen.
Gesamtausstattung Willy Fleckhaus.

Inhalt

Peter Kutter

Einleitung. Neuere Entwicklungen der Psychoanalyse

1. Eine höchst umstrittene Wissenschaft

Daß die Psychoanalyse an Boden verliere, wird von vielen Seiten behauptet: Die offiziellen Vertreter der Psychologie an den Universitäten sprechen ihr alle Wissenschaftlichkeit ab; sie arbeite nicht mit empirischen Methoden und sei infolgedessen keine Wissenschaft des Verhaltens und der Verhaltensmodifikation. Die Gesprächspsychotherapie und die Verhaltenstherapie kämpfen um die Nachfolge der Psychoanalyse in der psychotherapeutischen Versorgung der Bevölkerung. Primär-Therapeuten bezichtigen die Psychoanalyse, daß sie die Welt der Gefühle zu wenig berücksichtige, die nur durch Ur-Schrei (z. B. Janov, 1975) befreit werden könne. Darüber hinaus breitet sich zwischen Psychoanalyse und Verhaltenstherapie eine zunehmende Vielzahl von therapeutischen Verfahren aus, deren Vertreter einen dritten Weg zwischen Psychoanalyse und Verhaltenstherapie beschreiten, der rasche Lösungen in der Bewältigung therapeutischer, pädagogischer und sozialer Probleme verspricht (z. B. die Gestalttherapie. Vgl. F. S. Perls, 1974).

Von Soziologen wird kritisiert, die Psychoanalyse begreife ihren Gegenstand, den Menschen und dessen Konflikte, losgelöst von seiner gesellschaftlichen Umwelt; sie verfolge ein rein individualistisches Konzept, das weder die vielfältigen Umwelteinflüsse während der frühkindlichen Sozialisation beachte, noch die aktuelle soziale Lage des Einzelnen in Theorie und Praxis einbeziehe – von ökonomischen Verhältnissen der materiellen »Basis« ganz zu schweigen (vgl. z. B. K. Horn, 1971).

2. Eine sich selbst neu definierende Theorie von Subjektivität und Interaktion

Gleichzeitig hat die Psychoanalyse selbst mehrfache Anstrengungen unternommen, sich selbst neu zu definieren. Alfred Lorenzer (1970a, 1971, 1972) schuf ein vor allem von der linken studentischen Jugend stark rezipiertes Werk, das, ausgehend von einem neuformulierten Symbolbegriff, die Verbindung von Marxismus und Psychoanalyse in Form einer materialistischen Sozialisationstheorie herstellt und in der Psychoanalyse vorwiegend eine »Interaktions-Theorie« sieht – mit dem Resultat einer »interaktionistischen Psychoanalyse«.

Andere versuchen, der Psychoanalyse im Gefolge von J. Lacan (1973-75) und den französischen Strukturalisten von der Sprache her einen neuen Sinn zu geben, indem sie Psychoanalyse ausschließlich als *»Sprach-Analyse«* (vgl. auch J. Habermas, 1968, S. 295) definieren; nach Lacan ist »das Unbewußte gleich einer Sprache gebaut« (H. Lang, 1973, S. 107; vgl. auch A. Lorenzer 1970b). Es geht um das Verstehen des gesprochenen Wortes, die Dechiffrierung chiffrierter Texte, die Entschlüsselung verschlüsselter Sätze, kurz, um deren »Interpretation« (P. Ricœur, 1969). Insofern ist Psychoanalyse eine *hermeneutische* Wissenschaft, in einem Wort Alfred Lorenzers: »Tiefen-Hermeneutik« (J. Habermas, 1968, S. 312). Sie ist aber auch eine *historische* Wissenschaft, die im Laufe des analytischen Prozesses gleichsam auf einer »Erzählfolie« (J. Habermas, 1968, S. 344) eine »narrative Darstellung einer individuellen Geschichte« (a.a.O., S. 332) ergibt P. C. Kuiper (1976) spricht von »Erzählung« und »dramatischer« Darstellung nicht überwundener traumatischer Erfahrungen der Kindheit.

Wird bei diesem Verständnis von Psychoanalyse der *geisteswissenschaftliche* Aspekt der Psychoanalyse deutlich, so verstehen andere Psychoanalytiker, wie schon H. Hartmann (1927, 1972), die Psychoanalyse als *Naturwissenschaft.* Sie unterziehen den vom Analysanden und Analytiker gesprochenen Text unter Nutzung datenverarbeitender Maschinen einer gründlichen und detaillierten *Inhalts-Analyse* und begründen damit zugleich Notwendigkeit und Wert derartiger empirischer Untersuchungen wissenschaftstheoretisch und methodologisch (H. Thomä und H. Kächele, 1973).

3. Eine in der Auseinandersetzung mit Nachbardisziplinen stehende Wissenschaft

Langjährige Zusammenarbeit von Psychoanalytikern und *Soziologen* wie im Sigmund-Freud-Institut Frankfurt führten zu einer beachtenswerten gegenseitigen Bereicherung beider Disziplinen: Während Soziologen lernten, in ihre Gesellschaftstheorie eine »kritische Theorie des Subjekts« (K. Horn, 1972) aufzunehmen, um gesellschaftliche Prozesse besser zu verstehen, lernten Psychoanalytiker mehr und mehr, die gesellschaftlichen und politischen Aspekte wahrzunehmen, wenn auch eine entsprechende Erweiterung der psychoanalytischen Theorie durch Psychoanalytiker selbst, von den Arbeiten A. und M. Mitscherlichs (1963, 1969) abgesehen, noch aussteht. Bemerkenswerte Ansätze hierzu wurden von Soziologen geliefert (H. Dahmer, 1973; K. Horn, 1972). Noch mehr läßt die Anwendung soziologischer Erkenntnisse in der Praxis der Psychoanalyse zu wünschen übrig.

Im Bereich der *Erziehungswissenschaften* tätige Psychoanalytiker erproben die Übertragbarkeit von aus der psychoanalytischen Situation gewonnenen Einsichten auf die Sozialisationstheorie – Einsichten in die Zusammenhänge von bestimmten Erziehungsstilen und Persönlichkeitsentwicklung – und auf die Tätigkeit des Pädagogen in Sozialarbeit und Sozialpädagogik, Sonder- und Heilpädagogik, Schule und Hochschule (A. Leber und H. Reiser, 1972; E. Mahler, 1974; F. Wellendorf, 1973; P. Kutter, 1974). Psychoanalytische »Essentials« wie Übertragung und Gegenübertragung, die Rolle von Angst und spezifischen Abwehrmechanismen lassen sich nicht nur in der klassischen psychoanalytischen Situation der Zweierbeziehung, der Zwei-Personen-Beziehung, sondern auch in Selbsterfahrungs-, fallbezogenen Supervisionsgruppen, ja sogar in Lerngruppen an der Hochschule nachweisen (P. Kutter, 1976a). Andererseits hat W. Loch (1974) unter dem provokativen Titel *Der Analytiker als Gesetzgeber und Lehrer*, an S. Freuds Definition der psychoanalytischen Kur als »Nach-Erziehung« (1905, S. 25) orientiert, mit der Pädagogik vergleichbare Elemente im realen Umgang mit dem Analysanden herausgestellt, so daß man reziprok zu einer »Psychoanalysierung der Pädagogik« (P. Kutter, 1976, S. 61) von einer Art »Pädagogisierung der Psychoanalyse« (P. Kutter, 1977) sprechen kann. Der letztgenannte Aspekt bekommt im Umgang mit psychosomatisch kranken und delinquenten Patienten eine um so größere Aktualität, als es diesen in charakteristischer Weise an der Fähigkeit mangelt, die Beziehung zu ihren Mitmenschen in der Phantasie fortzuführen und mit Gefühlen zu bereichern (P. Marty und M. de M'Uzan, 1963).

Die Auseinandersetzung zwischen Pädagogik und Psychoanalyse hat beide Disziplinen bereichert; beide Wissenschaften bemühen sich um »Veränderung«, nur daß die eine ihr Tun »Erziehung« und die andere es »Therapie« nennt.

4. Eine Behandlungsmethode mit zunehmenden Möglichkeiten der Anwendung auf neue Gegenstände bzw. neue Untersuchungsfelder

Die Psychoanalyse hat seit langem den Umkreis ihrer Gegenstände in einer Art »widening scope« (A. Freud, 1966, S. 7) laufend erweitert. Begann die Psychoanalyse als eine Therapie an neurotischen Störungen erkrankter Erwachsener, so hat sie Anna Freud (1927, 1968) schon in den zwanziger Jahren ebenso wie Melanie Klein (1926) auch auf das Kindesalter ausgedehnt. Beide haben unabhängig voneinander ganz spezifische Techniken der Kinderanalyse entwickelt (vgl. z. B. G. H. J. Pearson, 1972; M. Klein, 1962). Heute befaßt sich eine ganze Berufsorganisation in der Bundesrepublik, nämlich die ständige Konferenz der Ausbildungsinstitute für Psychagogen bzw. der Arbeitskreis für analytische Kinder- und Jugend-Psychotherapie der DGPPT*, mit dem Ausbau und der Weiterentwicklung der Psychoanalyse von Kindern und Jugendlichen.

Karl Abraham (1969, 1971) und in seiner Nachfolge Melanie Klein (1962) haben ebenso wie René A. Spitz (1960, 1967), Margret S. Mahler (1972) und D. W. Winnicott (1974, 1976) ihre Forschungen auf immer frühere, in der Kindheit entstandene Störungen ausgedehnt. Damit wurden bisher von der

* Deutsche Gesellschaft für Psychotherapie, Psychosomatik und Tiefenpsychologie.

Psychoanalyse nicht erfaßte Störungen wie Psychosen (T. Freeman et al., 1965, L. C. Wynne und M. T. Singer, 1965, P. Kutter, 1967, T. Lidz, 1973, H. F. Searles, 1974, S. J. Blatt und C. M. Wild, 1975), Grenzfälle (M. Schmiedeberg, 1959, P. Kutter, 1967, O. F. Kernberg, 1967, 1968, 1971 und 1975), narzißtische Persönlichkeiten (H. Kohut, 1973, B. Grunberger, 1975, O. F. Kernberg, 1975), Fälle mit Delinquenz (E. Glover, 1960, W. Goudsmit, 1974, Cl. de Boor, 1976), Drogenabhängigkeit (S. Rado, 1926, H. A. Rosenfeld, 1960/61) und psychosomatische Störungen (F. Alexander, 1951, A. Mitscherlich, 1966, 1967) einem neuen Verständnis und damit der Behandlung zugänglich. Eine gute Übersicht über weitere relevante psychoanalytische Literatur bietet K. Brede (1974). Durch all diese gleichermaßen über direkte Beobachtung wie nach Rekonstruktion aus der Kinder- und Erwachsenenanalyse gewonnenen Einsichten in die »Ur-Beziehung« (P. Kutter, 1972, S. 121) zwischen Kind und ersten Bezugspersonen wurde schließlich der Akzent der psychoanalytischen Forschung vom »Kernkomplex« der Neurose, dem Ödipuskomplex, auf den »Mutter-Kind-Komplex« (P. Kutter, 1975a, S. 863) als Gesamtheit der in der Mutter-Kind-Beziehung entstandenen Konflikte, als »Kernkomplex« der narzißtischen Störungen und »nach-klassischen Neurosen« (P. Kutter, 1975b, S. 217-221) verlagert. Jetzt wurden die prä-ödipalen oder pseudo-ödipalen Störungen bevorzugte Gegenstände einer ständig an Umfang zunehmenden psychoanalytischen Theorie und Praxis.

Die Psychoanalyse hat aber nicht nur die klassische Drei-Personen-Beziehung auf die nach-klassische Zwei-Personen-Beziehung ausgedehnt, sie widmet sich auch der Erforschung der Beziehungen zwischen Mitgliedern ganzer Familien und Gruppen. Als völlig neuer Zweig der Psychoanalyse entstand die *Gruppen-Analyse* oder psychoanalytische Gruppen-Psychotherapie, über die an verschiedensten psychischen Störungen Leidende unter der Bedingung, daß sie an dem in einer regressiven Bewegung zwangsläufig entstehenden Gruppenprozeß partizipieren, effektiv behandelt werden können (W. R. Bion, 1971; S. H. Foulkes, 1949, 1974, 1975; L. Grinberg et al., 1960; H. Ezriel, 1950; H. Argelander, 1972; H.-E. Richter, 1972; P. Kutter, 1970, 1976b). Wird dieser neue

Zweig psychoanalytischer Forschung und Praxis auch von vielen Psychoanalytikern argwöhnisch als nicht psychoanalytisch im strengen Sinne des Wortes betrachtet, so gilt er doch anderen als eine zwar durch die Mehr-Personen-Beziehung der Gruppe modifizierte, aber legitime Anwendung der klassischen Psychoanalyse (E. Mahler, 1972; D. Ohlmeier, 1975; G. Heising und E. Wolf, 1976).

Zögernd entwickelte sich der andere neue Zweig am Stamm der Psychoanalyse, die *Familien-Forschung und -Therapie*, um die sich in der Bundesrepublik vor allen Dingen H.-E. Richter (1970) und H. Stierlin, (1975, vgl. dessen Beitrag im vorliegenden Band, S. 122 ff.) besonders verdient gemacht haben. Auch hier wird von vielen Psychoanalytikern skeptisch die Frage gestellt, ob es sich hierbei noch um eine legitime Anwendung von Psychoanalyse handelt oder schon um ein eigenständiges neues Verfahren, um nicht zu sagen: um ein »illegitimes Kind«. Zweifellos ist die Gefahr einer »Verwässerung« der »Essentials« der Psychoanalyse bei der Anwendung auf neue Gegenstände groß. Unter der Hand kann sich die Handhabung von Übertragung und Gegenübertragung, von Angst und Widerstand mit dem neuen Gegenstand verändern. Allzu leicht können die in der Psychoanalyse stets im Zentrum der Beachtung stehenden und nur indirekt durch Psychoanalyse zu erschließenden unbewußten Phantasien gegenüber den direkt beobachtbaren realen Interaktionen zwischen Gruppen- bzw. Familienmitgliedern in den Hintergrund treten. Würde dies zutreffen, so hätten wir es in der Tat nicht mehr mit Psychoanalyse, sondern mit einer anderen Art Therapie zu tun. Bleiben dagegen die unbewußte Dimension von Übertragung und Gegenübertragung und die unbewußten Phantasien der Gruppen- bzw. Familienmitglieder weiterhin Gegenstand der Arbeit, dann handelt es sich ebenso wie bei der psychoanalytischen Gruppentherapie um eine legitime Anwendung und Erweiterung der psychoanalytischen Theorie und Praxis auf neuartige Gegenstände.

Noch schwieriger gestaltet sich die Anwendung der Psychoanalyse bei Patienten aus der *Unterschicht*. Daß dem so ist, liegt weniger daran, daß es den Angehörigen der Arbeiterklasse an Motivation zur Aufdeckung unbewußter Impulse fehlt, vielmehr daran, daß die meisten der aus Mittel- und Oberschicht stammenden Psychoanalytiker wegen der Sprachbarriere und ihrer andersartigen Sozialisation nur schwer Zugang zu dieser Art Patienten finden. Immerhin haben Psychoanalytiker, zuerst außerhalb Europas (P. Parin, F. Morgenthaler, G. Parin-Matthèy, 1963 und 1971), bald aber auch im eigenen Land, frühe Ansätze Siegfried Bernfelds (1929), Wilhelm Reichs (1936) u. a. aus den zwanziger Jahren wiederaufnehmend, mit einzelnen und Gruppen von Unterschichtangehörigen gearbeitet und darüber berichtet. In diesem Zusammenhang sind besonders H.-E. Richters beispielhafte »Initiativen in Gettos« (1972, S. 189-326; vgl. seinen Beitrag in diesem Band), aber auch Arbeiten weniger bekannte Analytiker wie z. B. H. Junker (1972), E. Moersch (1976) und P. Kutter (1974, S. 91-96) zu nennen. Ich selbst kann nach zehnjähriger psychoanalytischer Praxis sagen, daß über dreißig Prozent meiner Patienten Arbeiterkinder waren, und damit ein häufig geäußertes Vorurteil, Psychoanalytiker behandelten nur Patienten aus der Ober- und Mittelschicht, widerlegen.

5. Eine sich selbst zum Gegenstand der Analyse machende Methode

Schließlich hat die Psychoanalyse über ihre Anstrengungen, sich neu zu definieren, hinaus, sich längst selbst als »Wissenschaft eigener Art« zum Gegenstand der Analyse gemacht. Um dieses Ziel zu erreichen, zögert sie nicht, das eigene Instrument der Analyse einzusetzen und empirische Methoden der psychologischen Diagnostik auf sich selbst anzuwenden. Beispielhaft für diese letzteren Versuche sind die Forschungen der Menninger Foundation in Topeka, Kansas, die über die Definition vieler Variablen die Auswirkungen der Person des Therapeuten, des Patienten, der Situation in und außerhalb der Behandlung und des psychoanalytischen Verfahrens im Hinblick auf die Ergebnisse psychotherapeutischer Behandlungen wissenschaftlich einwandfrei belegen (O. F. Kernberg et al., 1972). Dieter Beckmann in Gießen hat ein zusammen mit H.-E. Richter entwickeltes Meßinstrument der Persönlichkeitsdiagnostik, den »Gießen-Test« (1972), ohne Scheu auf Psychoanalytiker angewandt und dabei deren meist nicht eingestandene eigene Übertragung auf ihre Patienten ebenso nachgewiesen wie deren unbewußte Tendenz, sich bei der Patientenauswahl zu ihnen wie Partner passende Fälle auszusuchen (1974) – Gefahren, die sich nur durch ständige Selbstanalyse, gegenseitige Kontrolle der Analytiker und durch kontinuierliche selbstkritische Reflexion des eigenen Selbstverständnisses (R. Klüwer, 1973; H. Thomä, 1977) sowie des eigenen Denkens und Handelns in der »Analytiker-Gemeinschaft« (A. Lorenzer, 1974, S. 203) bannen lassen. Die Gefahr einer einseitig individuumzentrierten Arbeit haben Psychoanalytiker wie H.-E. Richter (1972) und P. Fürstenau (1970, vgl. dessen Beitrag in diesem Band) sehr wohl gesehen und selbstkritisch auf die Organisation »Psychoanalytische Vereinigung« bezogen.

6. Ein Behandlungsverfahren mit verschiedenen Zielen

»Die Psychoanalyse begann als eine *Therapie*«, schreibt Freud 1933, »aber nicht als Therapie wollte ich sie Ihrem Interesse empfehlen, sondern wegen ihres *Wahrheits*gehalts« (S. Freud, 1933, S. 169). Ursprünglich war also Heilung von Krankheit, d. h. von neurotischer Krankheit, das Ziel. Durch freie Assoziation des Patienten und die Deutungen des Analytikers stellte sich heraus, daß der neurotisch Kranke an »Reminiszenzen« (S. Freud, 1895, S. 86), also Erinnerungen, leidet, an bestimmte Erinnerungen fixiert ist und nicht davon loskommt. Schaute man genauer hin, dann dominierten bestimmte Konflikte, meist zwischen sexuellen Wünschen und elterlichen Verboten. Wurden diese Konflikte zum Bewußtsein gebracht und im nachhinein gelöst, war der Patient geheilt. Der unbewußte Konflikt oder die unbewußte Psychodynamik ist also die Ursache der neurotischen Symptomatik. Im Sinne einer kausalen Therapie können so Krankheiten geheilt werden. Es liegt an der Fülle der ungelösten Konflikte und an der Kompliziertheit der einzelnen Konflikte, daß psychoanalytische Behandlungen so lange dauern, um Besserung, wenn nicht Heilung zu erzielen. Oft muß man sich mit einem Teilerfolg zufriedengeben und kann nicht alle Konflikte bearbeiten, sondern versucht, möglichst nur diejenigen, die das größte Leiden verursachen oder die einschneidendste Einschränkung des Kranken mit sich bringen, einer Lösung zuzuführen. Will man eine psychoanalytische Therapie nicht zu einer unendlichen machen, so bedarf es schon aus Gründen der Zweckmäßigkeit und Wirtschaftlichkeit einer zeitlichen Beschränkung. Nicht von ungefähr haben die Krankenkassen aus diesen Gründen eine Limitierung der Leistungspflicht für analytische Psychotherapie und tiefenpsychologisch fundierte Psychotherapie in die einschlägigen gesetzlichen Regelungen eingebaut.

Das Ziel der *Psychoanalyse* weist aber über das Ziel von *Krankenbehandlung* eindeutig hinaus. Es geht, bezogen auf das Subjekt, um Aufhellung der kindlichen Amnesie, um Rekonstruktion (S. Freud, 1937, S. 45) der Biographie, um deren »historische Komplettierung« (A. Lorenzer, 1970 b, S. 137). Auf diese Weise werden diejenigen Objektbeziehungen des Subjekts, die wegen ihrer Konflikthaftigkeit vom Bewußtsein ausgeschlossen sind, bewußt und im nachhinein wieder für es verfügbar. Das Subjekt hat die vordem abgebrochene Beziehung wiederaufgenommen, wiederhergestellt. Bei schwer gestörten Fällen vom Typ des »Borderline« ist es sogar notwendig, daß während der Psychoanalyse noch niemals erlebte Beziehungen in einer Art »Neu-Beginn« (M. Balint, 1932 bzw. 1966, S. 187 ff.) erst hergestellt werden müssen. Dann geht es bei der Tätigkeit des Analytikers nicht um »Re-Konstruktion«, sondern um echte »Konstruktion«, besser: »Konstitution« oder schlicht: Ich-Aufbau, ein Gesichtspunkt, der die Psychoanalyse als Wissenschaft und Praxis in jüngster Zeit intensiv beschäftigt (W. Loch, 1966, 1974, 1976). Gemeint ist im Grunde »Neu-Konstruktion«. Diese neugeschaffene inner-psychische Struktur im Subjekt war ursprünglich außer-seelische oder objektive soziale Struktur, die im Wege der Verinnerlichung subjektive Struktur wurde. Unter diesen Perspektiven erscheint die Psychoanalyse explizit als eine Lehre von den Objektbeziehungen bzw. als »Objekt-Beziehungs-Psychologie« (W. R. D. Fairbairn, 1946; J. D. Sutherland, 1963; H. Guntrip, 1969; W. Loch, 1966; S. Becker u. R. S. Zons, 1975). Von daher ist es auch zu verstehen, wenn – obwohl mit anderer Zielsetzung – A. Lorenzer die Psychoanalyse direkt als »Sozial-Wissenschaft« bzw. »Interaktions-theorie« bezeichnet.

Daß mit den wieder ins Ich »heimgeholten« Objektbeziehungen bzw. mit den »neu aufgebauten« Interaktions-Strukturen im Subjekt stets auch die dazugehörigen Affekte ins Ich integriert werden, muß wegen eines heute weit verbreiteten Irrtums über Psychoanalyse als lediglich zu rationaler oder intellektueller Einsicht verhelfender Methode eigens betont werden. Dieses »Fremd-Mißverständnis« von Psychoanalyse verwundert um so mehr, als das ausdrückliche Ziel des psychoanalytischen Prozesses von Anfang an »Katharsis« (S. Freud, 1895, S. 77 f.), nämlich Abfuhr »eingeklemmter Affekte« (a.a.O., S. 87), war. Psychoanalyse ist also, da Affekte von Trieben abstammen, deren Derivate sind, immer auch Triebtheorie bzw. *Affekt-Psychologie.*

Das am weitesten reichende Ziel des psychoanalytischen Verfahrens ist Sinnfindung oder Wahrheitsfindung, ein Ziel, um dessen nähere Bestimmung – bei allen methodischen Unterschieden der Argumentation – sich in jüngster Zeit gleichermaßen A. Lorenzer (1974) und W. Loch (1976, siehe dessen Beitrag in diesem Band) verdient gemacht haben. Es handelt sich um ein Ziel, das über die Krankenbehandlung weit hinausweist und eine besondere Motivation beim Analysanden erfordert. Die schließlich gefundene Wahrheit kann durchaus schmerzlich sein, etwa, wenn ein Ehepaar nach einer Ehepaar-Gruppentherapie erkennt, daß beide Partner in neurotischer Partnerwahl einander geheiratet haben und sich gegenseitig in ihrer Lebensentfaltung behindern, so daß Scheidung der einzige Ausweg ist. Der Zustand der Unwahrheit oder, schlicht, der Lüge erscheint zuweilen gegenüber der bitteren Wahrheit als geringeres Übel. Doch das mit der Unwahrheit verbundene Leiden und die dahinter verborgene Unerfülltheit des Lebens und seiner Möglichkeiten rechtfertigen, daß mit Hilfe der Psychoanalyse der »Wahrheitsgehalt« eines innerseelischen Konfliktes ebenso rückhaltlos erforscht wird wie der einer zwischenmenschlichen Beziehung.

7. Eine sich wandelnde oder eine gleichbleibende Wissenschaft?

Halten wir für einen Moment Rückschau: Wir sehen, wie umstritten die Psychoanalyse ist, wie ihr alle Wissenschaftlichkeit abgesprochen wird. Auf der anderen Seite hoffe ich, deutlich gemacht zu haben, daß die Psychoanalyse in steter Entwicklung begriffen ist: sie definiert sich laufend neu, setzt sich mit anderen Wissenschaften auseinander, erweitert ihren Anwendungsbereich, macht sich selbst zum Gegenstand der Analyse und steckt sich neue Ziele. Bleibt sie hierbei noch Psychoanalyse als eine »Psychoanalyse im Wandel« oder ist das Ergebnis dieser Wandlung womöglich etwas ganz Neues, das den Namen »Psychoanalyse« gar nicht mehr verdient? Um diese Frage zu klären, wollen wir genauer betrachten, was z. B. Neudefinitionen der Psychoanalyse als »Interaktions-Theorie« oder »Sprach-Analyse« mit sich bringen. Mir scheint, daß die Gefahr des Verlustes essentieller Elemente der Psychoanalyse dabei nicht gering ist. Wird z. B. *nur* die Interaktion zwischen Subjekt und Objekt gesehen und die Triebtheorie vernachlässigt, dann fehlt ein unabdingbares Element der Psychoanalyse. Wird Psychoanalyse im wesentlichen als »Sprach-Analyse« verstanden, dann besteht die ernste Gefahr, daß das jenseits von Sprache sich im präverbalen Bereich oder im Verhalten äußernde Inszenieren von Konflikten, wie es besonders bei Kindern, Psychosekranken oder Delinquenten erscheint, verloren geht. Wird gar das vertraute »setting« der klassischen Psychoanalyse verlassen, um die Psychoanalyse in andere soziale Felder wie Sozialarbeit, Psychiatrie, Strafvollzug und Obdachlosenarbeit einzubringen, dann riskiert man, daß das, was in diesem anderen »setting« für Psychoanalyse gehalten wird, nicht mehr Psychoanalyse ist. Greift man pädagogische oder soziologische Elemente in der psychoanalytischen Theorie und Technik auf, dann nimmt man in Kauf, daß aus Psychoanalyse Pädagogik oder Gesellschaftswissenschaft wird. Dasselbe gilt, wenn die Psychoanalyse auf Gegenstände angewandt wird, die gänzlich andersartig sind als die klassische psychoanalytische Situation der Zwei-Personen-Beziehung, z. B. die Verlaufsformen gesellschaftlicher Prozesse. So wird aus einer »kritischen Theorie des Subjekts« eine »kritische Gesellschaftstheorie«, die mit Psychoanalyse vielleicht nur noch am Rande zu tun hat. Auf die vergleichbare Gefahr einer psychoanalytischen Familienforschung und -therapie wurde bereits hingewiesen. Am ehesten bleibt Psychoanalyse das, was sie ist, wenn sie sich selbst zum Gegenstand der Psychoanalyse macht, ihre Methode auf sich selbst anwendet. Was aber, wenn sie sich anderer Methoden bedient, um ihre Ergebnisse zu verifizieren? Handelt es sich dann noch um Psychoanalyse sui generis?

Der Psychoanalytiker bedient sich der Methoden anderer Disziplinen, etwa der Test-Psychologie, um das, was die Analyse selbst verändert hat, zu messen, zu überprüfen. Oder der Psychoanalytiker wendet gruppendynamische Methoden an, um die unbewußten Gruppenprozesse in Therapiegruppen an ihren Wirkungen zu untersuchen. Unterscheidet er hierbei konsequent den unbewußten psychoanalytischen Prozeß von dessen Wirkungen, die er mit Methoden anderer Wissenschaften untersucht, dann kann er m. E. der Entwicklung der Psychoanalyse als eigenständiger Wissenschaft nur nützen. Dasselbe gilt für die Anwendung von Psychoanalyse in den oben genannten neuen sozialen Feldern, aber z. B. auch für die Supervision von Sozialarbeitern oder Bewährungshelfern, für den Bereich von Lehre und Forschung, in der Beratungs- und Gutachterpraxis und – ganz allgemein – in der Prävention psychischer Störungen.

Aus alledem geht hervor, daß sich Psychoanalyse als außerordentlich *wandlungsfähig* erweist und daß von einem »Veralten« der Psychoanalyse (H. Marcuse, 1965, S. 85-106) wohl keine Rede sein kann. Sie bleibt Psychoanalyse, auch wenn neue Akzente gesetzt werden, ein Aspekt besonders betont wird; unter all diesen Wandlungen bleibt sie sich gleich. Im Hinblick auf ihren »widening scope« könnte man im Gegensatz zu H. Marcuse durchaus von einem »Sich-Verjüngen« der Psychoanalyse sprechen. Dabei ist es nicht ausgeschlossen, daß eines Tages die »Libidotheorie«, die »Trieblehre« nicht mehr als unabdingbare Bestandteile der psychoanalytischen Theorie erscheinen. Auf der anderen Seite werden wesentliche andere Elemente ihrer Theorie die Zukunft mit sehr hoher Wahrscheinlichkeit überdauern; man denke nur an Übertragung und Gegenübertragung, an die psychoanalytische Abwehrlehre mit eindrucksvollen, aber auch wiederholbar und objektierbar festzustellenden Abwehrvorgängen wie Projektion, Reaktionsbildung oder Wendung gegen sich selbst (D. Rapaport, 1959, S. 133).

8. Typische Beispiele einer Psychoanalyse im Wandel

Die in diesem Band zusammengestellten Aufsätze sind typische Beispiele einer sich wandelnden, aber dennoch ihren Prinzipien gegenüber gleichbleibenden Psychoanalyse. Sie gingen aus Referaten hervor, die im Rahmen einer vom Institut für Psychoanalyse im Fachbereich Psychologie der Frankfurter Universität organisierten Ring-Veranstaltung unter dem Gesamtthema »Psychoanalyse und Gesellschaft« gehalten wurden. Mit ihnen trat das aus dem Lehrstuhl Alexander Mitscherlichs hervorgegangene Institut nach der Emeritierung seines Gründers erstmals wieder an die Öffentlichkeit.

Die einzelnen Vorträge spiegeln die bisher erörterten aktuellen Aspekte der Psychoanalyse in verschiedener Akzentsetzung: Wolfgang Loch und Ursula Pohlmann zeigen, wie sich Methoden und Gegenstände der Psychoanalyse gewandelt haben, und belegen dies an einem eindrucksvollen Fallbeispiel: Statt von Lust- und Realitätsprinzip ist von Sicherheits- und Schmerzprinzip die Rede. An die Stelle der freien Assoziation und Deutung ist der Gebrauch der Objektbeziehung selber getreten. Konstruktion von Ich-Struktur löst Rekonstruktion mißglückter Lebensgeschichte ab.

Otto F. Kernberg geht exemplarisch auf ein besonders aktuelles Thema der Psychoanalyse, nämlich die Narzißmus-Problematik, ein. Er gibt nicht nur klare Definitionen eines oft unklaren Begriffs, sondern ordnet die narzißtischen Phänomene sowohl in ihrer klinisch-deskriptiven als auch in ihrer strukturtheoretischen Dimension. Gleichermaßen normalpsychologische wie psychopathologische Probleme des Selbstwertgefühls und Selbsterlebens werden dabei evident und am Fall der Homosexualität beispielhaft verdeutlicht.

Paul Parins Beitrag ist ein Paradebeispiel dafür, wie sich das durch Anwendung in der Mittelschicht unserer Gesellschaft bewährte Instrument der Psychoanalyse auf Mitglieder anderer Gesellschaften anwenden läßt. Der häufig gegen die Psychoanalyse erhobene Vorwurf, sie berücksichtige gesellschaftliche Unterschiede nicht, wird mit diesem Beitrag entkräftet. Der Leser erfährt, wie verschiedene Erziehungsstile den Ablauf und die Dauer biologisch vorgegebener psychosexueller Entwicklungsstufen in spezifischer Weise verändern, mit dem Resultat einer dadurch bestimmten Persönlichkeitsstruktur. Es wird weiter gezeigt, in welch unterschiedlicher Weise Menschen mit den ihnen von der Gesellschaft vermittelten Rollen umgehen, sich mit ihnen identifizieren, sie verweigern oder neurotisch, unbewußt, unter Symptombildung bzw. mit der Entwicklung einer spezifischen Charakterstruktur abwehren – Aspekte, ohne die, würden sie nicht analytisch aufgearbeitet, jede Psychoanalyse unvollständig bliebe.

Helm Stierlin führt die Auseinandersetzung zwischen Identität und Rolle in seinem Beitrag im Hinblick auf die Familie weiter. Er geht, ähnlich wie die amerikanischen Familienforscher (*Familientherapie, Theorie und Praxis,* hrsg. v. I. Boszormenyi-Nagy und J. L. Framo, 1975) und H.-E. Richter in der Bundesrepublik den Möglichkeiten nach, wie in der Familie durch die unbewußte Zuweisung oder »Delegation« bestimmter Rollen an Kinder deren Identitätsbildung in spezifischer Weise behindert wird. Er zeigt darüber hinaus, wie Therapie der »Familie als Ganzes« (*Schizophrenie und Familie,* 1969) Rollenzuweisungen »aufbrechen« und wie das prekäre System von sich gegenseitig unterdrückenden und ausbeutenden Beziehungen »aus den Angeln gehoben« werden kann. Sein Vorgehen ist so lange psychoanalytisch, als die jeweils unbewußten Prozesse *in* und *zwischen* den einzelnen Beteiligten genauso wie in der Gruppenanalyse oder der psychoanalytischen Gruppenpsychotherapie aufgespürt und durch Interpretation einsichtig werden. Insofern handelt es sich um psychoanalytische Familienpsychotherapie. Voraussetzung dafür ist, daß sich der Familientherapeut genauso wie der mit Einzelnen arbeitende Psychoanalytiker partiell in das System unbewußter Beziehungen verwickeln läßt. Denn nur so merkt er an sich selbst, in der Gegenübertragung auf einzelne Familienmitglieder und in der Identifikation mit ihnen, wie die Familienangehörigen mit ihm unbewußt »umgehen«, indem sie früheren Bezugspersonen geltende Gefühle auf ihn »übertragen«, einzelne unbewußte Regungen auf ihn »projizieren« oder er sich probeweise mit den auf ihn projizierten Impulsen identifiziert. Den letztgenannten Vorgang nennt Melanie Klein »projektive Identifikation« (1962, S. 109).

Das für die Familienforschung und -therapie geltende Kriterium der Psychoanalyse gilt auch für die Arbeit Horst-Eberhard Richters mit Obdachlosen. Weil hierbei die Identität des Psychoanalytikers in ungleich stärkerem Ausmaß bedroht wird als in der Arbeit mit Mittelschichtfamilien, ist bei dieser Tätigkeit im sozialen Feld um so mehr zu prüfen, ob sie noch Psychoanalyse im Sinne unserer Minimaldefinition ist. Sie ist *nicht* psychoanalytisch, wenn der Analytiker die »sozioökonomischen Determinanten« als »wesentliche Mitursache psychosozialer Störungen« untersucht, ja Strategien entwickelt, diese politisch zu verändern, und sich entsprechend handelnd verhält. Sie *ist* psychoanalytisch, wenn sich der Analytiker in einem oszillierenden Wechsel mit den Bewohnern und Mitarbeitern ebensogut identifizieren wie auch wieder distanzieren kann. Dies gelingt ihm, wenn er sich unter Nutzung seiner eigenen unbewußten Reaktionen laufend um ein Verständnis der zwischen den beteiligten Personen unbewußt ablaufenden Prozesse bemüht und diese deutet. Psychoanalytische Funktion und politische Rolle sind damit streng voneinander getrennt.

Peter Fürstenau führt gerade diese Problematik zwischen psychoanalytischer Praxis und deren politischer Bedeutung in seinem Beitrag einer längst fälligen Klärung zu. Während eine gegenüber der Psychoanalyse aufgeschlossene Richtung der Studentenbewegung ständig deren politische Wirksamkeit in Theorie und Therapie forderte und eine von Politik und Gesellschaftskritik »losgelöste« psychoanalytische Praxis ablehnte, grenzt Fürstenau in klarer soziologischer Definition – im Gegensatz zu Richter, der die Trennung von psychoanalytischer Konfliktbewältigung und politischem Handeln für »verhängnisvoll« hält – *psychoanalytische* Arbeit von *politischer* Tätigkeit scharf gegeneinander ab. Nach Fürstenau ist Psychoanalyse an die »psychoanalytische Situation« und eine klare Motivation derer, die um Psychoanalyse ersuchen, gebunden und nicht ohne weiteres auf andere Situationen übertragbar. Damit kritisiert er grundsätzlich jede Bemühung, Psychoanalyse an einem anderen Ort, z. B. an der Hochschule, sei es in Psychologie, Soziologie oder Pädagogik, zu vermitteln. Natürlich verändern der andere Bezugsrahmen und die fehlende Motivation nach Heilung von Krankheit bzw. nach Lösung unbewußter Konflikte die bei der Vermittlung psychoanalytischer Inhalte unweigerlich sowohl im einzelnen Hörer als auch in der Gruppe aufgerührten unbewußten Prozesse. Sie lassen sich aber im Prinzip ebenso wie in der Gruppen- und Familientherapie verstehen. Ob dieses Verständnis in Deutungen oder bestimmtes Handeln umgesetzt wird, ist eine andere Frage, die hier zu erörtern zu weit führen würde. Es ist jedenfalls (P. Kutter, 1976 a) möglich, wenn auch nicht einfach zu realisieren, in einer Personalunion von Hochschullehrer und Psychoanalytiker spezifisch psychoanalytische Funktionen auszuüben. Voraussetzung dafür ist allerdings, daß die Problematik der Rollen auf beiden Seiten (Hochschullehrer und Studenten, Psychoanalytiker und Gruppenteilnehmer) klar expliziert ist, eine Indikation zu einer psychoanalytischen Intervention besteht und von beiden Seiten in einer Art Ad-hoc-Kontrakt bejaht wird. Der Leser möge sich selbst bei der Lektüre der Aufsätze, insbesondere der von Parin, Richter und Fürstenau, eine Meinung über diese Fragen bilden. Diese Einleitung sollte lediglich einige Probleme der Psychoanalyse in ihren wesentlichen Linien aufzeigen und damit helfen, die Aufsätze dieses Bandes in ihren gegenseitigen Bezügen zu sehen und in einen heute immer noch aktuellen Zusammenhang von »Psychoanalyse und Gesellschaft« zu stellen.

Zum Schluß danke ich Edgar Hörnig für die Anregung, eine Ring-Veranstaltung des Instituts für Psychoanalyse der Frankfurter Universität zu organisieren und die Referate zu publizieren, Jörg Roth für die Idee des originellen Titels (nicht zu vergessen Gerd Böttger für die mühsame Übertragung des Lochschen Referates vom Tonband in schriftliche Form) und den einzelnen Autoren für ihre Unterstützung. Sie haben damit nicht nur der Sache der Psychoanalyse im allgemeinen einen Dienst erwiesen, sondern auch durch ihr öffentliches Auftreten dem Frankfurter Universitätsinstitut für Psychoanalyse in seiner neuen Identität zu größerer Bekanntheit verholfen. Dank gebührt schließlich auch dem Lektor der *edition suhrkamp,* Günther Busch, welcher, gegenüber der Psychoanalyse ohnehin mehr als verdienstvoll, die Aufsätze einem größeren Leserkreis zugänglich macht.

Literatur

Abraham, Karl (1969 und 1971), *Psychoanalytische Studien zur Charakterbildung,* Bd. I und II, Frankfurt/Main

Alexander, Franz (1951), *Psychosomatische Medizin,* Berlin

Argelander, Hermann (1972), *Gruppenprozesse. Wege zur Anwendung der Psychoanalyse in Behandlung, Lehre und Forschung,* Reinbek b. Hamburg

Balint, Michael (1932), *Charakteranalyse und Neubeginn.* Neudruck in: *Die Urformen der Liebe und die Technik der Psychoanalyse* (1966), Stuttgart

Bateson, Gregory, Jackson, D. D., Laing, R. D., Lidz, T. u. a. (1969), *Schizophrenie und Familie,* Frankfurt/Main

Becker, Stefan und Zons, R. S. (1975), *Gedanken über Objektbeziehungspsychologie,* in: *Die Beziehung zwischen Arzt und Patient,* hg. v. S. Goeppert, München

Beckmann, Dieter (1974), *Der Analytiker und sein Patient,* Bern/Stuttgart/Wien

Beckmann, Dieter und Richter, Horst-Eberhard (1972), *Gießen-Test (GT),* Bern/Stuttgart/Wien

Bernfeld, Siegfried (1929), *Der soziale Ort und seine Bedeutung für Neurose, Verwahrlosung und Pädagogik,* in: *Imago* 15, S. 299-312

Bion, W. R. (1971), *Erfahrungen in Gruppen und andere Schriften,* Stuttgart

Blatt, Sidney J. und Wild, Cynthia M. (1975), *Schizophrenia. A Develepmental Analysis,* New York/San Francisco/London

de Boor, Clemens (1976), *Psychosomatische Symptome und delinquentes Verhalten,* in: *Psyche* 30, S. 624-641

Boszormenyi-Nagy, Ivan und Framo, James L. (1975), *Familientherapie. Theorie und Praxis,* 2 Bände, Reinbek b. Hamburg

Brede, Karola (Hrsg.) (1974), *Einführung in die psychosomatische Medizin,* Frankfurt/M.

Dahmer, Helmut (1973) *Libido und Gesellschaft. Studien über Freud und die Freudsche Linke,* Frankfurt/Main

Ezriel, Henry (1950), *A psychoanalytic Approach to the Treatment of Patients in Groups,* in: *Brit. J. of Med. Psychol.* Vol. 23, S. 59-74

Fairbairn, W. R. D. (1946), *Object-Relationships and Dynamic Structure,* London

Foulkes, S. H. (1949), *Introduction to Group-Analytic Psychotherapy,* London

Ders. (1974), *Gruppenanalytische Psychotherapie,* München

Ders. (1975), *Group-Analytic Psychotherapy. Method and Principles,* London

Freeman, T. et al. (1965), *Studies on Psychosis,* London

Freud, Anna (1927), *Einführung in die Technik der Kinderanalyse,* London

Diess. (1966), *A short History of Child Analysis,* in: *The Psychoanalytic Study of the Child,* vol. 21, S 7–14

Diess. (1968), *Wege und Irrwege in der Kinderentwicklung,* Bern und Stuttgart

Freud, Sigmund (1895) *Studien über Hysterie, GW,* Bd. I

Ders. (1905), *Über Psychotherapie, GW*, Bd. V, London

Ders. (1933), *Neue Folgen der Vorlesungen zur Einführung in die Psychoanalyse, GW*, Bd. XV, London

Ders. (1937), *Konstruktionen in der Analyse, GW*, Bd. XVI, London

Fürstenau, Peter (1970), *Aktuelle Organisationsprobleme einer psychoanalytischen Vereinigung aus soziologischer Sicht*, in: *Z. Psychother. med. Psychol.* 20, H. 5, S. 173-184

Glover, Edward (1960), *The Roots of Crime*, in: *Imago*, London

Goudsmit, Walter (1974), *Delinquent en Maatschappij*, Deventer

Grinberg, Léon et al. (1960), *Psychoanalytische Gruppen-Therapie*, hg. v. W. Kemper, Stuttgart

Grunberger, Béla (1975), *Vom Narzißmus zum Objekt*, Frankfurt/Main

Guntrip, Harry (1969), *Object-Relations Theory and Psychotherapy. The psychotherapeutic Relationship*, in: *Schizoid Phenomena, Object Relations and the Self*, New York

Habermas, Jürgen (1968), *Erkenntnis und Interesse*, Frankfurt/Main

Hartmann, Heinz (1927), *Die Grundlagen der Psychoanalyse*, Neudruck 1972, Stuttgart

Heising, Gerd u. E. Wolf (1976), *Kotherapie in Gruppen*, Göttingen

Horn, Klaus (1971), *Insgeheime kulturistische Tendenzen der modernen psychoanalytischen Orthodoxie. Zum Verhältnis von Subjektivem und Gesellschaftlichem in der Ich-Psychologie*, in: Lorenzer, Alfred u. a. (1971), S. 93-151

Ders. (1972), *Psychoanalyse – Kritische Theorie des Subjekts. Aufsätze*, Frankfurt/Main

Janov, Arthur (1975), *Der Urschrei. Ein neuer Weg der Psychotherapie*, Frankfurt/Main

Junker, Helmut (1972), *Erfahrungen aus der Ehepaargruppentherapie mit Patienten aus der oberen Unterschicht*, in: *Psyche* 26, S. 370-388

Kernberg, Otto F. (1967), *Borderline Personality Organisation*, in: *J. of the Americ. Psychoanal. Asscn.* 15, S. 641-685

Ders. (1968), *The Treatment of Patients with Borderline Personality Organisation*, in: *Int. J. of Psychoanal.* 49, S. 600-619

Ders. (1971), *Prognostic Considerations regarding Borderline Personality Organisation*, in: *J. of the Americ. Psychoanal. Asscn.* 19, S. 593-635

Ders. (1975), *Borderline Conditions and Pathological Narcissism*, New York

Kernberg, Otto F. et al. (1972), Psychotherapy and Psychoanalysis, in: *Bulletin of the Menninger Clinic*, Vol. 36, Nos. 1/2

Klein, Melanie (1926), *Die psychologischen Grundlagen der Frühanalyse*, in: *Imago* 12

Dies. (1962), *Das Seelenleben des Kleinkindes und andere Beiträge zur Psychoanalyse*, Stuttgart

Klüwer, Rolf (1973), *Anmerkungen zum Selbstverständnis des Psychoanalytikers*, In: *Psyche* 27, S. 1077-1089

Kohut, Heinz (1973), *Narzißmus. Eine Theorie der psychoanalytischen Behandlung narzißtischer Persönlichkeiten*, Frankfurt/Main

Kuiper, Piet C. (1975), *De Mensch en zijn Verhaal*, Amsterdam

Kutter, Peter (1967), *Psychiatrische Krankheitsbilder*, in: *Die Krankheitslehre der Psychoanalyse*, hrsg. v. W. Loch, Stuttgart

Ders. (1970), *Aspekte der Gruppentherapie*, in: *Psyche* 24, S. 721-738

Ders. (1972), *Psychiatrie. Eine Einführung für Laien*, Stuttgart

Ders. (1975a), *Schuldgefühle,* in: *Familien- und Lebensberatung,* hrsg. v. S. Keil, Stuttgart

Ders. (1975b), *Über moderne Neuroseformen und ihre soziale Bedingtheit,* in: *Die Beziehungen zwischen Arzt und Patient. Zur psychoanalytischen Theorie und Praxis,* hrsg. v. S. Goeppert, München

Ders. (1974), *Sozialarbeit und Psychoanalyse,* Göttingen

Ders. (1976a), *Probleme der Vermittlung von Psychoanalyse an der Hochschule,* in: *Gruppenpsychotherapie und Gruppendynamik,* Bd. 11, H. 1, S. 60-88

Ders. (1976b), *Elemente der Gruppentherapie. Eine Einführung aus der psychoanalytischen Praxis,* Göttingen

Lacan, Jacques (1973-1975), *Schriften,* Freiburg

Lang, Hermann (1973), *Die Sprache und das Unbewußte,* Frankfurt/Main

Leber, Aloys und Reiser, H. (1972), *Sozialpädagogik, Psychoanalyse und Sozialkritik,* Neuwied und Berlin

Lidz, Theodore (1973), *The Origin and Treatment of Schizophrenic Disorders,* New York

Loch, Wolfgang (1966), *Studien zur Dynamik, Genese und Therapie früher Objektbeziehungen,* in: *Psyche* 20, S. 881 ff.

Ders. (1974), *Der Analytiker als Gesetzgeber und Lehrer,* in: *Psyche* 28, S. 431-460

Ders. (1976), *Psychoanalyse und Wahrheit,* in: *Psyche* 30, S. 865-898

Lorenzer, Alfred (1970a), *Kritik des psychoanalytischen Symbolbegriffs,* Frankfurt/Main

Ders. (1970b), *Sprachzerstörung und Rekonstruktion,* Frankfurt/Main

Ders. (1971), *Symbol, Interaktion und Praxis,* in: *Psychoanalyse als Sozialwissenschaft,* Frankfurt/Main

Ders. (1972), *Zur Begründung einer materialistischen Sozialisationstheorie,* Frankfurt/Main

Ders. (1974), *Die Wahrheit der psychoanalytischen Erkenntnis,* Frankfurt/Main

Mahler, Eugen (1972), *Bemerkungen zum therapeutischen Prozeß in der analytischen Gruppenpsychotherapie mit Ehepaaren,* in: *Gruppenpsychotherapie und Gruppendynamik,* Bd. 6, H. 2, S. 170-192

Ders. (1974), *Die themenbezogene, psychoanalytisch orientierte Selbsterfahrung in der Gruppe,* in: *Psyche* 28, S. 97-115

Mahler, Margret S. (1972), *Symbiose und Individuation,* Bd. 1, Stuttgart

Marcuse, Herbert (1965) *Das Veralten der Psychoanalyse,* in: *Kultur und Gesellschaft 2,* S. 85-106, Frankfurt/Main

Marty, P. und de M'Uzan, M. (1963), *La pensée opératoire,* in: *Rev. franc. psych.* 27, S. 345-356

Mitscherlich, Alexander (1963), *Auf dem Weg zur vaterlosen Gesellschaft. Ideen zur Sozialpsychologie,* München

Ders. (1966), *Krankheit als Konflikt. Studien zur psychosomatischen Medizin 1,* Frankfurt/Main

Ders. (1967), *Krankheit als Konflikt. Studien zur psychosomatischen Medizin 2,* Frankfurt/Main

Mitscherlich, Alexander und Mitscherlich, Margarete (1969), *Die Unfähigkeit zu trauern. Grundlagen kollektiven Verhaltens,* München

Parin, Paul, Morgenthaler, Fritz, Parin-Matthèy, Goldy (1963), *Die Weisen denken zu viel,* Zürich

Dies. (1971), *Fürchte deinen Nächsten wie dich selbst,* Frankfurt/Main

Perls, Fritz S. (1974), *Gestalt-Therapie in Aktion,* Stuttgart

Rado, Sandor (1926), *Die psychischen Wirkungen der Rauschgifte.* Nachdruck: *Psyche* 29 (1975), S. 360-376

Rapaport, David (1959), *Die Struktur der psychoanalytischen Theorie,* Stuttgart

Reich, Wilhelm (1936), *Die sexuelle Revolution.* Nachdruck: 1970, S. 209 ff., Frankfurt/Main

Ricoeur, Paul (1969), *Die Interpretation. Ein Versuch über Freud,* Frankfurt/Main

Richter, Horst-Eberhard (1970), *Patient Familie,* Reinbek b. Hamburg

Ders. (1972), *Die Gruppe,* Reinbek b. Hamburg

Rosenfeld, Herbert A. (1960/61), *Über Rauschgiftsucht,* in: *Psyche* 14, S. 481-495

Schmiedeberg, Melitta (1959), *The Borderline Patient,* in: *American Handbook of Psychiatry.* Vol. 1, S. 398-416, New York

Searles, Harold F. (1974), *Der psychoanalytische Beitrag zur Schizophrenie-Forschung,* München

Spitz, René A. (1960), *Die Entstehung der ersten Objektbeziehungen,* Stuttgart

Ders. (1967), *Vom Säugling zum Kleinkind,* Stuttgart

Stierlin, Helm (1975), *Von der Psychoanalyse zur Familientherapie,* Stuttgart

Sutherland, J. D. (1963), *Object-Relations-Theory and the Conceptual Model of Psychoanalysis,* in: *Brit. J. Med. Psychol.* 36, S. 109-124

Thomä, Helmut und Kächele, Horst (1973), *Wissenschaftstheoretische und methodologische Probleme der klassisch-psychoanalytischen Forschung,* in: *Psyche* 27, S. 205-236 u. 309-355

Wellendorf, Franz (1973), *Schulische Sozialisation und Identität,* Weinheim

Winnicott, Donald W. (1974), *Reibungsprozesse und fördernde Umwelt,* München

Ders. (1976), *Von der Kinderheilkunde zur Psychoanalyse,* München

Wynne, Lyman C. und Singer, Margaret T. (1965), *Denkstörung und Familienbeziehung bei Schizophrenen,* in: *Psyche* 19, S. 82-160

Wolfgang Loch, Ursula Pohlmann
Psychoanalyse – Heilmittel oder Forschungsmethode?[1]

Die Interdependenz von Zielen und Methoden

»Eine Psychoanalyse ist keine tendenzlose wissenschaftliche Untersuchung, sondern ein therapeutischer Eingriff; sie will nichts beweisen, sondern etwas ändern.« Diesen Satz schrieb Sigmund Freud 1909 in seinem Bericht über die Analyse der Phobie eines 5jährigen Knaben (*GW* VII, S. 339). 1932 in der *Neuen Folge der Vorlesungen* heißt es: »Wir haben am Beispiel der Tuberkulose und des Lupus gelernt, daß man Erfolg erst haben kann, wenn man die Therapie den Charakteren des Leidens angepaßt hat.« In dieser Formulierung zielte Freud noch immer expressis verbis auf den therapeutischen Erfolg, die therapeutische Effizienz. Aber dann setzte er hinzu: »Ich sagte Ihnen, die Psychoanalyse begann als eine Therapie, aber nicht als Therapie wollte ich sie Ihrem Interesse empfehlen, sondern wegen ihres Wahrheitsgehaltes, wegen der Aufschlüsse, die sie uns gibt über das, was dem Menschen am nächsten geht, sein eigenes Wesen, und wegen der Zusammenhänge, die sie zwischen den verschiedensten seiner Betätigungen aufdeckt. Als Therapie ist sie eine unter vielen, freilich eine ›prima inter pares‹. Wenn sie nicht ihren therapeutischen Wert hätte, wäre sie nicht an Kranken gefunden und durch mehr als 30 Jahre entwickelt worden« (*GW* XV, S. 169). Hier ist primär die Rede nicht mehr von der Therapie, sondern von dem Wahrheitsgehalt der Psychoanalyse. Und ähnlich hat sich Freud noch mehrfach geäußert, z. B. daß die analytische Beziehung auf Wahrheitsliebe, d. h. auf Anerkennung der Realität, gegründet sei und jeden Schein und Trug ausschließe. Daher ziele diese Therapie auf die Frage nach der Wahrheit; wir werden darauf zurückkommen.

1 Erweiterte Fassung eines von Wolfgang Loch am 28. 1. 1975 auf Einladung des Instituts für Psychoanalyse im Fachbereich Psychologie der Universität Frankfurt gehaltenen Vortrages.

Wir wollen uns jetzt der Frage zuwenden, was die Betrachtung der zentralen Untersuchungsfelder der Psychoanalyse uns zur Klärung des Themas »Heilmittel oder Forschungsmethode« einbringen kann. Doch zuvor noch eine kurze Bemerkung zu den Begriffen »Heilen«, »Heilung«, wie sie die allgemeine Medizin zumeist versteht.

Die allgemeine Medizin würde zunächst wohl »Heilung« auf psychotherapeutischem Gebiet weder in Zusammenhang bringen mit der Frage nach der Wahrheit noch mit der – und dies wird, wie wir sehen werden, eine wichtige Rolle spielen – Entwicklung der seelischen Funktionen schlechthin. Die allgemeine Medizin würde Heilung auf seelischem Gebiet meist nur in Verbindung bringen damit, daß der Patient symptomfrei geworden ist, daß er seine irrationale Angst, seine Depression oder seine unsinnigen Zwänge verloren hat, daß er seine pathologische Trauer aufgegeben und seine Wahnideen fallengelassen hat. Die Herkunft dieser Erscheinungen, ihre Verwurzelung in der Lebensgeschichte und ihre Bedeutung für die seelische Ökonomie des Subjektes fänden kaum ihr Interesse, und noch weniger würde sie nach der Bedeutung und Funktion der Symptome für die zwischenmenschlichen Beziehungen oder für das Arzt-Patient-Verhältnis fragen.

Hier drückt sich eine Haltung aus, die sehr anders ist als die der Psychoanalyse. Das beleuchtet eine Anmerkung Freuds, die er 1923 seiner Arbeit *Das Ich und das Es* anfügte. Es heißt dort, daß die Analyse »die krankhaften Reaktionen nicht unmöglich machen«, »sondern dem Ich des Kranken die *Freiheit* schaffen soll, sich so oder anders zu entscheiden« (*GW* XIII, S. 280, Hervorhebung im Original).

Die Methode, mit der die Psychoanalyse recht eigentlich begann und die in den *Studien zur Hysterie* entwickelt wird, ist die Methode der *freien Assoziation.* Sie ist heute so allgemein bekannt, daß es sich erübrigt, darüber ausführlicher zu sprechen. Man weiß auch, das, wozu die freie Assoziation hinführen sollte, war das *psychische Trauma.* Es wurde angenommen, der Patient würde dieses Trauma von allein entdekken, wenn er nur der Regel der freien Assoziation genau, gewissenhaft folge. Die freie Assoziation stand überdies im Vordergrund als Methode der Wahl, wenn es darum ging,

»Fehlleistungen« und »Träume« zu analysieren. Allerdings gesellte sich nun als nächstes Werkzeug die *Deutung* hinzu, und zwar – man beachte es – als eine Aktivität des Analytikers.

Die Deutung hatte und hat im Rahmen dieser beiden Gebiete, nämlich der Bearbeitung der *Fehlleistungen* und *der Träume*, in Verbindung mit der freien Assoziation, die dem Analytiker »Material« für die Anwendung seiner Deutungstechnik liefern soll, die Aufgabe, das Spiel der Signifikanten (eine sehr instruktive Untersuchung zu diesem Thema gibt A. G. Wilden, 1966, *Freud, Signorelli und Lacan: The repression of the signifier*, in: *Am. Imago* 23, S. 332-366), der Verdichtungen und Verschiebungen aufzulösen, die Analyse von Metaphern zu bewirken oder, um einen Ausdruck von Rose Spiegel zu gebrauchen, die »Resymbolisierungen« aufzuheben und zu bearbeiten (*American Handbook of Psychiatry* I, New York 1959, S. 916 und 926 ff.). Dies wird möglich in dem Maße, wie der Träumer, wie der Urheber von Fehlleistungen den Analytiker in den Stand setzt, aus dem angebotenen Material auf bisher unbewußte Elemente zu kommen, die dann dies ganze Spiel der Verschiebungen und Verdichtungen der Signifikanten »erklären«, indem sie es neu ordnen und also durchsichtig machen, d. h. Sinn zu finden erlauben, wo vom Standpunkt der »wachbewußten« Intelligenz von Patient und Analytiker zunächst Unsinn und Irrationalität herrschten.

Bei dieser Arbeit ging es, so ist im Sinne der technischen Sprache der psychoanalytischen Theorie zu sagen, im wesentlichen um eine Analyse des Zensors bzw. des *Über-Ich*, denn diese »Instanz« wurde als der Urheber des Signifikantentausches angesehen, vorgenommen zum Schutz des wachbewußten Ich (und seiner Funktionen), das der Erkenntnis der durch die »Deutungsarbeit« rekonstruierten Triebwünsche bislang nicht gewachsen war, welch letztere ihrerseits aber eben dank der Leistung des Über-Ich insgeheim – nämlich unbewußt – ihre (phantasierte) Erfüllung haben konnten. Zensor und Über-Ich auf der einen Seite, eine Egozentrik, ausgerichtet auf die »bewußte«, «bewußt sein dürfende Welt«, auf der anderen – diese Kräfte stehen sich konflikthaft gegenüber, und eben dieser Konflikt läßt die Verschiebungen, Verdichtungen usw. zustande kommen.

In bezug auf die soeben skizzierten Verhältnisse kann man sagen, daß die »Arbeitsweise« des schon bestehenden seelischen Apparates analysiert, klargelegt, auseinandergenommen wurde. Auch für ein drittes Forschungsgebiet der Psychoanalyse sind »freie Assoziation« und »Deutung« die maßgeblichen Instrumente, nämlich für das Feld der Rekonstruktion bzw. Konstruktion der sogenannten *Urphantasien.* Mit Absicht wird von »Rekonstruktionen« und »Konstruktionen« gesprochen, wobei wir dazu neigen, die Konstruktion als das Maßgebliche anzusehen. Es ist bekannt, daß diese Urphantasien vorab die Urszene und damit den Ödipus-Komplex betreffen. Hier müssen wir nun ein weiteres Element hinzufügen: Bei der Analyse des Über-Ich ging es natürlich bereits um die Analyse der *Abwehr.* Bei dem Problem der Konstruktion der sogenannten Urphantasien spielt nun neben der Analyse der Abwehr, die dem *Ich* zugerechnet wird – und insofern ist von »Ich-Analyse« zu reden –, die Analyse der Übertragung eine hervorragende Rolle. Und indem von Übertragung geredet wird, wird auch das ganze Kapitel der »Übertragungsneurosen« angeschnitten, deren Analyse die Rekonstruktion bzw. Konstruktion der Urphantasien erlaubt.

Wir müssen noch einen Schritt weiter gehen. Wir setzen wieder bei der freien Assoziation und der Deutung an, betrachten primär weder das Trauma noch die Fehlleistungen oder Träume, auch nicht die Urphantasie der Primärszene, sondern das Ich, dessen Dasein und Funktionen wir ja soweit immer als schon gegeben annahmen. Damit kommen wir zu einem vierten Forschungsfeld der Psychoanalyse. Es ist charakterisiert durch die Bezeichnung *»Ich-«* oder besser *»Ich-Selbst-Konstitution«.* Hier taucht zum ersten Mal das »Ich-Selbst« als eine grundlegende »Instanz« des seelischen Apparates auf. Welches Ziel hat die Analyse in dieser Dimension? Vielleicht sehen wir es vor Augen, wenn wir die Funktionen des Ich betrachten. Freud schrieb: »Die Analyse soll die für die Ich-Funktionen günstigsten psychologischen Bedingungen herstellen; damit wäre ihre Aufgabe erledigt« (1937, *Die endliche und die unendliche Analyse, GW* XVI, S. 96), und nannte als erste Ich-Funktion – die »psychologische« (S. Freud, 1938, *Abriß der Psychoanalyse, GW* XVII, S. 129). Sie besteht darin, Unbewußtes bewußt zu machen. Dabei ist zu differenzieren zwischen Unbewußtem, das schon einmal bewußt war, und dem noch nie Bewußten (S. Freud, 1937, *Der Mann Moses und die monotheistische Religion, GW* XVI, S. 203), einer Region, zu der in besonderer Weise die früheste Umwelt, im weiteren Sinne der Rahmen gehören, die als gegeben hinzunehmen waren, deren Einflüsse dem Analytiker nicht kommuniziert werden können, vielmehr »fantasievoll ergänzt«, d. h. »versprachlicht«, werden müssen (D. W. Winnicott, 1957 und 1959-1964, in: D. W. Winnicott, 1965, *Reifungsprozesse und fördernde Umwelt*, München 1974, Kap. 9 und Kap. 11). Es wird später darauf zurückzukommen sein. Zweitens rechnet Freud zu den Ich-Funktionen die »konstruktive« Ich-Funktion. Die konstruktive Leistung des Ich besteht darin, »zwischen Triebanspruch und Befriedigungshandlung die Denktätigkeit« einzuschalten (1938, l. c., S. 129).

Die Konstituierung des Ich und des Selbst sind ohne Zweifel ein Forschungsfeld und eine Aufgabe, die gegenwärtig im Mittelpunkt stehen. Auch auf diesem Gebiet spielt eine Urphantasie eine Rolle. Die Urphantasie, um deren Transformation von einem malignen Ausmaß in ein benignes, progressive Entwicklung förderndes Ausmaß es hier geht, betrifft die Beziehung zwischen Mund und Brust oder – in einen weiteren Rahmen gestellt – die Dualunion zwischen Mutter und Kind samt ihren entsprechenden Phasen. Bei diesem vierten Forschungsfeld tritt neben freie Assoziation und Deutung als Methode hinzu, was man »die Benutzung der Objektbeziehung als solche« (M. Balint, 1968, *Therapeutische Aspekte der Regression*, Stuttgart, 1970, S. 216) nennen könnte, womit für den Analytiker neben seine Deutungskunst eine neue Aufgabe tritt, nämlich, »sich als Objekt benutzen [zu] lassen«, sich »als Objekt zur Verfügung [zu] stellen« (D. W. Winnicott, 1971), und zwar in einer Weise, die nicht eine »maligne Regression« (M. Balint, 1964, *The benign and the malign form of regression*, in: S. Rado, *Perspectives in Psychoanalysis*, New York) begünstigt. M. Balint hat das unter dem Begriff »primäre Liebe« beschrieben (M. Balint, 1965, *Die Urformen der Liebe und die psychoanalytische Technik*, Stuttgart, 1966). In einer anderen Terminologie und mit einer anderen Akzentsetzung spricht man in bezug auf die gemeinte therapeutische Dimension von »facilitating environment« und »management«

(D. W. Winnicott, 1965, *Reifungsprozesse und fördernde Umwelt*, München, 1974). In bezug auf die psychoanalytischen Methoden liegt hier ein Sprung vor, denn neben die sprachlichen Verfahren freie Assoziation und Deutung tritt etwas Nicht-Sprachliches: Die Analyse soll und muß in einem bestimmten Stadium so gestaltet werden, daß der Analytiker für den Patienten eine Eigenschaft annimmt, die man – es sei in der Terminologie Winnicotts ausgedrückt – »Übergangsobjekt« nennt. Dies ist notwendig, weil die Ich-Selbst-Konstitution, d. h. das Erleben wie die Trennung und Konsolidierung von Selbst- und Objektrepräsentanzen, was eben als die hierfür wesentliche Aufgabe zu gelten hat, dann in einer nicht zu stark pathogenen Weise gelingt, insofern es dem Kranken möglich wird, das libidinöse (trieb-besetzte) »objektive Objekt« (das ist das äußere reale Liebesobjekt unserer gemeinsamen Welt) im Bereich einer narzißtischen Omnipotenz aus dem äußeren in den »inneren, seelischen Raum« zu transformieren. Dieser Schritt glückt vor allem dann und nur dann, wenn der Patient in bestimmten Momenten des psychoanalytischen Dialogs die Chance hat, zu erleben, daß das aktuelle Objekt, diese Person, die ihm gegenübersteht, in seinem bzw. ihrem So-Sein quasi seine eigene Schöpfung ist. Obwohl es »objektiv« nicht stimmt, obwohl das Objekt schon längst von außen angeboten ist, muß der Patient in bestimmten Phasen der Therapie es neu entdecken: als ein von ihm geschaffenes Gegenüber und also als »sein Objekt«. Nur dadurch kann er sich aus seiner sadomasochistischen (vgl. dazu H. Guntrips Ausführungen in: *Schizoid phenomena, object relations and the self*, New York, 1968, S. 74, S. 190) Bindung an das pathogene, phantasierte Objekt befreien, das er sich als Ersatz für (und zur Abwehr) eine (einer) unerträgliche (unerträglichen) Realität geschaffen hatte (D. W. Winnicott, 1968, *The use of an object and relating through identification*, in: D. W. Winnicott, *Playing and Reality*, New York, 1971), und die »Besetzung« von diesem phantastischen »subjektiven Objekt« (D. W. Winnicott, l. c.) auf das externe »objektive Objekt« übertragen und somit seinen autistisch-schizoiden Rückzug in die Region des verborgenen Selbst aufgeben und beginnen, kreativ zu leben.

Wir haben schließlich noch einen fünften Bereich zu betrachten. Es ist der des *Neuanfangs*, der Bereich, in dem es, um einen Ausdruck von Bion zu gebrauchen, um die Entwicklung von »O«, einem bisher noch nie bewußten Teil der Person geht. W. R. Bion benutzt hierfür die Ausdrücke: »ultimate reality, ultimate truth, thing-in-itself« (s. *Attention and Reality*, London, 1970, S. 26). Das Bewußtwerden dieses Bereiches erfolgt in der Sprache des »achievement« (W. R. Bion, l. c., S. 125 ff.), der Sprache eines kreativen Vollbringens und Erzeugens, während in den vorher erörterten psychoanalytischen Arbeitsfeldern die Sprache des »Ersetzens« benutzt wurde, denn es ging um Bereiche, für die gilt, was Wittgenstein mit dem Satz beschreibt: »Der Wortausdruck des Schmerzes ersetzt das Schreien und beschreibt es nicht« (L. Wittgenstein, 1945-1949, *Philosophische Untersuchungen*, in: *Schriften I*, Frankfurt/M., 1960, S. 390).

Zur Erforschung, zur Behandlung, genauer ausgedrückt: zur Ermöglichung der Ich-Selbstkonstituierung ist ein weiterer Begriff einzuführen. Es ist der der *Gegenübertragung*. Sie wird zu einem entscheidenden »Werkzeug«. Seit wir uns systematisch mit der Untersuchung der Gegenübertragung beschäftigt haben (S. Freud, 1911, *Die zukünftigen Chancen der psychoanalytischen Therapie*, *GW* VIII, S. 108; P. Heimann, 1950, *On countertransference*, in: *Int. J. Psychoanal.* 31, S. 81-84; H. Racker, *Transference and countertransference*, London), wissen wir, daß das, was wir Gegenübertragung nennen, zu einem großen Teil Antwort des Patienten ist auf die Übertragung des Psychoanalytikers (W. Loch, 1965/66, *Übertragung und Gegenübertragung*, in: W. Loch, *Zur Theorie, Technik und Therapie der Psychoanalyse*, Frankfurt/M., 1972) bzw. rückübersetzt in die frühe Ursprungszeit dieser Phänomene, Antwort des Kindes auf die Übertragung seiner wichtigsten Beziehungspersonen, die einmal in der präödipalen Periode, in den Separations- und Individuationsphasen bestanden hat und prägend wirkte, und die im Hic et nunc der analytischen Situation nun im Analytiker zur Evokation gelangt. Mit einer so verstandenen Analyse der Übertragung unter Benutzung der Gegenübertragung ist die Psychoanalyse in besonderer Weise eingetreten in das wechselseitige Spiel der emotionalen Beziehungen vom Patienten zum Arzt, vom Klienten zum Therapeuten, wobei gilt, daß die sich manifestierenden Gefühle als sekundär zu einer Lebensform, einem Sprachspiel zu verstehen sind (L. Wittgenstein, 1945-49, *Philosophische Untersuchungen*, Frankfurt/M., 1960). In diesem Zusammenhang wird übrigens sichtbar, daß von Solipsismus, den man der Analyse nicht selten vorgeworfen hat, gar nicht die Rede sein kann. Denn gerade in dem Bereich der Entwicklung des Ich-Selbst, unter Beachtung ihrer dialektischen Bezogenheit auf das »alter ego« und damit letztlich auf das »Wir«, wird deutlich, daß die interaktionale Genese vor jeder »rein« individuellen Vorrang hat. In betonter Weise wird, wie wir meinen, diese interaktionale Perspektive von der »Objektbeziehungspsychologie« explizit gemacht, die vor allem W. R. D. Fairbairn und Melanie Klein, zum Teil in der Nachfolgeschaft K. Abrahams, begründet haben, und die später insbesondere durch M. Balint, D. W. Winnicott, H. W. Loewald, M. R. Khan, O. Kernberg u. a. ausgebaut wurde.

Der Bereich der Ich-Selbst-Konstitution hat noch ein Element wichtig werden lassen, das bis dahin in allen psychoanalytischen Überlegungen zwar implizit enthalten war, aber jetzt ins Offene kommt: Während nämlich die Auffindung des psychischen Traumas, die Analyse der Fehlleistungen, der Träume, der Übertragungsneurose und die Konstruktion der Urphantasien eine Analyse – abgekürzt gesprochen – der Es-Wünsche und ihrer vom Über-Ich und Ich bestimmten Schicksale waren, die vom Lust-Unlust-Prinzip gesteuert werden, regieren in diesem Bereich zwei andere Prinzipien: zum einen das »Sicherheitsprinzip«, wie es J. Sandler (1961/62, *Sicherheitsgefühl und Wahrnehmung*, in: *Psyche* 15, S. 124-131) genannt hat, auf das jetzt nicht näher eingegangen werden soll; zum anderen aber steckt in der psychologischen Funktion des Ich und ihrer Entwicklung (und wo es gilt, Unbewußtes bewußt zu machen) als regulatives Prinzip das »Schmerzprinzip«.

Die Konstitution des Selbst, des Ich-Selbst (wie wir gern sagen), und damit die des im Sinne der Abwehr Unbewußten ist nämlich gebunden an den Verlust des Objektes (S. Freud, 1923, *Das Ich und das Es*, *GW* XIII, S. 156/157; S. Freud, 1920, *Jenseits des Lustprinzips*, *GW* XIII, S. 11 ff.; – vgl. P. Ricoeur, 1965, *De l'interprétation. Essai sur Freud*, Paris, insbes. S. 362 ff.), an die Möglichkeit, den mit dem Verlust des

Objektes gekoppelten »Schmerz« auszuhalten (S. Freud, 1926, *Hemmung, Symptom und Angst, GW* XIV, S. 203). Wer in seinem Leben einmal verliebt war, und wer das intensiv geliebte Subjekt, um nicht zu sagen: Objekt (wir haben, allerdings nicht ohne Grund, in unserer technischen Sprache eine gleichsam perverse Neigung, für Subjekt Objekt zu setzen), verlor, der weiß genau, daß das tatsächlich regelrecht »weh« tut. Genau dieser Schmerz, Beweis für die Echtheit der Liebe, ist gemeint. Es ist der Schmerz des libidinösen Objektverlustes, der ausgehalten werden muß, soll es gelingen, die seelische Tätigkeit auch ohne dessen Präsenz fortzusetzen und aktiv zu gestalten. Es ist das sowohl auf den Verlust des Liebesobjektes wie den des libidinösen Objektes und auch auf den Verlust eines partiellen Objektes (etwa den der Brust) zu beziehen. Nur wenn diese Verluste ertragen und nicht abgewehrt werden, gelingt die Überführung der mit diesen Objekten und den Interaktionen korrelierten »sinnlichen« Erfahrung in symbolische Repräsentanzen (W. R. Bion, 1962, *Learning from experience*, London, insbes. S. 33 ff.; W. R. Bion, 1962 a, *A theory of thinking*, in: *Int. J. Psychoanal.*, 43, S. 306-310). Freud hat das (u. a.) u. E. mit dem Satz impliziert: »Si vis vitam, para mortem« (S. Freud, 1915, *Zeitgemäßes über Krieg und Tod, GW* X, S. 355).[2] Dies ist eine Feststellung, die Tod, Trennung, Abwesenheit, Trauerarbeit mit der seelischen Tätigkeit, ja mit ihrer Konstitution aufs engste verknüpft. Sie verbindet sich mit der Auffassung von Hegel, gemäß welcher die sinnliche Wahrnehmung negiert werden muß, bevor Begriffe bzw. Repräsentanzen gebildet werden können *(Phänomenologie des Geistes)*.

Wir glauben, nein, wir wissen aus Erfahrung, daß der Psychoanalytiker gegenwärtig in ganz essentieller Weise mit Vorgängen dieser Art befaßt ist, denn seine Klientel leidet in einem erheblichen Prozentsatz der Fälle an Störungen (man spricht von »borderline«-Zuständen und/oder Psychosomatosen), die durch einen defekten oder fehlenden Aufbau der Repräsentanzenwelt der Triebobjekte gekennzeichnet sind. Es

2 Vgl. S. Freud, 1915, *Zeitgemäßes über Krieg und Frieden, GW* X, S. 347: » [. . .] der Gefühlskonflikt beim Tode geliebter und dabei doch auch fremder und gehaßter Personen hat [. . .] die Psychologie geboren.«

handelt sich in unserer Sicht um ein Arbeitsfeld, für das die Psychoanalyse vor allem zuständig ist und das ihr von kaum einem anderen Verfahren streitig gemacht wird. Sie geht dabei über das hinaus, was schon immer ein sie charakterisierendes Moment war: die Aufhebung der Bindung an, der Abhängigkeit von einem infantilen Trieb-Objekt, womit natürlich schon immer die Entwicklung »reiferer Objektbeziehungen« verbunden war. D. h. es war stets das Ziel, eine Verschiebung von diesem Objekt auf ein anderes von gleicher Charakteristik und damit die Entwicklung neuer Symptome zu vermeiden. Wenn man rein symptomatisch denkt, kann allerdings ein derartiger Effekt unter Umständen nützlich sein – z. B. wenn ich hierzulande eine Hundephobie habe, ist das viel schlimmer, als wenn ich Kobras, die selten sind, fürchte. Eine Umwandlung der Hundephobie in eine Kobraphobie wäre also durchaus nützlich. Ebenso könnte u. U. eine Verschiebung einer Problematik von der eigenen Mutter auf den Ehemann gewisse Vorteile haben. Aber weder in dem einen noch in dem anderen Falle hätte sich der pathologische und pathogene Charakter der Objektbeziehung geändert. Ähnliches gilt von Verschiebungen im Rahmen einer Über-Ich-Problematik. Wohin gerade dergleichen Vorgänge u. U. führen, haben manche von uns zur Zeit des sogenannten Dritten Reiches studieren können.

Die Psychoanalyse ist demgegenüber darauf ausgerichtet, die Behandlung so zu gestalten, daß der Verlust des Objektes, der allein den betreffenden Menschen aus der Sklaverei, aus der Bindung an das infantile Objekt – Mutter und Vater, Großmutter und Großvater usw. – befreien kann, möglich wird, und daß die Konstitution eines anderen, eines »neuen« libidinösen Objektes in einer weniger pathogenen Form zustande kommt. Die Analyse zerstört archaisch-infantile Bindungen, und indem sie sie aufhebt, entwickelt sie eine neue Lebensform, fördert sie eine andere Einsicht, begünstigt sie neue Gedanken und das Umgehen mit ihnen. Der Psychoanalytiker übernimmt das, was W. R. Bion die α-Funktion genannt hat, die Transformation sinnlicher Erfahrung in Gedanken und Denken (W. R. Bion, 1962; W. R. Bion, *Elements of Psycho-Analysis,* London, 1963). Die Einsetzung des Denkens dort, wo bislang »Objektgehorsam« herrschte, erweitert, konstituiert den Raum der persönlichen Freiheit, der Freiheit des Individuums, sich nun, wie Freud gesagt hat, anders als bisher zu entscheiden.

An einem Beispiel sei versucht, einen Einblick in das Gebiet zu geben, wo sich Selbst- und Objektrepräsentanzen konstituieren und trennen. Das Beispiel soll auch etwas zeigen von der außerordentlichen Bedeutung, die dem »Dritten«, der dritten Person, im analytischen Geschehen zukommt. Es handelte sich um eine sogenannte große Analyse (d. h. 4 bis 5 Sitzungen pro Woche) im vierten Jahr bei einem Mann von Mitte 30, der einen reinen Theorie-Beruf ausübte. Aus einem bestimmten Grund erhielt er vor dieser Stunde, aus der ich jetzt berichten möchte, von einem Freund den Rat, noch einen handwerklichen Beruf zu erlernen. Mit dieser Mitteilung eröffnete er eine Sitzung. Er erzählte außerdem von seiner jetzigen Freundin, und er fragte sich, ob der Analytiker, also ich, böse sei, daß er diese Freundin habe.

Aus der schon über drei Jahre laufenden Analyse war klar geworden, daß der Patient als eine hochgradig narzißtische Persönlichkeit gelten konnte. In seiner frühen Kindheit litt er zudem unter ziemlich schwerwiegenden Störungen, die ihrerseits sicher heftige Ambivalenzen in der Primärbeziehung signalisierten. Man mußte annehmen, und bisherige analytische Erfahrungen hatten es bestätigt, daß die Selbst- und Objektrepräsentanzen nur unscharf getrennt waren.

Als der Patient nun fragte, ob der Analytiker böse sei, weil er eine Freundin habe, wurde bei diesem sogleich ein sehr starkes Gegenübertragungsgefühl ausgelöst. Dem Analytiker drängte sich die Idee förmlich auf, er müsse ihm zu verstehen geben, er wolle in keiner Weise in sein Verhältnis zur Freundin eingreifen. Er sagte deshalb: »Ich werde nicht kämpfen um Sie, wenn Sie eine Freundin haben.« Daraufhin schwieg der Patient eine Weile, und dann sagte er: »Ja«, schwieg wieder eine Weile und fügte hinzu, er fühle sich durch die Freundin auch sehr viel sicherer. Der Analytiker entgegnete, seine erste Intervention verstärkend: »Ich werde nicht den Anspruch erheben, daß Sie nur durch mich Sicherheit bekommen.« Jetzt gab es eine ziemlich lange Pause, und dann kam erregt, explosionsartig die Entgegnung des Patienten: »Dann kann ich nur denken, ich stecke Ihr Haus in Brand, nehme mir rasch einen Koffer mit Geld und laufe in eine fremde Stadt.«

Wie können wir, was sich hier abspielte, verstehen? Die genannten beiden Deutungen gaben in unserer Sicht dem Patienten das zurück, was er in den Analytiker gleichsam hineingesteckt hatte – und dies ist ein Abwehrmechanismus aus der Zeit, in der Selbst- und Objektrepräsentanzen noch nicht deutlich voneinander getrennt sind –: nämlich seinen ganzen Neid, der für ihn ein so hervorstechendes Merkmal schon während der bisherigen Therapie gewesen war. Dieser Neid, in der ungelösten Mutterbeziehung verwurzelt und Hinweis auf eine mangelhafte, nicht genügend sichere Repräsentanz der »guten Mutter«, war jetzt im Analytiker, und damit war auch der infantile Teil des Patienten, zu dem der Neid gehörte, in ihm. Der Analytiker sollte neidisch werden, weil der Patient diese Freundin hatte. Durch seine Intervention gab er zu erkennen, daß er darauf nicht einging, vielmehr durch Ablehnung dieses Angebots den Patienten mit seinem eigenen (infantilen) Neid konfrontierte. Damit brach beim Patienten ein gewaltiger aggressiver Affekt durch; es kam gleichsam zu einer Explosion, abgebildet im Brand des Hauses, der dem Analytiker seinen Wohnsitz, seinen Standort und im weiteren Sinne die Mutter, Vertreterin dieses Hauses, zerstörte.

Doch wie ging es weiter? Im Verlauf von etwa 10 Wochen gelang es, ein Interaktionsniveau zu erreichen, das es erlaubte, die Trennung vom Liebesobjekt, deren Vermeidung die Neidreaktion und die damit verbundenen Schmerzen verhindert hatte, in einer Weise zu betreiben, die eine konstruktive Entwicklung einleitete. Zunächst erzählte der Patient eine Geschichte, die er in seiner Kindheit gern gehört hatte. Sie handelte von einem Handwerker (man erinnere sich, es war ihm unlängst empfohlen worden, ein Handwerk zu erlernen), der seinem Sohn ein Streitroß gebastelt hatte, auf dem dieser Junge in die Schlacht reiten konnte. Die Bearbeitung dieser Geschichte ergab, daß er sich lebhaft wünschte, der Analytiker möge ihm ein solches Pferd zusammenbauen, damit er in eine Schlacht ziehen könne. Dann variierte er das Thema: er möchte »Landvermesser« werden, das Land abgehen und es vermessen. In den nächsten Deutungsschritten ergab sich, daß er auf diese Weise in Identifikation mit einem anderen Mann über das Land schreiten wolle. Als Erinnerung tauchte dazu auf: auf der Mutter herumkrabbeln, sie dabei erkunden. Damit wäre endlich, so vermochte der Patient selbst zu erkennen, der Zwang überwunden, der ihn bisher absolut beherrschte, nämlich: sobald das »Objekt« Mutter ihn beschäftigte, zu einer Verschmelzung mit dieser Mutter sich gezwungen zu fühlen.

Das (vorläufige) Ende dieser Periode wurde etwa zwei Monate später erreicht. Der Patient berichtete: »Ich träume, ich übernachte in einer Hütte. Es gibt Türen, die man verriegeln kann. Plötzlich ist meine Frau da, sie will mich herzlich mit einem Kuß auf den Mund begrüßen. Nun bekomme ich sehr große Angst. Ich fürchte, durch diesen Kuß wird mir meine mühsam gewonnene Freiheit verloren gehen, und ich werde meiner Frau womöglich wieder hörig. Doch in dem Moment, in dem ich den Kuß empfange, empfinde ich und weiß, dies ist ein Freundschaftskuß. Das bedeutet mir, ich kann für mich weiterexistieren.« – Genau das und den als Voraussetzung dazugehörigen Besitz einer libidinösen Objektrepräsentanz ihn erfahren zu lassen, war das Ziel dieses Behandlungsabschnittes gewesen. Der Analytiker glaubte, die Entwicklung der letzten Stunden und insbesondere der zitierte Traum hätten erkennen lassen, daß es gelungen war, dieses Ziel zu erreichen. Der weitere Verlauf der Analyse, von dem hier nicht gehandelt werden kann, gab ihm recht.

Nach dieser klinischen Vignette sei zum Anfang unserer Ausführungen zurückgekehrt. Dort war hervorgehoben worden, die Psychoanalyse sei der Wahrheit verpflichtet. Im gegebenen klinischen Beispiel war diese Wahrheit in der Einsicht, besser: in dem Erleben des Patienten beschlossen, er sei von nun an in der Lage, eigenständig gegenüber einem Liebesobjekt existieren zu können. Freilich, diese Wahrheit hatte sich als Resultat der psychoanalytischen Arbeit, des psychoanalytischen Dialoges ergeben, sie war nicht »vorgegeben« (siehe dazu W. Loch, 1975, *Psychoanalyse und Wahrheit*, in: *Psyche* 1976, 30. Jg., H. 10, S. 865-898). Solange eine solche »existenztragende« Wahrheit nicht gefunden, nicht »er-funden« ist, so lange, könnte man sagen, hat es die Analyse mit der »Lüge« zu tun. Und ihr Bestreben ist es, den Patienten von dieser Lüge zu befreien. Aber was ist hier mit Lüge gemeint? War es eine Lüge, daß unser Patient zu einer Verschmelzung mit dem Liebesobjekt Mutter bzw. dem Objekt, das in dessen Nachfolge stand, neigte? Nein, dies war eine Tatsache. Seine Lüge hatte ihren Ort in der Beziehung zum Vater. Dem Vater hatte er unterstellt, er sei weder willens noch fähig, ihm die Beziehung zur Mutter, als libidinöses Objekt verstanden, zu gönnen noch zu garantieren (was übrigens beides durch die obengenannte Deutung, die der Analytiker auch aus einer Identifikation mit einer Vaterfigur heraus gab, falsifiziert wurde). Indem der Patient diese Art von Unvermögen, von Impotenz dem Vater unterstellte, hatte er ihn zugleich in seiner ödipalen Rolle entwertet, d. h. ihm den Besitz der Mutter nicht zuerkannt und damit seinen eigenen Narzißmus beschützt. Ein pathologischer Narzißmus ist gemeint, von dem man sieht, daß er als ein drittes Element zu begreifen ist, das sich aus der Dualunion entwickelt, wenn deren konstruktive Auflösung deutlich mißlingt. Im Falle von Eltern und Kind ist das Kind drittes Element. Es wird auf die Eltern und also auf sich selbst einen destruktiven Einfluß haben, wenn es keine relative Autonomie entwickelt. Ebenso haben psychoanalytische Deutungen, die als das dritte Element der psychoanalytischen Situation begriffen werden können (eine Situation, die übrigens stets virtuell drei Personen umschließt: den Patienten und den in zwei Beziehungsfiguren aufgespaltenen Analytiker, nämlich in die des Übertragungsobjektes, Duplikat eines infantilen Triebobjektes, und in die desjenigen Objektes, das diese Übertragung explizit macht, sie zu benennen weiß und also zur Trieb-Dyade eine exzentrische Position einnimmt), dann destruktive Effekte, wenn sie nicht der Entwicklung seelischer Autonomie Vorschub leisten, also keinen emanzipatorischen Charakter haben. Ja, Deutungen können sehr wohl eine »parasitäre« Wirkung entfalten (W. R. Bion, 1970) und damit den Wirt, i. e. die Eltern (oder ein Elternteil) bzw. deren Stellvertreter, den Analytiker als Analytiker, zerstören. In diesem Sinne geht es in der Analyse um Lüge und Wahrheit. Wahrheit ist dabei das Dritte – wenn man so will: das wachsende Kind oder die gelungene, die psychische Entwicklung mitbegründende und fördernde Interpretation. Eine solche Entwicklung, das sei angefügt, kann nur dann zustande kommen, wenn die Interpretation beiden Partnern des Dialoges, dem Patienten wie dem Analytiker, hilft, eine tiefere Einsicht und einen besseren, weniger durch pathogene Konflikte bestimmten Umgang mit den wichtigen Objekten, d. h. Partnern, zu gewinnen und zu leben. Wird weder die Lüge entdeckt noch die Wahrheit »er-deutet«[3], so bleibt alles im öden und unfruchtbaren Kreislauf der Symbiose beschlossen oder im sterilen Nebeneinander unverbindlich und schal und ist damit ohne Zukunft. Unter solchen Umständen verfehlt die Analyse ihr wesentliches Ziel: »der menschlichen Entwicklung und Verwandlung« zu dienen, ein Ziel, das das »Therapeutische als einen wichtigen Aspekt« zwar umfaßt (H. Racker, 1968, S. 24), aber nicht primär und nicht im engeren Sinne anstrebt, das sich vielmehr gleichsam wie von selbst ergibt, insofern es gelingt, die psychoanalytische Methode gemeinsam mit dem Patienten zur Untersuchung seines psychischen Lebens, im besonderen zur Untersuchung seiner Beziehung zum Analytiker umzuwandeln. Soweit das möglich ist, bleibt Freuds stolzes Wort gültig, daß »ein Junktim zwischen Heilen und Forschen besteht« (S. Freud, 1926, *Die Frage der Laienanalyse, GW* XIV, S. 293).

3 Zum Begriff und zur Notwendigkeit des »Er-deutens« siehe G. Prauss, 1974, *Kant und das Problem der Dinge an sich,* Bonn; ders. *Freges Beitrag zur Erkenntnistheorie,* 1976, in: *AZP,* 1, S. 34-61, Stuttgart.

Otto F. Kernberg
Normaler und pathologischer Narzißmus im Wandel

In früheren Arbeiten (Kernberg, 1970a, 1974) habe ich die Diagnose und Behandlung narzißtischer Persönlichkeiten untersucht, eine spezifische Konstellation von Charakterpathologie, die besonderer Modifikationen der psychoanalytischen oder psychotherapeutischen Technik bedarf. In einer anderen Studie (Kernberg, 1976) gab ich einen Überblick über die metapsychologischen Probleme, die der klinischen Forschung zugrunde liegen. Zur Vervollständigung meines Studiums des Narzißmus möchte ich nun zusammenfassend die Merkmale des normalen und pathologischen Narzißmus skizzieren, mein Augenmerk dabei insbesondere auf die grundlegenden strukturellen intrapsychischen Bedingungen richten und die diagnostischen und therapeutischen Implikationen aufzeigen. Wegen der nachgerade verwirrenden Vielfalt der Anwendung des Begriffes ›Narzißmus‹ scheint es hilfreich zu sein, zunächst normalen und pathologischen Narzißmus zu bestimmen, und dann die hiermit verbundenen verschiedenartigen klinischen Zustandsbilder zu beschreiben. Die strukturelle Analyse des Narzißmus, das heißt: die Analyse der entsprechenden intrapsychischen Strukturen, ist deutlich ausgerichtet an dieser Unterscheidung in normalen und pathologischen ›Narzißmus‹.

1. Definition des normalen und des pathologischen Narzißmus

Im Anschluß an Hartmann (1964) definiere ich normalen Narzißmus als die libidinöse Besetzung des Selbst. Das Selbst ist eine intrapsychische Struktur, die sich aus mannigfaltigen Selbstrepräsentanzen und den mit ihnen verbundenen Affektdispositionen konstituiert. Selbstrepräsentanzen sind affektiv-kognitive Strukturen, die die Selbstwahrnehmung einer Person in realen Interaktionen mit den ihr bedeutsamen Anderen und in phantasierten Interaktionen mit inneren Repräsentanzen der für sie bedeutsamen Anderen, nämlich in Objektrepräsentanzen, widerspiegeln. Das Selbst ist eine der Strukturen, die die internalisierte Welt der Objektbeziehungen reflektieren. Es ist im Ich lokalisiert, einer umfassenden Struktur, die außer dem Selbst noch andere, internalisierte Objektbeziehungen widerspiegelnde intrapsychische Strukturen enthält, nämlich die zuvor erwähnten Objektrepräsentanzen sowie ideale Selbst- und ideale Objektvorstellungen auf verschiedenen Stufen der Depersonifikation, Abstraktion und Integration in allgemeine Ich-Ziele und Ich-Ideale. Das normale Selbst ist integriert, so daß Teil-Selbstrepräsentanzen dynamisch zu einem Ganzen organisiert sind. Das Selbst steht in Beziehung zu integrierten Objektrepräsentanzen, das heißt zu solchen Objektrepräsentanzen, die die ›guten‹ und ›bösen‹ primitiven Objektrepräsentanzen in vertiefte, integrative Vorstellungen von anderen inkorporiert haben. Es repräsentiert eine solche Integration widersprüchlicher, gegensätzlicher, ›nur guter‹ und ›nur böser‹ Selbstimagines, die aus den libidinös und aggressiv besetzten frühen Selbstimagines abgeleitet sind. Obschon der normale Narzißmus die libidinöse Besetzung des Selbst widerspiegelt, so ist doch das Selbst eine Struktur, welche die libidinös und aggressiv besetzten Anteile integriert. Einfach ausgedrückt: Integration guter und böser Selbstimagines in ein realistisches Selbst-Konzept, das die verschiedenen Teil-Repräsentanzen eher vereinigt als dissoziiert, ist eine Vorbedingung für die libidinöse Besetzung eines normalen Selbst. Hierdurch erklärt sich das Paradoxon, daß die Integration von Liebe und Haß eine Voraussetzung der Fähigkeit zu normaler Liebesbesetzung ist.

Diese Bestimmung des Selbst und der integrierten Objektrepräsentanzen entspricht ziemlich genau der Beschreibung der »Representational World« – »Welt der Repräsentanzen« (Sandler und Rosenblatt, 1962) und Eriksons Definition der »Ich-Identität« (1956). Klinisch gesehen zeigt sich ein integriertes Selbst darin, daß es historisch oder in der Zeit, im Querschnitt oder in gleichzeitig nebeneinander bestehenden Bereichen, in denen das Individuum in psychosozialen Interaktionen wirksam ist, Kontinuität der Selbsterfahrung bewahrt. Fehlt ein integriertes Selbst, so spiegelt sich dies klinisch in widersprüchlichen, voneinander dissoziierten oder abgespaltenen Ich-Zuständen, die einander abwechseln, ohne je integriert zu werden, so daß das Individuum sich zwar an konträre Erlebnisse »erinnern« kann, aber nicht in der Lage ist, die verschiedenen Erlebnisse zu integrieren. Daß ein integriertes Selbst fehlt, zeigt sich ferner in den chronischen Gefühlen von Unwirklichkeit, Verwirrung, Leere oder allgemeinen Störungen des »Selbstgefühls« (Jacobson, 1964), sowie in einer ausgeprägten Unfähigkeit, sich selbst realistisch als ein Ganzes wahrzunehmen. Unter diesen Umständen kann der Patient ›Einsicht‹ im Sinne bewußter Verfügbarkeit primitiver intrapsychischer Prozesse haben; er ist aber nur selten imstande, solche primitiven kognitiven und affektiven Erfahrungen mit denen einer reiferen Stufe zu vermitteln, und er kann seine allgemeinen subjektiven Erfahrungen auch nicht mit seinem aktuellen Verhalten im interpersonellen Bereich koordinieren. Sofern der Mangel an integriertem Selbst meist mit fehlender Integration von Objektrepräsentanzen einhergeht, sind die internalisierten Objektrepräsentanzen der bedeutsamen Anderen verzerrt, oberflächlich, entweder ›nur gut‹ oder ›nur böse‹. Der Patient hat erhebliche Schwierigkeiten, die Wahrnehmung von anderen zu einem sinnvollen Ganzen zu integrieren; er besitzt keine oder eine nur sehr geringe Fähigkeit zur Einfühlung oder zu realistischer Beurteilung anderer. Sein Verhalten wird weit mehr reguliert durch unmittelbare Wahrnehmungen als durch ein konsequentes, internalisiertes Modell von den anderen.

Wir kehren zur Definition des Narzißmus als libidinöser Besetzung des Selbst zurück. Es muß freilich betont werden, daß die libidinöse Besetzung des Selbst nicht allein der Triebquelle libidinöser Energie, sondern auch den vielfältigen Beziehungen zwischen Selbst und anderen intrapsychischen Strukturen entspringt. Dabei handelt es sich um Strukturen innerhalb des Ich (intrasystemische Determinanten des Narzißmus) wie auch um Strukturen anderer psychischer Apparate: Über-Ich und Es (intersystemische Determinanten des Narzißmus). Jacobson (1964) hat darauf aufmerksam gemacht, daß sich das normale Selbstgefühl aus dem Bewußtsein des Menschen von einem integrierten Selbst herleitet, während

Selbstwertgefühl und Selbstachtung von der libidinösen Besetzung eines integrierten Selbst abhängen. Ich werde später einen Hauptaspekt der Pathologie des Selbstgefühls untersuchen, nämlich das subjektive Gefühl der Leere: Zwischen dem pathologischen Narzißmus und dem Erleben von Leere besteht ein wichtiger Zusammenhang. Das Niveau oder die Intensität von Selbstwertgefühl und Selbstachtung geben einen Hinweis darauf, in welchem Maße das Selbst narzißtisch besetzt ist. Selbstwertgefühl und Selbstachtung sind jedoch nicht schlicht Widerspiegelungen der Triebbesetzungen; sie zeigen eine Kombination affektiver und kognitiver Anteile bei Vorherrschaft diffuser affektiver Komponenten auf niederen Stufen der Regulation des Selbstwertgefühls sowie bei Dominanz der kognitiven Differenzierung mit ›abgeschwächten‹ affektiven Implikationen auf höheren Stufen der Regulation des Selbstwertgefühls an. Selbstwertgefühl und Selbstachtung bezeichnen also die differenzierteren Ebenen narzißtischer Besetzung, während diffuse Gefühle von Wohlbefinden, Lebenslust, Euphorie oder Befriedigung ausdrückende affektive Zustände als primitivere Äußerungen des Narzißmus gelten müssen. So sind zum Beispiel – wie Jacobson (1964) ausgeführt hat – Stimmungsschwankungen die wesentlichen Indikatoren für Selbstachtung auf primitiven Ebenen der vom Über-Ich bestimmten Regulation des Selbstwertgefühls; auf fortgeschritteneren Stufen der Über-Ich-Funktion tritt als Regulation an die Stelle von Stimmungsschwankungen die präzis abgrenzende kognitive Einschätzung oder Kritik des Selbst.

Es ist unerläßlich zu betonen, daß hierbei nicht nur libidinös besetzte affektive und kognitive Besetzungen wirken, sondern auch aggressiv besetzte Interaktionen. Die Regulation des normalen Narzißmus kann daher nur verstanden werden als die relative Vorherrschaft libidinöser Besetzung – im Gegensatz zu aggressiver Besetzung durch dieselben intrapsychischen Strukturen. Einfacher ausgedrückt: Narzißtische und/oder libidinöse Besetzung sind, klinisch gesprochen, nur im Kontext einer gleichzeitigen Analyse der intrapsychischen Schicksale von Libido und Aggression zu erfassen.

Welches sind die intrapsychischen Strukturen und die äußeren Faktoren, die die libidinöse Besetzung des Selbst, das heißt: den normalen Narzißmus, beeinflussen?

a) Das Ideal-Selbst und die Ich-Ziele

Innerhalb des Ich bezeichnen die unbewußten, vorbewußten und bewußten Ich-Ziele (die verschiedene Entwicklungsstufen von primitiven idealen Selbstimagines bis hin zu reifen Zielen und Absichten des Individuums widerspiegeln) die Stufe des Strebens, an der, so könnten wir sagen, die Wirklichkeit des Selbst gemessen wird. Wie Hartmann (1964) gezeigt hat, gibt es bestimmte selbstkritische Funktionen des Ich, und die Regulation des Selbstwertgefühls wird durch solche Selbstkritik garantiert Bibring (1953) hat eine grundlegende Prädisposition zur Depression beschrieben in dem Ich-Erlebnis der Hilflosigkeit und Hoffnungslosigkeit: ein erstrebter Zustand des Selbst wird nicht erreicht. Sandler und Rosenblatt (1962) bezogen sich auf diesen Mechanismus, als sie die Spannungen zwischen realem und idealem Selbst darstellten.

b) Die innere Welt der Objektrepräsentanzen

Eine weitere Struktur, die an der Regulation des Selbstwertgefühls beteiligt ist, das heißt, die das Gleichgewicht narzißtischer Zufuhr oder libidinöser Besetzung des Selbst herstellt, ist die Welt innerer Objekte oder Objektrepräsentanzen, die in enger Beziehung zum integrierten Selbst stehen. Ich habe in einer älteren Arbeit (Kernberg, 1973a) auf die schützenden Funktionen der Objektrepräsentanzen in Zeiten von Lebenskrisen und Objektverlust hingewiesen und vorgeschlagen, Regression im Dienste des Ich auch als eine regressive Aktivierung vergangener internalisierter Objektbeziehungen zu verstehen, in deren Verlauf internalisierte ›gute‹ Objektbeziehungen dem Selbst Liebe und erneute Bestätigung als Kompensation für Enttäuschungen in der Realität ermöglichen.

c) Über-Ich-Faktoren

Wenden wir uns nun von den den normalen Narzißmus beeinflussenden intrasystemischen Ich-Faktoren zu den intersystemischen Beziehungen, so finden sich hier hauptsächlich zwei das Selbstwertgefühl regulierende Strukturen, die einen Teil des Über-Ich im Sinne einer umfassenden intrapsychischen Instanz bilden. Die eine Instanz wird konstituiert aus verschiedenen Über-Ich-Strukturen, die durch Über-Ich-Forderungen und -Strafen eine kritische Beurteilung des Ich erlauben. Jacobsons (1964) Analyse der Entwicklungsstufen des Über-Ich und ihrer regulatorischen Wirkungen auf das Selbst durch Funktionen, die von Stimmungen bis zur realistischen Selbstkritik reichen, ist in diesem Zusammenhang von Bedeutung. Die kritischen oder strafenden Aspekte des Über-Ich regulieren das Selbstwertgefühl durch eine vorwiegend ›negative‹ Funktion: indem sie dem Selbst mit Kritik begegnen. Die andere an der Regulation des Selbstwertgefühls beteiligte Struktur ist das Ich-Ideal; es resultiert aus der Integration idealer Objektimagines und idealer Selbstimagines, die seit der Säuglingszeit und frühen Kindheit dem Über-Ich introjiziert wurden, und es erhöht das Selbstwertgefühl, wenn das Selbst seinen Forderungen und Erwartungen entspricht. Schafer (1960) hat diese Schutzfunktion des Ich-Ideals dargestellt. Unter klinischen Gesichtspunkten ist es aufschlußreich zu beobachten, wie überaus abhängig manche Patienten von äußeren Quellen der Bewunderung, Liebe und Bestätigung werden, wenn sie unter fehlender oder inadäquater Integration dieser besonderen Über-Ich-Struktur leiden.

d) Trieb- und organische Faktoren

Was die mit dem Es verbundenen Strukturen anlangt, so erhöht sich das Selbstwertgefühl, sobald grundlegenden Triebbedürfnissen entsprochen wird und sofern das Ich oder vielmehr das Selbst in der Lage ist, in befriedigender Weise zwischen inneren Bedürfnissen und den Anforderungen der Umwelt zu vermitteln. Mit anderen Worten: Direkte ichsyntone Impulsäußerung und vor allem sublimatorische Äußerung von Triebbedürfnissen gewähren narzißtische Befriedigung. Adäquates Funktionieren der körperlichen Systeme und ›gute Gesundheit‹ bestätigen die Integrität und die libidinöse Besetzung des Selbst. Da die ursprünglichen Selbstrepräsentanzen durch Körperimagines stark beeinflußt werden und die frühesten intrapsychischen Triebbefriedigungen mit der Wiederherstellung des physiologischen Gleichgewichts eng gekoppelt sind, bestimmen körperliche Gesundheit und Krankheit wesentlich das Gleichgewicht narzißtischer Besetzung.

e) *Äußere Faktoren*

Betrachten wir nun die Realitätsfaktoren, die die normale Regulation des Selbstwertgefühls beeinflussen. Sie können differenziert werden in

1. von äußeren Objekten stammende libidinöse Befriedigung;
2. Erfüllung der Ich-Ziele und -Strebungen durch soziale Effektivität oder Erfolg;
3. in der Umwelt realisierte Befriedigung intellektueller und kultureller Strebungen.

Die zuletzt genannten Befriedigungen enthalten Wertelemente und spiegeln ebenso Forderungen des Über-Ich und des Ich wie Realitätsfaktoren wider. Sie belegen, welch hohe Bedeutung ethische und ästhetische Wertsysteme oder das kulturelle System überhaupt neben den früher erwähnten psychosozialen und psychobiologischen Systemen für die Regulierung des Selbstwertgefühls haben. Die Verstärkung libidinöser Besetzung erfolgt, kurz gesagt, durch Liebe oder Befriedigung über äußere Objekte, durch Erfolg in der Realität, wachsende Harmonie zwischen Selbst und Über-Ich-Strukturen, erneute Bestätigung der Liebe innerer Objekte und durch direkte Triebbefriedigung und physische Gesundheit. In aller Regel geht eine Steigerung libidinöser Besetzung des Selbst mit einer der libidinösen Besetzung der Objekte einher: ein Selbst mit erhöhter libidinöser Besetzung – sozusagen im Frieden und glücklich mit sich selbst – ist in der Lage, mit mehr Nachdruck äußere Objekte und ihre internalisierten Repräsentanzen zu besetzen. Erhöht sich die narzißtische Besetzung, so vertieft sich im allgemeinen zugleich die Fähigkeit, zu lieben und zu geben, Dankbarkeit zu erleben und auszudrücken, Anteilnahme für andere aufzubringen, sexuelle Liebe, Sublimierung und Kreativität zu steigern. Da normale libidinöse Besetzung äußerer Objekte und ihrer inneren Repräsentanzen eng verknüpft ist mit der Bewältigung elementarer, voneinander dissoziierter oder abgespaltener Äußerungen von Liebe und Haß gegenüber den Objekten, bestärkt wachsende libidinöse Besetzung des Selbst auch das Selbst in seiner ›Güte‹ gegenüber den Objekten und festigt die Objektbindungen. Bildlich gesprochen: Das Aufladen der Batterie des Selbst bewirkt sekundär ein Nachladen der Batterie der libidinösen

Besetzung der Objekte. Andererseits begünstigen und befördern Verlust äußerer Liebesquellen, Mißerfolg bei der Erreichung von Ich-Zielen oder in der Erfüllung der Ich-Erwartungen Über-Ich-Zwänge als Reaktion auf die für das Über-Ich unannehmbaren Triebbedürfnisse, Unfähigkeit, den Erwartungen des Ich-Ideals zu genügen, oder allgemeine Frustration der Triebbedürfnisse oder physische Erkrankung den Rückgang der libidinösen Besetzung des Selbst. Verlust oder Versagen in jedem einzelnen dieser Bereiche wirkt häufig auf andere Bereiche zurück. Zum Beispiel wird in der pathologischen Trauer die infolge äußeren Objektverlustes hervorgerufene narzißtische Kränkung verstärkt durch eine Verschärfung der Über-Ich-Zwänge, die unbewußte Schuld wegen des Objektverlustes widerspiegeln. Außerdem erfolgt eine sekundäre Schwächung der libidinösen Besetzung, die von den inneren Objektrepräsentanzen ausgeht: der Über-Ich-Zwang läßt das Selbst glauben, daß es die Liebe seiner inneren ebenso wie seiner äußeren Objekte nicht mehr ›verdient‹. Die verschiedenartigen, die libidinöse Besetzung des Selbst regulierenden intrapsychischen Strukturen können daher nicht voneinander isoliert gesehen werden, sie sind vielmehr im Sinne eines umfassenden dynamischen Gleichgewichts zu verstehen. Der Prozeß der Trauerarbeit zum Beispiel umfaßt nicht allein die Wiedererrichtung der libidinösen Besetzung des Selbst (über identifikatorische Prozesse, durch die sich das Selbst Wesenszüge und libidinöse Besetzung des verlorenen Objektes aneignet), sondern auch – und das ist von großer Bedeutung – die Wiederherstellung und Stärkung der Objektrepräsentanzen, die das verlorene Objekt und andere damit verbundene ›gute‹ internalisierte Objekte darstellen. Umgekehrt stärkt die libidinöse Besetzung der internalisierten Objekte ihre Verfügbarkeit als potentielle Quellen libidinöser Befriedigung für das Selbst.

Normaler Narzißmus beruht auf der strukturellen Integrität des Selbst und der anderen damit verbundenen intrapsychischen Strukturen. Er hängt ab vom Gleichgewicht libidinöser und aggressiver Triebabkömmlinge, die an den Beziehungen zwischen Selbst und allen anderen Strukturen beteiligt sind. Außerdem ist er an das Entwicklungsniveau gebunden, das das Selbst und die zugehörigen intrapsychischen Strukturen nach Qualität und Reife (im Gegensatz zu infantilen Zügen) der Selbsterwartungen, Strebungen, Modelle und Ideale erreicht haben. In den Beziehungen zwischen den intrapsychischen Strukturen sind infantile narzißtische von reifen narzißtischen Zielen zu unterscheiden. So kann zum Beispiel strukturelle Integrität von Selbst und dem Über-Ich und Ich-Ideal sowie Integration internalisierter Objektbeziehungen im Sinne integrierter oder totaler Objektrepräsentanzen bestehen und gleichwohl eine Fixierung auf infantile narzißtische Ziele und Konflikte vorliegen, wie wir es von Patienten mit neurotischer Reaktion und Charakterpathologie kennen.

Im allgemeinen interferieren neurotische Konflikte mit den optimalen Beziehungen des Selbst zu den erwähnten verschiedenen Instanzen und Strukturen. Pathologische Verbote zum Beispiel gegen sexuelle Impulse (wegen ihrer ödipalen Implikationen) spiegeln sich in konflikthaften Beziehungen des Selbst zu äußeren Objekten, in exzessiven Über-Ich-Zwängen gegenüber dem Selbst und in der Reduzierung des Sublimierungspotentials des Ich. Dies alles stört in verschiedener Weise die Verfügbarkeit libidinöser Zufuhren für das Selbst. Die Bildung pathologischer Charaktermuster als Abwehr gegen unmittelbare konflikthafte Beziehungen mit anderen und gegen direkte Konfrontation mit den verbotenen ödipalen Impulsen schützt zugleich die Funktion des Ich und das Selbst wie auch das Selbstwertgefühl, das heißt, sie hat eine narzißtische Funktion. Die meisten Patienten mit neurotischer Reaktion und Charakterpathologie leiden unter ›narzißtischen Problemen‹, einer pathologischen Verletzlichkeit des Selbst, die durch pathologische Charakterzüge abgewehrt wird. Deshalb werden narzißtische Frustrationen und Konflikte aktiviert, wenn man pathologische Charakterzüge analytisch auflöst. Im Verlauf der Analyse entdeckt man, daß – im Gegensatz zu reifen narzißtischen Strebungen und Erwartungen der konfliktfreieren Zonen des Ich – die Ich-Erwartungen, Ideale und Über-Ich-Forderungen auf einer infantilen Stufe verharren. In der Aktivierung von aggressiven Konflikten, die die Verfügbarkeit oder Vorherrschaft der libidinösen Besetzung des Selbst und der inneren und äußeren Objekte reduzieren, sowie in der Fixierung oder Regression auf neurotische infantile Konflikte, die in ein gut integriertes Ich und normales

Selbst eingebettet sind, werden in aller Regel Frustrationen und/oder Verzerrungen des normalen Narzißmus erkennbar. Dies ist die relativ leichteste Form narzißtischer Störung, die man klinisch beobachten kann. Eine schwerere Form narzißtischer Störung tritt dort auf, wo das Selbst erhebliche pathologische identifikatorische Prozesse eingeleitet hat, wo es sich nach einem pathogenen internalisierten Objekt gebildet hat, während wichtige Aspekte des Selbst (die sich auf ein solches Objekt beziehen) auf internalisierte Objektrepräsentanzen und äußere Objekte projiziert wurden. Anders ausgedrückt: Diese schwere Form narzißtischer Pathologie gilt für Fälle, in denen das Individuum (in seinem intrapsychischen Leben der Objektbeziehungen wie in seinem äußeren Leben) sich mit einem bestimmten Objekt identifiziert, während es auf das äußere Objekt sein eigenes Selbst projiziert. Es identifiziert sich mit seinem Objekt und liebt ein Objekt, das für sein (gegenwärtiges oder vergangenes) Selbst steht. Freud (1914) hat darauf hingewiesen, daß er insbesondere durch die von Homosexuellen getroffene Wahl der Liebesobjekte, die sie selbst repräsentierten, zu seiner Narzißmus-These veranlaßt wurde. Er betrachtete die Liebesbeziehung solcher Homosexueller als »narzißtisch«, im Gegensatz zum »anaklitischen« oder Anlehnungs-Typ der Liebe zu einem Objekt, das eine bedeutsame elterliche Imago repräsentiert. Wir wollen noch einmal kurz die libidinösen Implikationen einer normalen Objektbeziehung rekapitulieren.

Die normale Beziehung zu einem Objekt stellt eine optimale Mischung von »objektlibidinösen« und »narzißtischen« Bindungen insofern dar, als die Besetzung der Objekte und die des Selbst in der befriedigenden Beziehung zu solchen Objekten Hand in Hand gehen (Van der Waals, 1965). Diese normale Mischung von Narzißmus und Objektliebe zeigt sich in der Beziehung zwischen dem Selbst als Subjekt und einem äußeren Objekt, das bezogen ist auf eine innere Objektrepräsentanz und durch sie reflektiert wird. Innerhalb eines solchen Kontextes einer libidinösen Beziehung des Selbst zu einem Objekt kann jedoch die Art der Objektbeziehung mehr oder weniger infantil sein, d. h. das Selbst kann mit dem Objekt eine Beziehung unterhalten, die sich auf einem Spektrum bewegt, das von einer rein »anaklitischen«, kindlichen Suche nach Liebe (gemischt mit Abhängigkeit und Dankbarkeit) bis hin zu einer ausgebildeten Gegenseitigkeit reicht, in der reife aufgeklärte Selbstliebe verbunden ist mit reifer Besetzung des Objektes. Erwachsener wie infantiler Narzißmus enthalten ›Selbstbezogenheit‹; aber die Selbst-Besetzung beim normalen erwachsenen Narzißmus hat reife Ziele, Ideale und Erwartungen. Die normale infantile Selbst-Besetzung hingegen zeigt infantile exhibitionistische, anspruchsvolle und machtorientierte Strebungen. In erwachsenem wie in normalem infantilen Narzißmus spielen ferner Objektbesetzungen eine Rolle, wobei der Unterschied ebenfalls in erwachsener Gegenseitigkeit gegenüber infantiler Idealisierung und abhängiger Orientierung liegt. »Anaklitische« Beziehungen weisen daher regressive Züge in den Selbst- wie in den Objektbesetzungen auf, das heißt: eine Regression von der erwachsenen Mischung der narzißtischen und objektbezogenen Besetzungen auf den infantilen Typus der Mischung dieser Bindungen.

Die Entwicklungsstufe des Über-Ich (besonders des Ich-Ideals) und die Art des Ausgangs der ödipalen Konflikte (zum Beispiel die Vorherrschaft der Fixierung und/oder Regression auf prägenitale libidinöse Phasen) bestimmen, bis zu welchem Grade eine Objektbeziehung »anaklitisch« ist im Sinne einer Regression oder Fixierung auf normale infantile Charakteristika, in denen die Abhängigkeitsbedürfnisse den Selbst- und Objektbesetzungen dieser Beziehung eine spezifische Färbung verleihen. Kurz gesagt: Normale Objektbeziehungen enthalten eine Mischung von narzißtischen und Objektbesetzungen; die Art der narzißtischen und Objektbindungen variiert je nach dem allgemeinen Niveau der psychologischen Entwicklung des Individuums. Freuds »anaklitischer« Typ der Objektliebe bezieht sich auf die regressiven infantilen Züge in der narzißtischen und der Objekt-Besetzung dieser Beziehung.

Wir wollen uns nun wieder dem oben erwähnten Typus der schwereren narzißtischen Störung zuwenden. Wenn die libidinöse Besetzung des Selbst unter der Bedingung einer Identifizierung des Selbst mit einem Objekt erfolgt, während das Selbst auf ein äußeres Objekt projiziert wird, das – weil es für das Selbst steht – geliebt wird, haben wir es mit einer grundlegend anderen Situation zu tun als bei den zuvor geschilderten normalen Merkmalen des Narzißmus. Dieser Typ der Objektbeziehung, den Freud als erster »narzißtisch« nannte, stellt eine qualitativ andere und schwerere Form narzißtischer Pathologie dar als der minder gestörte Typ, der lediglich eine Regression und/oder Fixierung auf infantile (im Gegensatz zu reifer) libidinöse Besetzung von Selbst und Objekt aufweist. Es ist jedoch festzuhalten, daß innerhalb dieser pathologischeren Beziehung des mit einem Objekt identifizierten Selbst (zum Beispiel in manchen Fällen männlicher Homosexualität mit der oral gebenden und schützenden Mutter) zu einem mit dem Selbst identifizierten Objekt (das infantile abhängige Selbst in Fällen der erwähnten männlichen Homosexualität) immer noch eine Objektbeziehung besteht, nämlich eine Beziehung zwischen Selbst und Objekt sowohl intrapsychisch als auch in äußeren Interaktionen.

Es gibt eine noch schwerere Form narzißtischer Pathologie, in der eine tiefgreifende Verschlechterung der Objektbeziehungen auftritt und in der die Beziehung nicht mehr zwischen Selbst und Objekt besteht, sondern zwischen einem primitiven, pathologischen grandiosen Selbst und der zeitweiligen Projektion eben dieses grandiosen Selbst auf die Objekte. Hier verläuft die Beziehung nicht mehr von Selbst zu Objekt noch von Objekt zu Selbst, sondern von Selbst zu Selbst. Nur in diesem letzten Falle kann man davon sprechen, daß eine narzißtische Beziehung vollständig eine Objektbeziehung ersetzt hat.

Diese Situation unterscheidet sich erheblich von der, die unter normalen Umständen, z. B. in der Adoleszenz, vorkommt, wo zwar gegenseitige Identifizierungen mit anderen Objekten als Repräsentanzen des Selbst stattfinden, aber zugleich die Objekte in ihrer Selbstberechtigung gesehen werden. Zeitweilige oder teilweise Projektion eines idealen Selbst in Freundschaften während der frühen Adoleszenz (die Abkömmlinge homosexueller Konflikte und infantiler libidinöser Besetzungen einschließen können) auf ein dem Selbst ähnlich wahrgenommenes Objekt geht hier einher mit objektlibidinösen Bindungen zu einem solchen Objekt und hat eine völlig andere Qualität als die Projektion eines pathologischen grandiosen Selbst auf andere Objekte. Ich habe diese Unterschiede in früheren Arbeiten dargelegt (1970a und 1974).

Die Beziehung eines pathologischen grandiosen Selbst zu

einem zeitweilig projizierten pathologischen grandiosen Selbst ist charakteristisch für die narzißtische Persönlichkeit. Hier haben wir eine spezifische Form der Charakterpathologie vor uns: den am schwersten gestörten Typus des pathologischen Narzißmus.

Die bisher dargestellten drei Stufen der Pathologie des Narzißmus, das heißt: 1. Regression vom normalen erwachsenen zum normalen infantilen Narzißmus; 2. Beziehung zu einem das Selbst repräsentierenden Objekt, während das Selbst mit einem Objekt identifiziert wird, und 3. die Beziehung eines grandiosen Selbst zu seinem zeitweilig projizierten grandiosen Selbst, sind allesamt durch eine integrierte Struktur des Selbst gekennzeichnet – es kann ein normales erwachsenes Selbst, ein regrediertes oder infantil fixiertes, ein aufgrund vorherrschender Identifizierung mit einem Objekt verzerrtes oder ein pathologisches grandioses Selbst (charakteristisch für narzißtische Persönlichkeiten) sein. Es gibt allerdings noch andere Fälle, die durch ein mangelhaft integriertes Selbst oder, allgemeiner, durch dissoziierte oder abgespaltene Selbst- und Objektrepräsentanzen charakterisiert sind: Patienten mit einer Borderline-Persönlichkeitsorganisation (ohne die Verdichtung zu einer pathologischen grandiosen Selbst-Struktur). Bei solchen Patienten beobachtet man rasche Wechsel von Phasen der Identifizierung mit einer bestimmten Selbstrepräsentanz bei Projektion einer bestimmten Objektrepräsentanz auf das äußere Objekt zu Phasen, in denen sich das Individuum mit einer Objektrepräsentanz identifiziert, während eine bestimmte Selbstrepräsentanz auf das äußere Objekt projiziert wird. In diesen Fällen sind die Objektbeziehungen veränderlich und unbeständig; es kommt zu einem chaotischen Wechsel verschiedener Formen narzißtischer Störungen. Man sollte diese Fälle nicht unter dem Aspekt einer besonderen Pathologie des Narzißmus erörtern, sondern eher als eine allgemeine Pathologie internalisierter Objektbeziehungen. – Schließlich gibt es Fälle, die durch mangelhafte oder mangelnde Unterscheidung zwischen Selbst- und Objektrepräsentanzen bestimmt sind, das heißt Fälle mit psychotischen Identifizierungen (Jacobson 1954, 1964). Hier überwiegen psychotische Konflikte und Abwehrvorgänge gegenüber narzißtischen und objektlibidinösen Besetzungen, die die differenzierten Objektbeziehungen mit anderen widerspiegeln. Ich bin nicht der Ansicht, daß Bemühungen, Objekt- von Selbstrepräsentanzen zu differenzieren, unter diesen Umständen von Bedeutung sein können. Selbst und Objekt sind hier noch oder wieder miteinander verschmolzen.

Eine allgemeine Implikation des Dargestellten – soweit es die klinische Theorie des Narzißmus betrifft – liegt darin, daß ›ökonomische‹ Betrachtungen allein (das heißt solche der Intensität oder des Ausmaßes narzißtischer Besetzung) in der Tat nicht viel über Normalität oder pathologische Natur des Narzißmus aussagen, da sie die Intensität des – sozusagen – allgemeinen Metabolismus der internalisierten Objektbeziehungen reflektieren. Die Intensität der libidinösen Besetzung von Selbst und Objekten steht zudem in enger Verbindung mit der sich verändernden Besetzung der Aggression und verändert sich in diesem Kontext. Die ›ökonomischen‹ Betrachtungen müssen daher die kombinierte Analyse der aggressiven und libidinösen Bindungen mit einschließen. Eine weitere Implikation unserer Analyse ist, daß die spezifischen Momente psychoanalytischer Auffassung des normalen und des pathologischen Narzißmus verloren gingen und an ihre Stelle ein vereinfachtes psychosoziales Modell entlang der Linie »Introversion« und »Extraversion« träte, wenn die Abgrenzung von narzißtischen gegenüber objektbezogenen Besetzungen äußerer Objekte an vorwiegend interpersonellen Beobachtungen über die Art der Beziehung zu ihnen festgemacht wird. Die Natur des normalen und des pathologischen Narzißmus kann realistisch nur ermittelt werden durch psychoanalytische Erforschung der intrapsychischen Objektbeziehungen (zusätzlich zu den äußeren) und durch eine strukturelle Analyse der internalisierten Objektbeziehungen (zusätzlich zu der Untersuchung der sie beeinflussenden ›ökonomischen‹ Faktoren).

2. Einige diagnostische Anwendungsmöglichkeiten dieser Konzeptualisierung der narzißtischen Pathologie

Ein wichtiges praktisches Problem stellt die Differenzierung von normalen und pathologischen narzißtischen Entwicklungen in der Adoleszenz dar. Deutsch (1944) und Jacobson (1964) haben darauf hingewiesen, daß es während der Adoleszenz verstärkt zu narzißtischen Manifestationen kommt. Mir scheint, daß dies nicht nur quantitativ verstanden werden muß, sondern vor allem auch qualitativ – unter Berücksichtigung des erwähnten Kontinuums der Konstellationen der Selbst- und Objektbesetzung, die in der intrapsychischen Struktur des Adoleszenten entstehen.

Die bekannteste Manifestation des erhöhten Narzißmus beim Adoleszenten ist – erstens – die steigende libidinöse Besetzung des Selbst: wachsende Beschäftigung mit sich selbst, grandiose exhibitionistische oder machtorientierte Phantasien, die sowohl eine quantitative Verschiebung libidinöser Besetzung von Objekt- auf Selbstrepräsentanzen als auch eine qualitative regressive Verschiebung auf deutlich infantile Beziehungen zwischen Selbst und Objekt anzeigen: zum Beispiel der infantile Wunsch, von der Mutter geliebt und bewundert zu werden.

Pathologische Manifestationen eines verstärkten Narzißmus sind – zweitens – die pathologischen Identifikationen des Selbst mit infantilen Objekten sowie die Suche nach Objekten, die das infantile Selbst repräsentieren. Dies ist etwas anderes als die zuvor beschriebene Mehrung der Objektwahlen während der frühen Adoleszenz: hier sind narzißtische und objektgerichtete Besetzung miteinander verschmolzen. Im Gegensatz dazu ersetzt in der mehr pathologischen narzißtischen Entwicklung die Projektion des Selbst auf die Objekte eine Objektbindung, wobei das Selbst in der Interaktion mit einem solchen Objekt das Objekt der reaktivierten internalisierten infantilen Objektbeziehung repräsentiert. Manche homosexuellen Entwicklungen in der Adoleszenz können zu diesem Typus narzißtischer Regression gerechnet werden.

Drittens – noch stärker pathologisch – stößt man bei manchen Adoleszenten auf eine Orientierung an Objekten, die bei psychoanalytischer Untersuchung die Projektion eines primitiven, pathologischen grandiosen Selbst auf eine projizierte Erweiterung der eigenen pathologischen Selbst-Struktur des Patienten erkennen lassen. Damit ist die bereits erörterte ›Selbst-zu-Selbst‹-Beziehung gemeint. Dies ist der Fall der narzißtischen Persönlichkeitsstruktur; sie stellt die schwerste

Form der narzißtischen Pathologie in Adoleszenz und Erwachsenenalter dar. Für diese adoleszenten Patienten sind mangelhafter kritischer Umgang mit den realistischen Aspekten anderer Menschen, Selbstgerechtigkeit und ausbeuterische oder parasitäre Tendenzen charakteristisch; sie schwanken zwischen Engagement in Aktivitäten und Beziehungen, die ihnen Triumph, Bewunderung oder unmittelbare Bedürfnisbefriedigung einbringen, einerseits und jäher Preisgabe der Aufgaben, Beziehungen und Aktivitäten, in denen ihr Narzißmus nicht aufrechterhalten werden kann, sowie rigoroser Distanzierung von der gesellschaftlichen Realität und deren Entwertung zum Schutz vor Mißerfolg andererseits.

Allgemein läßt sich sagen: Je ›regulärer‹ der Anstieg narzißtischer Besetzung in der Adoleszenz ist, um so eher können wir davon eine Beschreibung in hauptsächlich – aber nicht ausschließlich – quantitativen Begriffen geben, und je pathologischer die narzißtischen Verschiebungen sind, um so weniger können sie allein in quantitative Begriffe gefaßt werden und um so mehr müssen wir die Situation strukturell klären, das heißt, die Art der beteiligten pathologischen Objektbeziehungen deutlich bestimmen.

Zur Illustration dieser Strukturanalyse des Narzißmus wollen wir nun die verschiedenen Typen männlicher Homosexualität betrachten. Wir können männliche Homosexualität auf einem Kontinuum anordnen, das den Schweregrad der Pathologie der internalisierten Objektbeziehungen vom niedrigsten bis hin zum höchsten differenziert. Es gibt erstens Fälle von Homosexualität mit einer Dominanz genitaler, ödipaler Faktoren; hier drückt die homosexuelle Beziehung sexuelle Unterwerfung unter die gleichgeschlechtliche Elternfigur zum Zweck der Abwehr der ödipalen Rivalität aus. Diese Fälle bezeichnen den extrem neurotischen und gehemmten Typus des homosexuellen Patienten und haben meist die beste Prognose für die psychoanalytische Behandlung. Das infantile, unterwürfige ödipale Selbst nimmt die Beziehung zum dominierenden, verbietenden ödipalen Vater auf. Vorausgegangen ist häufig eine Verdrängung heterosexueller Strebungen als Folge des Verzichtes auf sexuelle Impulse gegenüber der verbotenen ödipalen Mutter.

Bei einer zweiten und schwereren Form männlicher Homosexualität besteht eine konflikthafte Identifikation des Patienten mit einem Bild der Mutter, während er seine homosexuellen Objekte als Repräsentanz seines eigenen infantilen Selbst versteht. Diese Fälle sind Beispiele für die von Freud (1914) in seiner Studie über den Narzißmus erörterte narzißtische Besetzung. Hier ist die Besetzung des äußeren homosexuellen Objektes in der Tat eine »narzißtische« in dem Sinne, daß das homosexuelle Objekt für das Selbst steht. Obgleich dieser Typus der Homosexualität stärker narzißtisch ist als der zuvor geschilderte, muß betont werden, daß bei ihm noch eine Objektbeziehung besteht – nämlich die zwischen Mutter und Kind, wie sie in der homosexuellen Beziehung repräsentiert ist. Verglichen mit dem zuerst erwähnten ist diesem Typus der Homosexualität eine eher zurückhaltende Prognose zu geben, denn hier finden wir in der Regel eine Dominanz prägenitaler gegenüber genitalen Konflikten und schwerere Beziehungsstörungen zu Objekten und zum Selbst vor. Mehrere Formen schwerer Charakterpathologie stimmen mit diesem Typus der Homosexualität überein. Diese Patienten sind jedoch in der Lage, ihre Objekte innig, wenn auch neurotisch, zu lieben, und zeitweilig enthält ihre geradezu mütterliche Sorge für ihre homosexuellen Partner Elemente elterlicher Identifizierungen, die sublimatorische Funktionen haben und der Beziehung zum Objekt Tiefe verleihen, so daß narzißtische und objektbezogene Züge in solchen homosexuellen Beziehungen durchaus vorhanden sind.

Bei einem dritten Typus homosexueller Beziehung wird der homosexuelle Partner ›geliebt‹ als eine Erweiterung des eigenen pathologischen grandiosen Selbst; wir haben es hier also nicht mit einer Beziehung von Selbst zu Objekt, nicht von Objekt zu Selbst, sondern von (pathologischem grandiosen) Selbst zu Selbst zu tun. Und diese gravierendste Form homosexueller Beziehung ist typisch für Homosexualität im Kontext der eigentlichen narzißtischen Persönlichkeitsstruktur und steht für den prognostisch ungünstigsten Typus der Homosexualität. Obschon Patienten mit narzißtischer Persönlichkeitsstruktur und einem pathologischen grandiosen Selbst nach außen ›besser funktionieren‹ können als die stark neurotischen Homosexuellen, kann der sozial ›funktionstüchtigeren‹ Form von Homosexualität eine einschneidendere Pathologie zugrunde liegen. In diesen Fällen ist die Besetzung der Objekte, die das projizierte grandiose Selbst repräsentieren, meist flüchtig und oberflächlich. Es besteht ein Mangel an innerer Wahrnehmung des Objekts oder an Einfühlung, der einer mangelhaften Integration der internalisierten Objektbeziehungen sowie des realen – im Gegensatz zum pathologischen grandiosen – Selbst entspricht.

In der Praxis hat deshalb die Definition des Narzißmus als Kontinuum vom normalen erwachsenen zum regressiven infantilen, sodann zum qualitativ veränderten Narzißmus im Sinne einer Inversion der Beziehung zwischen Selbst und Objekt und weiterhin zur pathologischen Beziehung von Selbst zu Selbst eine hohe Bedeutung für Diagnose, Prognose und Therapie. Während die meisten symptomatischen Neurosen und die minder schweren oder ›auf höherer Ebene liegenden‹ Beispiele von Charakterpathologie (Kernberg, 1970b) einen gewissen Grad von Fixierung und/oder Regression auf normalen infantilen Narzißmus zeigen mit einer konsequenten Steigerung der Phantasien und Ideale, die verschiedene Varianten infantiler Größenphantasien, Exhibitionismus etc. widerspiegeln, hat die Regression keine besonderen diagnostischen, prognostischen und therapeutischen Implikationen. Man muß jedoch stets beachten, daß in allen diesen Fällen den pathologischen Charakterzügen die Aufgabe des Schutzes des Selbstwertgefühls zukommt und daß daher analytische Anstrengungen, eine neurotische Charakterstruktur zu modifizieren, allemal eine narzißtische Schädigung implizieren (Reich, 1949).

In Fällen, in denen eine pathologische Identifikation des Selbst mit einem infantilen Objekt vorliegt und die Wahl äußerer Objekte entsprechend der Projektion des Selbst auf solche Objekte stattfindet, werden schwerere Formen von Charakterpathologie und einschneidende homosexuelle Konflikte offenbar. Auch wenn hier die narzißtische Tönung der Objektbeziehungen überwiegt, bedürfen sie keiner spezifischen Modifikationen der psychoanalytischen Technik. Selbst Patienten mit manifester oder unterdrückter Homosexualität, die diesem Typus struktureller Eigenarten zugehören, haben keine schlechte Prognose für exploratorische Psychotherapie oder Psychoanalyse.

Die dritte und gründlichste Ausprägung des pathologischen Narzißmus ist typisch für die narzißtischen Persönlichkeiten im eigentlichen Sinne. Ich habe ihre Wesenszüge in früheren Arbeiten beschrieben (1970a, 1974) und möchte hier dieses Syndrom kurz zusammenfassen. Die betreffenden Patienten sind exzessiv mit sich selbst beschäftigt, neigen zu oberflächlich glatter und wirksamer sozialer Anpassung, aber ihre Beziehungen zu anderen Menschen sind bedeutsam verzerrt; ihr Verhalten ist (in unterschiedlichen Kombinationen) geprägt von starkem Ehrgeiz, grandiosen Phantasien, Unterlegenheitsgefühlen und übermäßiger Abhängigkeit von äußerer Bewunderung und Zustimmung. Sie leiden an chronischer Langeweile und Leeregefühlen, suchen ständig nach Befriedigung ihrer Strebungen nach Glanz, Wohlstand, Macht und Schönheit und sind kaum in der Lage, andere zu lieben und Anteilnahme zu entwickeln. Andere auffällige Merkmale dieser Patienten sind: Unfähigkeit, andere einfühlend zu verstehen, chronische Unsicherheit und Unzufriedenheit mit ihrem Leben, bewußte oder unbewußte Ausbeutung anderer, Rücksichtslosigkeit und, besonders, intensiver Neid und Abwehr von Neid. Die Prognose für Psychoanalyse und psychotherapeutische Behandlung ist in diesen Fällen weniger optimistisch als bei den oben erwähnten, obschon der Fortschritt in der psychoanalytischen Technik ihre Prognose in jüngster Zeit verbessert hat. Sexuelle Abweichungen, die bei Patienten mit dieser Art Charakterpathologie auftreten, erweisen sich oft als außerordentlich therapieresistent.

3. Einige Probleme der Terminologie und die metapsychologischen Implikationen des Narzißmus

Unsere Analyse impliziert, daß – in Übereinstimmung mit Hartmann (1950) – der Terminus »Narzißmus« für die normalen und die pathologischen Schicksale der libidinösen Besetzung des Selbst reserviert werden sollte und daß man Narzißmus nicht analysieren kann, als ob er ein von internalisierten Objektbeziehungen unabhängiger Trieb sei. Die Frage nach der Beschaffenheit des Narzißmus führt zu den Fragen nach der Beschaffenheit der Libido als Trieb und nach der normalen und pathologischen Natur des Selbst und seiner Bauelemente. Die Art des Selbst ist eng verbunden mit den normalen und den pathologischen Strukturen, die den internalisierten Objektbeziehungen entstammen.

Ich habe hier nicht das Problem der Beschaffenheit der Libido als Trieb berührt – außer in der Feststellung, daß Selbstwertgefühl oder Selbstachtung nicht schlicht die Widerspiegelung von Triebbesetzungen, sondern die einer Kombination von affektiven und kognitiven Komponenten ist. In diesen Formulierungen war eine allgemeine metapsychologische Analyse der Beziehung zwischen Libido als Trieb und Affektdispositionen als entscheidenden Äußerungen von Triebregungen innerhalb des psychischen Apparates mit intendiert. Darüber habe ich eingehend in einer anderen Arbeit gesprochen (Kernberg, 1976), so daß ich mich hier auf die folgenden Thesen beschränken kann:

1. Affekte stellen angeborene Dispositionen für subjektives Erleben in den Dimensionen Lust und Unlust dar;
2. Affekte werden durch Erinnerungsspuren in einer primitiven »Affekt-Gedächtnis«-Konstellation (oder -Einheit) fixiert, die Selbstanteile, Objektanteile und den Affektzustand selbst umfaßt;
3. Differenzierung von Affekt erfolgt im Kontext der Differenzierung internalisierter Objektbeziehungen.

Ich habe behauptet, daß angenehme und schmerzliche Affekte die hauptsächlichen Agenturen der Reihe ›guter‹ und ›böser‹ internalisierter Objektbeziehungen sind und daß sie das zentrale Motivations- oder Triebsystem konstituieren, das intrapsychisches Erleben organisiert. Libido und Aggression sind nicht äußere Zugaben zu dieser Entwicklung, sondern die umfassende Organisation des Triebsystems im Sinne der Polarität von ›Gut‹ und ›Böse‹. Affektzustände bedingen die Integration von internalisierten Objektbeziehungen und umfassenden Triebsystemen; später signalisieren sie die Aktivierung des Triebes und repräsentieren diesen Trieb im Kontext der Aktivierung spezifischer internalisierter Objektbeziehungen. Kurz gesagt: Libido und Aggression differenzieren sich aus der dem Ich und Es gemeinsamen undifferenzierten Matrix. Die Organisierung dieser beiden intrapsychischen Triebe vollzieht sich unter dem Einfluß der sich entfaltenden internalisierten Objektbeziehungen, die wiederum integriert werden unter dem organisierenden Einfluß der Affekte.

Meine Thesen besagen, daß ›Besetzungen‹ vor allen Dingen ›affektive Besetzungen‹ sind, das heißt: das in der Intensität primitiver Affektdispositionen enthaltene quantitative Element oder der ökonomische Faktor, der im Kontext primitiver Einheiten internalisierter Objektbeziehungen aktiviert wird. Affekte sind in der Tat die Organisatoren solcher primitiver Einheiten. Erst allmählich differenzieren sich die Affekte, und ihre quantitativen oder ökonomischen Aspekte werden eng verknüpft mit der allgemeinen Organisation der Motivationssysteme oder Triebe zu ›Libido‹- und ›Aggressions‹-Reihen. Später übernehmen die Affekte die entscheidende Funktion, die vorherrschende Qualität libidinöser, aggressiver oder kombinierter libidinös-aggressiver Motivationssysteme zu signalisieren. Ihre quantitativen Elemente oder ›Besetzungen‹ spiegelten ursprünglich den subjektiven, intrapsychischen Einfluß allgemeiner Befriedigung oder Frustration der physiologischen Bedürfnisse wider; im Laufe der Entwicklung jedoch wird ausschlaggebend, wie eine Person im ganzen die unmittelbare affektive Erregung in ihrer Bedeutung für Selbst und Objekt als Ich-Werte und Über-Ich-Zwänge etc. interpretiert. Mir erscheint es daher zweckmäßig, den Terminus ›Besetzung‹ auf die Funktion der Affekte als Indikatoren vorherrschender Motivationssysteme zu beziehen – unter der Voraussetzung, daß ursprünglich Besetzungen ›fast‹ reine Affektbesetzungen waren, der Affekt aber schließlich mehr den Charakter einer Signalfunktion annimmt, die die quantitative Intensität des gesamten Motivationssystems anzeigt (eher als die Intensität eines ›Triebes‹, der nicht in Verbindung steht zu internalisierten Objektbeziehungen oder zu höheren kognitiven Funktionen). Man könnte also sagen, daß die ›Besetzungen‹ anfangs ›Affektbesetzungen‹ sind und eine entscheidende Rolle bei der Organisierung der ›Triebe‹ im Sinne intrapsychischer Triebsysteme spielen. Schließlich werden ›Besetzungen‹ zu ›Triebbesetzungen‹, die mittels eines vorherrschenden Affektzustandes den Typus oder das Motivationssystem, das in einer bestimmten Situation dominiert, kennzeichnen. Affekte sind diejenigen Elemente psychischen Erlebens, die besonders eng mit den biologischen Quellen psychischer Prozesse gekoppelt bleiben. Die biologisch determinierte Intensität der Affekte kann in immer komplexere intrapsychische Motivationssysteme geleitet werden; es gibt jedoch – außer unter extremen Umständen – keine direkte mechanische Verbindung zwischen biologischem Druck und psychischem Ausdruck.

Die Natur des Narzißmus, das heißt: die Äußerungen der auf das Selbst gerichteten Libido als ein Trieb oder gar als eine Widerspiegelung des Gleichgewichtes zwischen Libido und Aggression, die das Selbst besetzen, ist daher von der Entwicklung der Affektdispositionen der libidinösen und aggressiven Reihe abhängig, da sie mit der Entwicklung der internalisierten Objektbeziehungen und ihrer Strukturierung zu vollständigen intrapsychischen Strukturen (Ich, Über-Ich und Es) verknüpft sind. Diesem Konzept liegt die strukturelle und klinische Analyse des normalen und des pathologischen Narzißmus zugrunde, die in den ersten beiden Abschnitten dieser Studie dargestellt worden ist. Eine andere Frage, die einer umfassenden Analyse der Schicksale der Triebe, Affekte und internalisierten Objektbeziehungen bedarf, betrifft den primären und sekundären Narzißmus. Ich habe dieses Problem detailliert in der zitierten Arbeit analysiert (Kernberg, 1976) und will hier meine Auffassungen kurz wiedergeben. Wie ich eingangs angedeutet habe, besteht eine enge Verbindung zwischen der Besetzung des Selbst und der der Objekte. Die Arbeiten von Jacobson (1964), Mahler (1968) und van der Waals (1965) ebenso wie meine früheren Studien halten unser gegenwärtiges Verständnis fest, daß Selbst- und Objektrepräsentanzen aus einer primären undifferenzierten Selbst-Objekt-Repräsentanz hervorgehen, aus der sich narzißtische und Objekt-Beziehungen gleichzeitig entwickeln. Im Gegensatz zu der traditionellen psychoanalytischen Meinung, der zufolge zuerst eine narzißtische Besetzung der Libido und später eine Objektbesetzung der Libido erfolgt, und im Gegensatz zu Kohuts (1971, 1972) Vorstellung, daß narzißtische und Objekt-Besetzung einen gemeinsamen Ausgangspunkt haben und dann sich unabhängig voneinander entfalten und daß bei narzißtischen Persönlichkeiten die Aggression gegenüber ihrer narzißtischen Kränkung meist sekundär ist, meine ich, daß die Entwicklung des normalen und des pathologischen

Narzißmus stets die Beziehung des Selbst zu den Objektrepräsentanzen und zu den äußeren Objekten miteinbezieht, ebenso wie Triebkonflikte Libido *und* Aggression enthalten. Von allgemeiner Bedeutung ist, daß das Konzept des »primären Narzißmus« nicht länger gesichert zu sein scheint, weil metapsychologisch »primärer Narzißmus« und »primäre Objektbesetzung« praktisch übereinstimmen. Die libidinöse Besetzung einer primären ›nur guten‹ Selbst-Objekt-Repräsentanz, die aggressive Besetzung einer primären ›nur bösen‹ Selbst-Objekt-Repräsentanz und die Schicksale der Entwicklung und der wechselseitigen Beziehung dieser beiden primären Strukturen gehen der libidinösen Besetzung eines differenzierten Selbst voraus.

Es gibt noch eine andere Anwendung des Terminus »Narzißmus«, die langsam ungebräuchlich zu werden scheint. Ich meine den Begriff »narzißtische Neurosen«, der auf die funktionellen Psychosen, insbesondere auf Schizophrenie und verwandte Syndrome, angewendet wird. Die psychoanalytische Erforschung der psychotischen Zustände im Laufe der letzten dreißig Jahre hat die Existenz primitiver, pathologischer, internalisierter Objektbeziehungen aufgezeigt, die in den Übertragungen aktiviert werden. Die Fähigkeit solcher Patienten, starke psychotische – im Gegensatz zu neurotischen – Übertragungen herzustellen, hat den Terminus »narzißtische Neurose« – der beinhaltet, sie könnten keine Übertragungen entwickeln – außer Kraft gesetzt.

Abschließend ist zu sagen, daß, wie unsere Darlegungen gezeigt haben, das Studium des Narzißmus nicht von der allgemeinen Erforschung der Schicksale von Libido und Aggression und von der Untersuchung der Schicksale der internalisierten Objektbeziehungen getrennt werden kann. Klinisch ausgedrückt heißt das, daß wir, wann immer wir von »narzißtischen Konflikten« sprechen, damit auch die normalen und die pathologischen Beziehungen zwischen Selbst und den anderen intrapsychischen Strukturen und den Umweltfaktoren meinen, die – wie im ersten Teil dargelegt – die libidinöse (und aggressive) Besetzung des Selbst beeinflussen. Wenn wir die verschiedenen Manifestationen des normalen und des pathologischen Narzißmus auf einem integrierten Spektrum anordnen, sollte es möglich sein, spezifischere Aussagen zu machen, auf welchen Typus und/oder welchen Grad der narzißtischen Pathologie wir uns im konkreten Fall beziehen. Desgleichen könnte der Terminus »narzißtische Widerstände« an Bedeutung gewinnen, indem man ihn auf ein Spektrum defensiver Vorgänge bezieht, die das Selbstwertgefühl und die Integrität des Selbst in der Übertragung schützen – ein Spektrum, das von nicht-spezifischen narzißtischen Funktionen pathologischer Charakterzüge im allgemeinen (jede Charakterabwehr hat eine das Selbstwertgefühl schützende Funktion) bis hin zu den spezifischen Abwehrmaßnahmen der narzißtischen Persönlichkeiten reicht.

Da unser klinisches und theoretisches Verständnis stetig wächst, werden schließlich manche verwirrenden terminologischen Probleme und Diskrepanzen zwischen metapsychologischen Formulierungen und klinischen Beobachtungen gelöst werden können, so daß ein genauerer, klarer umrissener und klinisch bedeutsamer Gebrauch des Terminus »Narzißmus« möglich wird.

Aus dem Englischen übersetzt von Jeanette Friedeberg

Literatur

Bibring, E. (1953), *The Mechanism of Depression,* in: *Affective Disorders.* New York, Internat. Univers. Press

Deutsch, H. (1944), *The Psychology of Women.* New York, Grune and Stratton Deutsch: Bern/Stuttgart, Huber 1948

Erikson, E. (1956), *The problem of ego identity,* in: *J. Amer. Psychoanal. Ass.* 4, 56-121. Deutsch in: *Identität und Lebenszyklus,* Frankfurt/Main, Suhrkamp 1970

Freud, S. (1914), *Zur Einführung des Narzißmus,* in: *GW* 10, 137-170

Hartmann, H. (1950), *Comments on the psychoanalytic theory of the ego,* in: *Essays on Ego Psychology,* New York, Intern. Univers. Press 1964, 113-114

Ders. (1964), *Essays on Ego Psychology,* New York, Intern. Univers. Press

Jacobson, E. (1954), *Contributions to the metapsychology of psychotic identifications,* in: *J. Amer. Psychoanal. Ass.* 2, 239-262

Dies. (1964), *The Self and the Object World,* New York, Intern. Univers. Press Deutsch: *Das Selbst und die Welt der Objekte,* Frankfurt/Main, Suhrkamp 1973

Kernberg, O. F. (1970a), *Factors in the psychoanalytic treatment of narcissistic personalities,* in: *J. Amer. Psychoanal. Ass.* 15, 51-85

Ders. (1970b), *A psychoanalytic classification of character pathology,* in: *J. Amer. Psychoanal. Ass.* 18, 800-822

Ders. (1973), *Further Contributions to the treatment of Narcissistic Personalities.* Vortrag auf dem 28. Kongreß der Internat. Psychoanalyt. Vereinigung, Paris 1973

Ders. (1974), erweiterte Fassung: *Int. J. Psychoanalysis* 55, 215-240, auch in: Kernberg, O. F., *Borderline Conditions and Pathological Narcissism,* New York, Jason Aronson, 315-342. Deutsch in: Psyche (1975) 29, 890-996

Ders. (1976), *Object Relations Theory and Clinical Psychoanalysis,* New York, Jason Aronson, 85-116

Kohut, H. (1971), *The Analysis of the Self.* New York, International Universities Press

Ders. (1972) *Thoughts on Narcissism and Narcissistic Rage,* in: *The Psychoanalytic Study of the Child,* 27, 360-400

Mahler, M. S. (1968), *On Human Symbiosis and the Vicissitudes of Individuation* Vol. 1, New York, Int. Univers. Press. Deutsch: *Symbiose und Individuation,* Stuttgart, Klett 1973

Reich, W. (1949), *Character Analysis,* New York, Noonday Press 3rd ed. Deutsch: *Charakteranalyse,* Frankfurt/Main, Fischer 1973

Sandler, J. u. B. Rosenblatt (1962), *The concept of the representational world,* in: *Psychoanal. Stud. Child* 17, 182-245

Schafer, R. (1960), *The loving and beloved superego and Freud's structural theory,* in: *Psychoanal. Study Child* 15, 163-168

van der Waals, H. G. (1965), *Problems of narcissism,* in: *Bull. Menninger Clin.* 29, 293-311

Helm Stierlin

»Rolle« und »Auftrag« in der Familientheorie und -therapie

Übersicht: Das Konzept der Rolle verbindet die Sozialtheorie mit der psychiatrischen Praxis. Vor allem in der Familie stellen sich die theoretischen und klinischen Belange, die durch dieses Konzept erfaßt werden, dar. Der Aufsatz beschreibt und illustriert zunächst dieses familienbezogene Rollenkonzept und bestimmt sein Verhältnis zum Begriff der Sozialisierung. Danach hebt er den bekannten Rollen- und Sozialisationsbegriff ab von dem der Mission (bzw. Beauftragung) und der damit verbundenen Delegation. Schließlich entwickelt er die unterschiedlichen theoretischen und therapeutischen Perspektiven, die sich aus den beiden begrifflichen Ansätzen ergeben. Vor allem bringt der Begriff der Beauftragung im Gegensatz zu dem der Rolle die Dynamik der Loyalitätsbindung sowie der Ausbeutung und Gegenausbeutung ins Blickfeld.

In der Entwicklung der Sozialwissenschaften hat ein Konzept eine ständig wachsende, ja paradigmatische Bedeutung erlangt: das der sozialen *Rollen.* Ich verweise unter anderem auf die Arbeiten von G. M. Mead (1971), M. Weber (1925), T. Parsons (1951), R. Dahrendorf (1964), H.-E. Richter (1968) und J. Spiegel (1971). Stärker wohl als jedes andere verbindet zudem dieses Konzept die Sozialtheorie mit der psychiatrischen Praxis. Und hier war es vor allem in der Familie als Forschungs- und Behandlungsproblem, wo sich die theoretischen und klinischen Belange, so wie sie in diesem Konzept artikuliert sind, begegnen.

Im folgenden will ich das Rollenkonzept im Lichte meiner eigenen Erfahrungen als Familienforscher und -therapeut betrachten. Ich möchte es mit einem Teleskop vergleichen, das, je nach seiner Einstellung und Brennweite, enthüllt, aber auch verbirgt. Damit will ich sagen, daß das Rollenkonzept, so wie es heute verwendet wird, vieles Wesentliche nicht erfaßt oder, richtiger, unerklärt läßt. Ich werde dann ein anderes Konzept vorlegen, das mir geeignet erscheint, unseren Gesichtskreis zu erweitern: das der »Mission« oder »Beauftragung«.

Zunächst seien einige wesentliche Züge und Implikationen des Rollenkonzepts umrissen.

Klassifizierende bzw. dynamische Betrachtungsweise

Man kann bei der Verwendung des Rollenkonzepts zwei Ansätze unterscheiden: den klassifizierenden und den dynamischen Ansatz. Der erste inventarisiert und ist der Linnéschen Methode in der Naturkunde vergleichbar; der zweite, mehr der Darwinschen Methode verwandt, untersucht, wie sich Rollen entwickeln, ändern, miteinander – wie auch mit den Systemen, denen sie dienen – in Harmonie oder Disharmonie stehen.

Die Klassifizierung der sozialen Rollen ist nicht einfach. Menschliche Gesellschaften bringen im Laufe ihrer Entwicklung immer mehr – formale wie auch informelle – Untersysteme und Institutionen hervor: so die Familie, die Kirche, den Staat, die Altersgruppen, Schulen, Berufsorganisationen und viele andere. In all diesen Gruppierungen haben die einzelnen Mitglieder der Gesellschaft Rollen zu übernehmen. So spielt z. B. jeder, der der gegenwärtigen amerikanischen Gesellschaft angehört, nebeneinander und gleichzeitig Rollen als Staatsbürger, Mitglied seiner Kirchengemeinde, seine Geschlechtsrolle als Mann oder Frau, seine Rolle als Vater oder Mutter, Ehegatte, Kind seiner Eltern, seine Berufsrolle, seine Rolle als Mitglied des Elternbeirats in der Schule, als Wähler, Sportler usw., um nur einige wenige zu nennen. Je nach Art der Mitgliedschaft sind einige der Rollen klar umrissen und definiert, andere nicht; einige sind zentral, andere randständig; einige sind stabil, andere instabil; zu einigen bekennt er sich bewußt, andere weist er von sich usw. Um diesen Komplex überschaubar zu machen, hat man u. a. zwischen formalen und informellen, zugeschriebenen und wirklich übernommenen, legitimen und illegitimen, impliziten und expliziten Rollen unterschieden. Alle diese Rollen sind miteinander verflochten, überschneiden sich und stehen nicht selten in Konflikt miteinander.

Wenn wir dagegen die dynamische Perspektive anlegen, konzentrieren wir uns zunächst auf die Frage, wie bestimmte Rollen, z. B. von Eltern-Kind, Mann-Frau usw., einander bedingen und ergänzen. Zweitens erkennen wir einen Interaktionsprozeß oder eine Beziehungsdialektik, worin die Rollen aufleben oder untergehen. Die handelnden Personen beeinflussen sich dabei wechselseitig. Die einen weisen mittels Erwartungen, Sanktionen, Manipulierung anderen ihre Rollen zu (oder unterlassen das, indem sie ihren Part nicht spielen) – man könnte sie Rollengeber nennen; die anderen übernehmen die Rollen (oder lehnen sie ab), erlernen sie (oder weigern sich, sie zu lernen), internalisieren (oder externalisieren) sie, absorbieren sie in ihre persönliche Motivation (oder verdrängen sie daraus) – nennen wir sie die Rollenempfänger. Aber Rollengeber und Rollenempfänger können, je nachdem, um welche Rollen es sich handelt, ihre Plätze tauschen und dadurch die Beziehungsdialektik weiter komplizieren.

Drittens wird beim dynamischen Vorgehen untersucht, wodurch die Rollen für das Individuum (den Rollenempfänger) wie auch für das System, dem es untersteht, funktionsfördernd oder -hemmend, harmonisch oder disharmonisch werden können.

Je genauer wir die Rollen und die Systeme, an die sie gebunden sind, definieren, um so besser können wir ihre Entwicklung, ihr Zusammenspiel und ihre Konflikte erfassen. Dies zeigt sich besonders, wenn wir uns dem System zuwenden, dem diese Studie speziell gewidmet ist: der Familie.

Familie und Rollen

Aus zwei Gründen ist hier die Familie besonders augenfällig. Erstens sind die Familienbeziehungen im großen und ganzen der enge Kanal, durch den die Kernrollen der Gesellschaft an die neu eintretenden Mitglieder weitergeleitet werden. Mit anderen Worten: Die Familie ist der wichtigste Sozialisations- – d. h. rollen-induzierende – Arm der Gesellschaft, denn sie entwirft, lehrt oder verstärkt die grundlegenden Geschlechts-, Eltern-, Kind-, Ehepartner-, Alters- und anderen Rollen. Sie bewirkt die Erziehung des Kindes und formt die für sein Leben entscheidenden Berufsrollen.

Dies sind die sogenannten formalen Rollen, die mehr oder weniger »natürlich« mit dem anatomischen Geschlecht, dem Alter, der Lebensstellung usw. des Individuums übereinstimmen, die jedoch nichtsdestoweniger eine subjektive Bereitschaft und Einwilligung verlangen; und eben dafür sorgt die Familie. Wenn diese fehlen, wenn z. B. ein Mann sich wie eine Frau fühlt und verhält oder ein alter Mensch wie ein Kind, dann droht dem sozialen System Anomie, dem Individuum psychische Störung.

Zweitens ist die Familie, die diese Sozialisationsaufgaben übernimmt, selbst ein komplexes System, das seinen Mitgliedern Sinnhaftigkeit, Sicherheit und lebenswichtige Befriedigungen verschafft. Dementsprechend hat sie ihre eigene komplizierte Rollenstruktur, die mit ihren Sozialisationsfunktionen harmonisieren oder in Konflikt stehen kann.

So bietet die Familie ein vielfältiges Rollen-Panorama dar. Es waren besonders T. Parsons und R. Bales (1955), die dieses Bild entworfen und dabei sowohl die klassifizierende als auch die dynamische Perspektive angelegt haben. Da ihr Werk paradigmatisch erscheint und ich meine Kritik besonders bei ihm ansetze, will ich kurz darauf eingehen.

Unter diesem Aspekt der Klassifizierung definieren Parsons und Bales diejenigen Familienrollen, die ihrer Meinung nach die Rollenstruktur der amerikanischen Familie begründen und gleichzeitig deren Sozialisationsfunktionen vermitteln. Hier interessiert besonders ihre Unterscheidung zwischen instrumentalen und expressiven Rollen. Unter dem zweiten, dynamischen Aspekt begriffen Parsons und Bales den Sozialisations-, d. h. rolleninduzierenden Prozeß in der Familie im Sinne eines psychoanalytischen Modells: Dieser Prozeß erfordere einerseits Eltern, die als Angehörige einer bestimmten Gesellschaft modellhaft handeln und Belohnungen bzw. altersspezifische Sanktionen (z. B. orale Befriedigungen, die gewährt oder verweigert werden) benutzen, um ihre Kinder gemäß den Vorbildern dieser Gesellschaft zu erziehen, und er erfordere andererseits Kinder, die (z. B. durch Internalisierung) auf solche Modelle und auf die Erziehungsmaßnahmen der Eltern im gewünschten Sinne reagieren. Der Sozialisationsprozeß hängt also u. a. vom Ausgang der einzelnen Entwicklungsphasen (z. B. der oralen, analen, ödipalen Phase), von der Ich- und Über-Ich-Reifung, vom Vorhandensein und von der Art der elterlichen Modelle, von ihren Belohnungen und Strafen ab. Mit Hilfe dieses theoretischen Modells untersuchten die Autoren dann, wie die notwendigen rolleninduzierenden und rollen-aufrechterhaltenden Prozesse in der Familie entgleisen und damit zu individueller, familiärer und sozialer Pathologie führen können.

T. Lidz et al. (1965) verwendeten Parsons' und Bales' Ideen, um gestörte Familien näher zu untersuchen. Vor allem bei Familien mit schizophrenen Kindern zeigten diese Autoren, daß der Sozialisationsprozeß, d. h. der rolleninduzierende Prozeß, entgleist, wenn die Eltern als Modelle versagen und ihre Kinder die lebenswichtigen Rollen nicht lehren. So beschrieben diese Autoren, wie Eltern, deren Kinder später schizophren wurden, ihre Söhne und Töchter massiv zu ihren Vertrauten, Verbündeten oder Quasi-Liebsten machten und dadurch störend in deren angemessene Alters-, Geschlechts- und sonstigen Rollenentwicklungen eingriffen. Dies führt zu einem spezifisch schiefen oder undifferenzierten Rollenpanorama der Familie, in dem die zwischenmenschliche Dialektik auf den Kopf gestellt erscheint. D. Jackson (1959) und andere, die mit solchen Familien arbeiteten, zeichneten ein scheinbar entgegengesetztes Bild – eines mit zu streng und scharf differenzierten Rollen, das sich ihnen als eine »Familien-Homöostase« enthüllte. Wie ich jedoch an anderer Stelle (1974) gezeigt habe, schließen diese beiden Panoramen sich gegenseitig nicht aus, denn gerade die Überspanntheit der einzelnen Familienmitglieder, ihre Verwirrung und Unsicherheit bezüglich ihrer Rollen kann sie veranlassen, sozusagen nach rückwärts auszuweichen und sich in übermäßig einschränkenden und fast unveränderbaren Rollen zu verschanzen. L. Wynne et al. (1958) haben in der Folge Familiendramen der Pseudogemeinschaft und Pseudofeindseligkeit beschrieben, die eben solche eingefrorenen Homöostasen unter einem andern Blickwinkel sichtbar machen.[1]

1 Auch wo das Homöostase-Konzept kritisiert wurde – z. B. durch Ackermann (1958), Wynne (1972), Stierlin (1974) –, ist sein heuristischer Wert nicht bestritten worden.

Weitere Entwicklungen der Familien-Rollentherapie

Als im Laufe der Zeit mehr Familien untersucht worden waren, wurden die klassifizierende und die dynamische Perspektive erweitert und das Familienrollen-Panorama als noch komplizierter erwiesen.[2]

So fand man, daß sehr oft ein Widerspruch zwischen manifesten und verdeckten Rollen bestand, z. B. wenn Kinder wie Eltern und Eltern wie Kinder behandelt wurden. Im ersteren Fall sprechen wir von Parentifikation, im zweiten fehlt noch eine geeignete Bezeichnung. Parentifikation kommt z. B. in vielen Familien mit mißhandelten Kindern vor, weil die Eltern hier den Kindern die Rolle von Eltern zuweisen, die sie, die eigentlichen Eltern, emotional nähren und trösten müssen. Wenn die Kinder dem nicht nachkommen, werden sie von den Eltern geschlagen.

Ferner erkannte man verschiedene informelle Rollen, z. B. die des Clowns, des starken Mannes (oder der starken Frau), des Führers, des Kriminellen, des Vermittlers, des Kranken, des Opfers oder des Folterknechts. Diese Rollen haften jedoch nicht unbedingt nur an einem einzelnen Familienmitglied, sie können vielmehr wie in einem Spiel den Platz wechseln. So kann z. B. die Krankenrolle in Gestalt depressiver Symptome von der Mutter über die Tochter zum Vater und wieder zurück zur Mutter wandern. Oder der Vater kommt mit dem Gesetz in Konflikt, verläßt die Familie, macht undurchsichtige Geschäfte, begeht Unterschlagungen etc., während gleichzeitig der bis dahin delinquente Sohn »zur Vernunft« kommt.

Diese Erkenntnisse – daß verdeckte Rollen manifesten widersprechen können und daß Rollen in einer Familie »zirkulieren« können – hat in der Folge die Richtung der Familientheorie und -praxis beeinflußt.

2 Hier ist an erster Stelle der Beitrag von H.-E. Richter (1968) zu erwähnen, der ein dynamisches Rollenkonzept in die psychoanalytische Betrachtung einführte. Er beschrieb, wie Eltern ihren Kindern bestimmte Rollen (wie etwa die des Sündenbocks) zuweisen, die sie sich selbst nicht zu eigen machen können. Sie rekrutieren damit die Kinder als Träger ihrer narzißtischen Projektionen, deren sich diese Eltern entäußern und die sie zugleich in einer »sicheren Arbeitsdistanz« vom eigenen Ich halten können. Durch diese Betrachtungsweise bekam Richter nicht nur ein komplexes Rollenpanorama in der Familie in den Griff, sondern er erfaßte auch Aspekte der Beauftragung, die uns im folgenden Teil dieser Arbeit beschäftigen werden.

Spiegels Theorie der Rollenkonflikte

J. Spiegel (1971) baute auf der ersteren Entdeckung auf; er beschrieb die intrapsychischen und zwischenmenschlichen Konflikte, die in der Koexistenz von verdeckten und manifesten oder, wie er sagt, impliziten und expliziten Rollen angelegt sind. Solche Konflikte gestalten nach Spiegel die zwischenmenschliche Dialektik von Rollengebern und Rollenempfängern. Dabei beleuchtet Spiegel den Kampf, den jeder Versuch einer Rollenänderung entfesselt. Er unterschied besonders zwischen Rollen-Modifikation, Rollen-Induktion und Rollen-Dislokation. Wenn die Konflikte relativ milde sind, kommt es häufig zu einer Rollen-Modifikation, die mittels Verhandlung und Kompromiß in einem »liebevollen Ringen« erreicht wird. Wenn die Konflikte ernst sind, ist der Kampf härter, und die Positionen polarisieren sich, sobald ein Partner versucht, dem anderen gewisse Rollen aufzuoktroyieren oder sie ihm zu entreißen. Typischerweise ruft jede Technik (oder Strategie) des Rolleninduzierens eine Gegentechnik hervor nach der Formel: »Herrsche oder werde beherrscht«. So ruft die von Spiegel beschriebene Technik der Rollen-Induktion, die er coartierend (»mit dem anderen Schindluder treiben«) nennt, die Gegentechnik des Trotzes hervor; die Technik des Überredens (Manipulierens mittels Belohnungen, die gleich angeboten oder für die Zukunft versprochen werden) erzeugt eigensinniges Festhalten; hohe Bewertung (seine dritte Technik) ruft Verneinung, Maskierung (die vierte Technik) Demaskierung und Aufschub (die fünfte und letzte Technik) Provokation hervor. Ein analoger Kampf entbrennt, wenn die Partner versuchen, die Rollen zu dislozieren, entweder durch Austausch, Verlagerung oder durch Schwächung der Rollen. Rollenverlagerungen z. B. seien »hochwichtig bei vielen der komplizierten, auf immer andere Ebenen ausweichenden Abwehrprozesse, die zwischen Arzt und Patient in der Psychotherapie vor sich gehen« (S. 137), aber genauso wichtig sind sie natürlich in der Familie. Das gilt auch für das, was Spiegel »Rollen-Minderung« nennt, worunter er folgende Vorgänge versteht: Ausschluß-Beschränkung auf Reservate, Absonderung, Zermürbung, die alle eine »Verminderung der Zahl der für das Glied des betreffenden Rollensystems erreichbaren Rollen und eine Verarmung der Qualität dieser Rollen« bedeuten (S. 137).

In der Therapie benutzt Spiegel mit Vorliebe die Strategie der Rollen-Modifikation, die Verhandlung und Versöhnung voraussetzt; er verwendet weniger gern die Techniken von Rollen-Induktion und Rollen-Dislokation, welche die Partner in Gegenpositionen festnageln. Die Gegner versuchen dann, einander zu kontrollieren und zu überlisten, und das endet oft in Sackgassen und Polarisierung. Wenn dies geschieht, empfiehlt Spiegel die Einschaltung eines dritten Partners als Mittler. Wenn der Mittler objektiv und fair ist, kann er die festgefahrenen Parteien zu einem Kompromiß bewegen, ähnlich wie es in Arbeitskämpfen zwischen Unternehmern und Gewerkschaften geschieht. Auf dem Gebiet der seelischen Gesundheit kann der Mittler ein Psychiater, ein Sozialarbeiter oder anderer Angehöriger der helfenden Berufe sein.

Systematisches zur Rollenänderung

Die zweite Erkenntnis: daß (informelle) Rollen in der Familie zirkulieren können, führte dazu, daß die Familienforscher sich auf andere Erscheinungen als die von Spiegel beobachteten zu konzentrieren begannen. Vor allem betrachteten sie andere Systemaspekte der Rollenänderung und fragten: Bedeuten Rollenverschiebungen in der Familie – z. B. der Kranken- oder Delinquentenrolle, wie oben erwähnt – tiefere Systemänderungen? Die Antwort lautete in den meisten Fällen: nein. Obwohl die Rollen anders verteilt waren, zeigte sich bei näherem Hinsehen, daß sich sonst wenig geändert hatte, die Mitglieder der betreffenden Familie nach wie vor eingeengt, ihre Wahrnehmungen unverändert waren und die alten Spiele, sich gegenseitig die Schuld zuzuschieben, ein Familienmitglied zum Sündenbock zu machen u. a., weitergingen. Wohl hatte sich eine Veränderung innerhalb des Systems ereignet, aber das System als solches war das alte geblieben. Daher wandte sich die Aufmerksamkeit zunehmend denjenigen Rollenänderungen zu, die tiefere – wenn man will: strukturelle – Systemveränderungen herbeiführten, bei denen also gänzlich neue Rollen, ein grundsätzlich anderes System auftraten.

Um hier theoretisch und praktisch voranzukommen, mußte

die Forschung den Unterschied zwischen Veränderungen *innerhalb eines* Systems und solchen *des* Systems herausarbeiten. Dies gelang meines Erachtens vor allem P. Watzlawick et al. (1967), die, gestützt auf die Arbeiten von G. Bateson et al. (1956), M. Erickson (1967) und anderen, eine z. T. mathematisch begründete Gruppentheorie entwarfen. Danach unterschieden sie Veränderungen erster und zweiter Ordnung und erarbeiteten eine differenzierende Phänomenologie und deren Implikationen: »Die Gruppentheorie gibt uns ein Denkgerüst hinsichtlich der Art der Veränderung, die in einem selbst invariant bleibenden System vor sich gehen kann; dagegen beschäftigt sich die Theorie der logischen Typen nicht mit dem, was innerhalb einer Klasse, d. h. bei deren Mitgliedern, vor sich geht, sondern liefert einen Rahmen für die Betrachtung der Beziehungen zwischen dem Individuum und seiner Klasse sowie der spezifischen Metamorphose, die einer Verschiebung von einem logischen Niveau zum nächsthöheren entspricht. Wenn wir diese grundlegende Unterscheidung zwischen den beiden Theorien annehmen, so folgt, daß es zwei Typen von Veränderung gibt: eine, die innerhalb eines gegebenen Systems vor sich geht, das selbst unverändert bleibt, und eine, durch welche sich das System selbst ändert. Man kann diesen Unterschied auch behavioristisch ausdrükken: Ein Mensch, der einen Alptraum hat, kann im Traum mancherlei tun: fortlaufen, sich verstecken, kämpfen, schreien, von einer Klippe hinunterspringen usw., aber durch keine dieser Aktionen wird sein Alptraum beendet. *Diese Art von Verhaltensänderungen soll von nun an Veränderung erster Ordnung genannt werden.* Der einzige wirkliche Ausweg aus dem Alptraum ist der Übergang vom Zustand des Träumens in den des Wachseins, also das Aufwachen. *Diese Art von Veränderung soll von nun an als Veränderung zweiter Ordnung bezeichnet werden.*« (S. 10–11)

Solche Veränderungen zweiter Ordnung hängen, wie die Autoren im weiteren zeigen, davon ab, daß eine Meta-Perspektive erreicht, d. h. eine Position oder ein Gesichtspunkt außerhalb des betreffenden Systems gewonnen wird. Wenn es sich folglich um eine therapeutische Veränderung handelt, dann muß diese Meta-Perspektive einen Ort zu manipulativer Intervention bieten, einen Ort, der die Möglichkeit gibt, nicht nur die Rollen neu zu verteilen, sondern auch die bestehenden Rollen dauerhaft zu verändern und zu erweitern.

G. Bateson et al. (1956), J. Haley (1973), S. Minuchin (1974), P. Watzlawick et al. (1974), M. Selvini-Palazzoli (1974) und andere haben die Grundlagen solcher manipulierender Intervention erarbeitet und mit Beispielen belegt: Der Therapeut »verschreibt das Symptom«, redefiniert seine Bedeutung, rüttelt auf, gibt wohlmeinende Gegenbefehle, kurz, er interveniert, um das System »aus den Angeln zu heben«. Um erfolgreich zu sein, muß er das Positive hervorheben, muß er energisch, aktiv, erfinderisch und auf das eingestimmt sein, was der betreffende Patient und die Familie darbieten; die ständig wachsende Literatur über strategische und strukturierende Therapien gibt dafür Beispiele genug.

Wenn wir die beiden soeben dargestellten Richtungen in der Familien-Rollentherapie vergleichen – die von J. Spiegel und die von den Befürwortern strategischer und strukturierender Therapien vertretene –, dann sehen wir, daß sie vieles gemeinsam haben. Beide konzentrieren sich – obwohl von verschiedenen Ausgangspunkten her – darauf, wie die zwischenmenschliche Dialektik von Rollengeber und Rollenempfänger veröden und entgleisen kann. Für Spiegel bedeutet das ein Patt im Machtkampf zwischen polarisierten Rollenpartnern; die Vertreter strategischer Therapien sprechen von einem eingefrorenen, d. h. sich nicht mehr ändernden System. Um den toten Punkt zu überwinden und zugleich mit dem System die Rollen zu verändern, bedarf es jeweils eines Anstoßes von außerhalb des Systems, der durch einen Vermittler als dritte Partei, z. B. den strategisch intervenierenden Therapeuten, gegeben werden muß.

Entgleisung des Sozialisationsprozesses

Mit den oben skizzierten Entwicklungen der Familienrollen-Theorie im Sinn, wenden wir uns nun wieder dem Sozialisationsprozeß, d. h. dem sich in Familien abspielenden Prozeß zu, in dem entscheidende Geschlechts-, Alters-, Berufs- und andere Rollen gelehrt und zugewiesen werden. Wir sind jetzt in der Lage, die Entgleisungen dieses Prozesses besser zu verstehen. Der Prozeß entgleist, wenn das Familiensystem zu idiosynkratisch, zu schwach verankert oder zu konfliktreich ist, um seine Funktion der Sozialisation, d. h. der Rollenzuweisung, zu erfüllen. Er entgleist vor allem dann, wenn die Zuweisung bestimmter, besonders informeller Familienrollen – z. B. der Rolle des Kranken oder des Sündenbocks – mit der Vorbereitung des Kindes auf die formaleren Rollen interferiert, die die größere Gesellschaft für es absteckt und fordert.

Marvin und seine Familie – ein Beispiel entgleister Sozialisation

Um eine solche von der Familie induzierte Entgleisung der Sozialisation zu zeigen, sei hier kurz die Fallgeschichte des Patienten Marvin und seiner Familie dargestellt, die ich mehrere Jahre lang in einer Familientherapie beobachtet habe. Es seien nur einige der Züge der Beziehungen zwischen dem Patienten und seinen Eltern, vor allem der Mutter, mitgeteilt, die für den hier verfolgten Zusammenhang wichtig sind.

Marvins Familie – nennen wir sie Schultz – bestand aus den Eltern, beide Mitte vierzig, und zwei Kindern, dem Sohn und der jüngeren Tochter, beide Anfang zwanzig. Frau Schultz, schlank, aber vollbusig (sie hatte sich mittels Silicon die Brust vergrößern lassen), war schön, leicht erregbar und ging, so schien es, ganz in ihrer Familie auf, wobei sie besonders Marvin, ihrem einzigen Sohn, zugewandt war. Herr Schultz, dick und jovial und daher in Sorge um sein Herz und seinen Cholesterinspiegel, betete seine schöne, großzügige Frau an. Die Tochter Mary, College-Studentin, ähnelte ihrer Mutter; auch sie war »sexy«, robust und gebefreudig; nur Marvin hatte zu der Zeit, als ich ihn sah, scheinbar zu jedermanns Überraschung sich zum Schandfleck und zur Quelle des Kummers der Familie entwickelt, denn sein Leben glich einem Trümmerhaufen. Nach einem vielversprechenden Anlauf hatte er das College verlassen, hatte sich herumgetrieben, sich bizarr und unverantwortlich benommen und war schließlich nach einem Selbstmordversuch in eine Psychiatrische Klinik eingewiesen worden. Die Diagnose lautete: Schizophrenie des schizo-affektiven Typs. Als er nach etwa zehn Monaten entlassen wurde, versuchte er sich als Angestellter in einem Kaufhaus, hörte aber bald zu arbeiten auf und verzog sich mit einem anderen entlassenen psychiatrischen Patienten in eine Wohnung, die von seinen Eltern bezahlt wurde. Hier schlief er gewöhnlich bis mittags, saß vor dem Fernseher, onanierte, überließ sich Tagträumen, hatte lange Gespräche mit seinem Zimmergenossen und ging nur gelegentlich ins Kino. Er traf sich nicht mit Mädchen und suchte auch keine neue Arbeit. Nachdem er ein halbes Jahr auf diese Weise verbracht hatte, suchten er und seine Eltern noch einmal die psychiatrische Beratung auf, und so kam es, daß ich mit der Familie Schultz zu arbeiten begann.

Störungen in Marvins Rollenentwicklung

Um diesen Fall entgleister Sozialisation zu skizzieren, beschränkte ich mich auf diejenigen zentralen Rollen wie die Geschlechts-, Alters- und Berufsrolle, für welche die Familie, als der hauptsächliche Sozialisationsfaktor der Gesellschaft, die nächste Generation vorzubereiten pflegt. Bei Marvin lag hier offenbar vieles im argen.

Erstens war Marvins Geschlechtsrolle unsicher und undifferenziert, falls nicht schon anomal: Bis dahin hatte er noch nie aus eigener Initiative eine Verabredung mit einem Mädchen getroffen. Die wenigen Mädchen, mit denen er im letzten Schuljahr ausgegangen war, waren vom aggressiven Typ gewesen und hatten sich – mit seiner stillschweigenden Billigung – wie Jungen benommen, während er die Mädchenrolle übernahm. Er hatte immer sowohl heterosexuelle als homosexuelle Kontakte gescheut und es vorgezogen zu onanieren. Hierbei phantasierte er manchmal, er sei ein Mädchen, das der Zudringlichkeit eines Stärkeren zum Opfer fiel, wobei er nicht genau definierte, ob diese stärkere Persönlichkeit männlich, weiblich oder beides war.

Zweitens stimmte etwas mit seiner Altersrolle nicht. Dies hatte mit seinen Körpererlebnissen zu tun; äußerlich war er nun ein junger Erwachsener (obwohl mangels Training schwächlich), während er selbst sich noch immer als einen Adoleszenten erlebte; es hatte aber auch mit seiner Scheu vor Verantwortung zu tun.

Drittens waren seine Vorbereitungen für eine passende Berufsrolle fehlgegangen. Anfangs hatte er sich anscheinend für die Laufbahn eines Musikers entschieden, da er als Kind große Begabung gezeigt und zum Komponisten und Virtuosen bestimmt schien. Nachdem er aber ein Jahr lang an einer Musikakademie studiert hatte, schien seine Begabung versickert zu sein, und er musizierte später nur noch selten. Es war dann von seiner und der Seite seiner Eltern die Rede von einer kaufmännischen Ausbildung zum Bankbeamten, Manager eines Kaufhauses oder dergleichen, aber es kam zu nichts, denn er konnte sich nicht entschließen, auf Stellenanzeigen zu antworten oder sich bei Firmen vorzustellen.

Eine andere Einstellung des Teleskops

Welches waren die Ursachen für die Entgleisung der Sozialisation dieses jungen Mannes? Um hierauf im Rahmen der heutigen Rollentheorien zu antworten, müßten wir die homöostatischen Blockierungen der Familie und die Struktur ihrer informellen Rollen untersuchen. Hierbei müßten wir Erscheinungen wie die Pseudogemeinschaft der Familie Schultz, die eheliche »Rollenumkehrung« (wie von Lidz et al. beschrieben) in Betracht ziehen, die Art und Weise, wie die Familie dem willigen Sohn die Rolle des Kranken und Sündenbocks zuschob und weitere ähnliche Phänomene, die in der Familienliteratur beschrieben sind und die ich in diesem Fall auch beobachtete.

Ich will hier jedoch einmal anders verfahren und auch nicht die oben beschriebenen Behandlungsgrundsätze anwenden, die das Ziel verfolgen, die Rollenstruktur der Familie zu verändern und den Sozialisationsprozeß wieder ins rechte Gleis zu bringen, wie es sich aus jener Perspektive ergeben würde. Statt dessen will ich eine verwandte, aber doch abweichende Perspektive einführen, die die Grenzen des Rollenkonzepts übersteigt. Es ist das Konzept der »Mission«, der Beauftragung und Sendung.

Kennzeichen des Delegierungsprozesses

Während das Rollenkonzept vor allem den *Sozialisationsprozeß* im Auge hat, bezieht sich das Sendungs-Konzept auf den Prozeß der *Delegierung*. An anderer Stelle (Stierlin 1973,

1974, 1975) habe ich diesen Vorgang im einzelnen beschrieben, so daß ich mich hier auf eine Kurzfassung derjenigen Einzelzüge beschränken kann, die die Unterschiede der beiden Konzepte verdeutlichen.

Ein Kind (vorzugsweise ein Jugendlicher), das »delegiert« wird, erhält die Erlaubnis und Ermutigung, aus dem elterlichen Umkreis herauszutreten – aber nur bis zu einem gewissen Punkt. Es wird sozusagen an langer Leine gehalten, und seine Freilassung erfolgt nur bedingt und begrenzt. Eine solche spezielle Bedingung ist bereits in dem ursprünglichen lateinischen Verbum *delegare* enthalten, das erstens aussenden und zweitens mit einer Mission betrauen bedeutet. Letzteres besagt, daß der Delegierte zwar fortgeschickt wird, aber dem Sender verpflichtet bleibt. Das ist nur möglich auf der Grundlage einer starken, obwohl oft unsichtbaren und selektiven Loyalität. Im typischen Falle hat der Delegierte lebenswichtige Aufgaben für seine Eltern zu erfüllen. Es können Aufträge auf der Es-Ebene sein, z. B. wenn der Delegierte Vater oder Mutter mit »Es-Nahrung« versorgt, welche diese aus irgendeinem Grunde sich nicht selbst verschaffen können und daher mittelbar erlangen müssen. Dann erregt das Kind z. B. die Phantasie von Vater oder Mutter durch Andeutungen oder auch farbige Beschreibungen seiner Abenteuer – etwa seiner Sex-Orgien oder Drogen-Parties – und beliefert sie so mit Lusterlebnissen aus zweiter Hand. Oder aber der Delegierte hat Missionen vom Ich-Typus zu erfüllen, z. B. wenn er die Abwehrorganisation seiner Eltern aufrechterhalten hilft, indem er das schwache Ich von Vater oder Mutter zu »schützen« und zu stützen hat, indem er ihnen Konflikte und Ambivalenz erspart. Schließlich kann er auch dem Über-Ich der Eltern zu dienen haben, das sich nach Freud in Ich-Ideal, Selbstbeobachtung und Gewissen aufteilt. Die Mission des Kindes kann sich dann auf einen dieser Aspekte oder auf alle zusammen beziehen.

Wenn es sich um das Ich-Ideal des betreffenden Elternteils handelt, wird das Kind ins Leben hinausgesandt, um die unerfüllten Strebungen von Vater oder Mutter zu verwirklichen, also der berühmte Schauspieler, Forscher, Arzt, Finanzlöwe, der Sportstar zu werden, d. h. Karrieren zu vollbringen, die diesen selbst unerreichbar waren.

Handelt es sich um die Selbstbeobachtung und Selbstbestätigung der Eltern, so kann es die Mission des Kindes sein, ein Gegenbild der Schlechtigkeit zu liefern. Seine Mission ist dann ähnlich derjenigen der Neger in den Südstaaten der USA, deren weiße Herren ihre eigene unsichere innere »Überlegenheit« dadurch stützten, daß sie sich durch die angebliche »Minderwertigkeit« ihrer Negersklaven immer wieder »bestätigt fanden«.

Schließlich kann das Kind vor allem die Aufgabe haben, das überstrenge Gewissen eines Elternteils zu erleichtern, z. B. indem es kriminelle Handlungen begeht und sühnen muß, die jener in der Tat oder der Phantasie ebenfalls begangen hat, jetzt aber ableugnet.

Entgleisung des Delegierungsprozesses

Der Delegierungsprozeß kann, wie ich ferner gezeigt habe, auf ganz typische Weise entgleisen. Erstens können die Aufträge an den Delegierten von der Art sein, daß sie miteinander in Konflikt stehen – so wenn der Sohn der lasterhafte Lieferant lustvoller Erregungen und zugleich ein tugendhafter Student sein soll. In solchen Fällen entgleist der Delegierungsprozeß wegen des Konflikts der Aufträge. Oder seine Missionen können von der Art sein, daß sie ihn schweren Treuekonflikten aussetzen, z. B. wenn er als Delegierter des einen Elternteils beauftragt wird, den anderen herabzusetzen oder zu vernichten. Hier ergibt die Entgleisung sich aus einem Loyalitätskonflikt ähnlich dem des am Rande des Wahnsinns agierenden Hamlet.

Ferner kann der Delegierungsprozeß auf eine andere, im vorliegenden Zusammenhang noch ominösere Weise entgleisen. Um dies zu verstehen, müssen wir uns erinnern, daß »delegare« erstens aussenden und zweitens betrauen mit einer Mission bedeutet. Diese zwei Bedeutungen enthalten zwei Möglichkeiten der Paralysierung des Delegierten: wenn er zwar Missionen auferlegt erhält, aber nicht ausgesandt wird, oder wenn er zwar weggeschickt wird, aber keine Mission hat. Wir haben es dann mit Extremen der Beziehung zu tun, die beide den Delegierungsprozeß negieren, jedoch auf entgegengesetzte Weise.

Im ersten Fall, wenn der Delegierte wohl eine Mission erhält, aber nicht ausgesandt wird, bleibt er in den Umkreis der Eltern gebannt. Psychologisch kann ein solches Kind etwa immer das Kleinkind bleiben müssen, das von seinen Eltern infantilisiert wird; oder es muß der unaufhörlichen Selbstbeobachtung der Eltern auf eine Weise dienen, die sein eigenes Wachstum in höchstem Grade behindert. Die Eltern können dieses Kind niemals aus ihrem psychischen Blickfeld entlassen. Oder das Kind bleibt gebunden, weil seine Eltern ihm falsche Definitionen über sich selbst, über seine Gefühle, Bedürfnisse, über das, was es wünscht und ist, gegeben haben. Ich habe auch eine kognitive, also Ich-Bindung beschrieben: dann wird das Kind gezwungen, sich des entstellten und entstellenden Ichs des bindenden Elternteils zu bedienen, statt sich entwickeln und sein eigenes urteilendes Ich verwenden zu dürfen (1974). Schließlich kann das Kind gebunden bleiben, weil seine Eltern ihm eine harte, archaische Treueverpflichtung auferlegt haben, so daß es bei der Ablösung eine enorme »Ausbruchsschuld« entwickelt, die oft unbewußt bleibt und zu Akten von Selbstzerstörung oder zu heroischen Sühnetaten führt.

Im anderen Extremfall der Entgleisung des Delegierungsprozesses wird das Kind (oft sehr früh) ausgesandt, hat aber keine Mission zu erfüllen. Die Lage dieses Kindes ist der oben beschriebenen entgegengesetzt: Statt daß die Eltern sich um ihrer seelischen Selbsterhaltung willen an es klammern, ist es überflüssig, hat es ihnen wenig oder nichts zu bieten. Psychologisch und ökonomisch ist ein solches Kind nur ein Anhängsel der Familie, bestenfalls ungern geduldet, schlimmstenfalls brutal verstoßen, aber stets vernachlässigt. Es scheint eher zentrifugal davonzutreiben als zentripetal gebunden zu sein. Viele solcher Kinder gehen auf die Straße, durch die normalen kindlichen Bande und elterlichen Besorgnisse zwar nicht gefesselt, aber auch nicht gestützt.

Vergleich zwischen Missionen und Rollen

Im Lichte des Dargelegten soll nun ein Vergleich zwischen dem Rollen- und dem Missionsmodell angestellt werden. Man sieht auf den ersten Blick, daß viele Missionen, wie die oben beschriebenen, auch als Rollen betrachtet werden können. So kann der Delegierte, der mit seinen Ausschweifungen das Lustbedürfnis der Eltern nährt, auch als Träger einer Delinquentenrolle gesehen werden, die ihm von einem Elternteil oder beiden Eltern zugeschoben wurde und dem Familiensystem dient. Ein überspannt-auffälliges (z. B. schizophrenes) Mitglied kann die Aufgabe haben, der Selbstbeobachtung der Eltern zu dienen, es kann aber auch eine lebensnotwendige Krankenrolle zu spielen scheinen usw. Offenbar beziehen sich die Begriffe Rolle und Mission hier auf ähnliche, wenn nicht gar identische Phänomene. Ist hier nun beidemale das gleiche gemeint und nur anders benannt? Ich glaube: nein. Meines Erachtens wird hier etwas Verschiedenes begrifflich erfaßt, das für die zwischenmenschlichen Beziehungen Bedeutung hat und wodurch für das Individuum und zugleich für die Familie gewisse unterschiedliche Behandlungsperspektiven festgelegt werden.

Mein Argument geht von den Wortstämmen *lex* (Recht) und *ligare* (binden) aus, die in »delegieren« enthalten sind. Es ist in diesem Begriff eine Dimension des Vertrauens, der Verpflichtung, der persönlichen Bedeutung und Treue enthalten, kurz eine vertragsartige, ethische Dimension, die in den Worten Rolle und Sozialisation nicht enthalten ist. Zwei Aspekte dieser ethischen Dimension sind auffallend: die persönliche Loyalitätsbindung, auf welcher die Missionen gründen, und die seelische Ausbeutung, die in den Missionen oft impliziert ist.

Die aus einer Loyalitätsverpflichtung abgeleitete persönliche Empfindung von Bedeutung und Sinnhaftigkeit

Der Ort, mit dem der Begriff der Rolle am meisten verbunden zu sein scheint, ist bekanntlich die Bühne. Dort spielen Schauspieler »ihre Rollen«, d. h. sie führen mehr oder minder willig auf, was andere ihnen auferlegen. Das gilt auch, wenn wir die ganze Welt als Bühne betrachten, wie es zum Beispiel R. Dahrendorf (1964) tut, der bei der Darstellung seines Begriffs der sozialen Rollen auf Verse von Shakespeares zurückgreift:

»Die ganze Welt ist Bühne
Und alle Fraun und Männer bloße Spieler.

Sie treten auf und gehen wieder ab,
Sein Leben lang spielt einer manche Rollen
Durch sieben Akte hin. Zuerst das Kind,
Das in der Wärtrin Armen greint und sprudelt;
Der weinerliche Bube, der mit Bündel
Und glattem Morgenantlitz wie die Schnecke
Ungern zur Schule kriecht; dann der Verliebte,
Der wie ein Ofen seufzt, mit Kummerlied
Auf seiner Liebsten Brau'n; dann der Soldat,
Voll toller Flüch und wie ein Pardel bärtig,
Auf Ehre eifersüchtig, schnell zu Händeln,
Bis in die Mündung der Kanone suchend
Die Seifenblase Ruhm. Und dann der Richter,
In rundem Bauche, mit Kapaun gestopft,
Mit strengem Blick und regelrechtem Bart,
Voll weiser Sprüch und neuester Exempel,
Spielt seine Rolle so. Das sechste Alter
Macht den besockten hagern Pantalon,
Brill auf der Nase, Beutel an der Seite;
Die jugendliche Hose, wohl geschont,
'ne Welt zu weit für die verschrumpften Lenden;
Die tiefe Männerstimme, umgewandelt
Zum kindischen Diskante, pfeift und quäkt
In seinem Ton. Der letzte Akt, mit dem
Die seltsam wechselnde Geschichte schließt,
Ist zweite Kindheit, gänzliches Vergessen,
Ohn Augen, ohne Zahn, Geschmack und alles.«
(Shakespeare, *Wie es Euch gefällt.* II,7)

Vergleichen wir nun die beiden Aussagen: »Ich spiele (oder verkörpere) eine Rolle«, und: »Ich erfülle eine Mission«. Im ersteren Fall nehmen wir nicht an, daß es sich um eine totale Verpflichtung handele. So wie der Begriff der Rolle im allgemeinen verstanden wird, bleibt sie dem wahren Selbst mehr oder weniger äußerlich aufgesetzt. Wenn einer eine Rolle spielt, so ist er ein Schauspieler, der sich eines Parts entledigt. Bei der Aussage: »Ich erfülle eine Mission« ist das anders, da »Mission« die Vorstellung von Verpflichtung und Hingabe (auch von Eifer und sogar Fanatismus) hervorruft. Hier denken wir etwa an Kreuzfahrer, Missionare, Ideologen, die, von ihrem Sendungsbewußtsein erfüllt, weder Ungemach noch Opfer scheuen, da sie mit dem, was sie tun, verschmelzen und zugleich ihre Kraft daraus beziehen. So sind sie willens und nicht selten auch imstande, Berge zu versetzen. »Wer auf die Fahne des Führers schwört, hat nichts mehr, was ihm selber gehört«, sangen die jungen Anhänger Hitlers, ihres Delegators, der ihnen das Gefühl unerhörter Bedeutung einflößte, während sie sich zu seinen blind gehorsamen Werkzeugen machen ließen.[3]

Ein solches Gefühl von Wichtigkeit und Sinnhaltigkeit des eigenen Tuns, das aus dem Auftrag abgeleitet wird, stammt gewöhnlich aus einer höchst persönlichen (oder zumindest personalisierten) Treuebeziehung.

Als Beispiel könnte man die Beziehung zwischen mittelalterlichem Lehnsherrn und Vasallen nennen, die auf einem starken Treueverhältnis aufbaute. Weil diese Bindung stark, persönlich und sinnhaltig war, konnte sie höchste Befriedigung wie auch tiefstes Leid hervorrufen; letzteres dann, wenn die Treue real oder in der Phantasie verraten wurde, was immer dann geschah, wenn der delegierte Vasall seine Mission schlecht erfüllte oder, schlimmer noch, wenn er es wagte, sich von seinem Herrn und Delegator loszusagen. Wenn dies geschah, litt der Delegierte gewöhnlich unter massivster Ausbruchsschuld, die oft unbewußt war und grausame Selbstbestrafung und heroische Sühnetaten bewirkte. Die Stärke dieser Ausbruchsschuld war das Maß für die Bedeutung und Stärke des Treueverhältnisses, das gebrochen worden war.

Seelische Ausbeutung

Hinsichtlich des zweitens Aspekts, der durch das Missionskonzept aufgedeckt wird (den der seelischen Ausbeutung), müssen wir uns der Konflikte erinnern, um die es geht. Auf diese Konflikte, die die Rollenpartner in entgegengesetzte Rollenpositionen plazieren, haben Spiegel und andere Rollentheoretiker hingewiesen. Auch unter dem Aspekt der Delegierung handelt es sich im wesentlichen um Konflikte zwischen Partnern; aber der Akzent liegt nun auf der Dynamik von seelischer Ausbeutung und Gegenausbeutung, die eine ethi-

3 In meiner Studie *Adolf Hitler – Familienperspektiven* (1975) habe ich gezeigt, daß Hitlers eigenes enormes – und katastrophales – Sendungsbewußtsein damit zusammenhing, wie er selbst von seinen Eltern, vor allem seiner Mutter, delegiert wurde.

sche Dimension hat. Diese hängt von der Art der (mehr oder weniger verhüllten) Abmachung oder des Vertrags ab, den Delegierter und Delegator miteinander schließen: Während der Delegierte in der Erfüllung seiner Mission (oder seiner Missionen) den Sinn seines Lebens und ein Gefühl seiner Wichtigkeit findet, willigt er zugleich in eine Abhängigkeit ein, die oft seine Freiheit beschneidet, seine Initiative beschränkt und sein Wachstum unterdrückt. Der Handel ist verschieden, je nach der Mission, um die es sich dreht. In manchen Fällen kann er sich für den Delegierten gut auswirken, wenn etwa das Kind, beauftragt, dem Ich-Ideal von Vater oder Mutter zu dienen, wirklich ein schöpferischer Künstler wird und sich in der Erfüllung seiner Mission auch selbst verwirklichen kann. Anders ist es, wenn seine Mission hauptsächlich darin besteht, die verleugnete Bosheit oder Verrücktheit des delegierenden Elternteils zu absorbieren. Denn hier ruiniert er sich, statt sich zu verwirklichen, oder, richtiger, er verwirklicht sich, indem er sich ruiniert, da er gebunden bleibt, sein Wachstum verwirkt, vielleicht schizophren wird. Dann hat er einen in jeder Hinsicht schlechten Handel abgeschlossen.

Er kann jedoch immer noch Sieger bleiben, wenn es ihm gelingt, den Schuldhebel bei seinen ihn ausbeutenden Eltern anzusetzen und sie seinerseits auszubeuten. Er kann das paradoxerweise am einfachsten dadurch tun, daß er seine Mission exakt erfüllt, z. B. unentwegt verrückt, kriminell, unheilbar usw. bleibt und damit seinen Eltern beweist, wie unfähig und schlecht sie als Eltern sind.

Marvin und seine Familie: Beispiel eines entgleisten Delegierungsprozesses

Zur Erhellung der gemeinten Dynamik sei noch einmal die Familie Schultz angeführt. Weiter oben skizzierte ich die Entgleisung des Sozialisationsprozesses des Sohnes mit ihren negativen Folgen für Marvins Geschlechts-, Alters- und Berufsrollen. Im Sinne der von mir vorgeschlagenen anderen Akzentuierung will ich jetzt die Entgleisung des Delegierungsprozesses zeichnen und dabei wieder von den schon genannten klinischen Erscheinungen ausgehen. Auch hier kann ich nur selektiv vorgehen und muß mich auf die Beschreibung einiger hauptsächlicher Missionen beschränken, die ihm von seiner Mutter auferlegt worden waren – dem Elternteil mit der »stärkeren Realität« (Stierlin, 1959), von dem auch die Delegierung Marvins weitgehend ausging.

Seine erste Aufgabe war es gewesen, Empfänger der »Großzügigkeit« seiner Mutter zu sein und dadurch ihr Selbstbild einer spendenden, liebenden und starken Mutter zu bestätigen – ein Selbstbild, an dem sie dennoch innerlich zweifelte. Diese Mission, die ihrer Selbstbeobachtung diente, erforderte von Marvin (wie auch von den anderen Familienmitgliedern), hilfsbedürftig und Empfänger von Fürsorge zu sein. Folglich mußte er immer der kleine Junge bleiben, den sie mit Nahrung und Fürsorge für sein körperliches Wohl überschütten konnte. Die Mutter schien nicht zu merken, daß sie ihn damit infantilisierte (also in der Entfaltung seiner richtigen Altersrolle behinderte), daß sie ihn mästete und sexuell erregte, daß sie ihn also ausbeutete, indem sie ihn ihrem eigenen Selbstwertgefühl und der Regulierung ihres Selbstbildes dienen ließ.

Zweitens beauftragte sie Marvin, ihr unerfülltes Ich-Ideal zu verwirklichen, d. h. ein berühmter Musiker zu werden. Während sie selbst ihre Tage vertrödelte und um ihre schwindende Schönheit bangte, verlangte sie von Marvin, ihr das zu verschaffen, was sie ersehnte, aber nicht durch eigene Anstrengung zu erlangen vermochte: Spannung, Glanz, Hochleistung. Diese Mission überforderte den Sohn, setzte ihn Konflikten aus und hinderte ihn an der Verfolgung erreichbarer Berufsrollen.

Drittens, und das war vielleicht die verhängnisvollste Mission, übertrug sie auf Marvin eine Wiedergutmachungsaufgabe, die aus der Zeit vor Marvins Geburt stammte. Sie hatte vor Marvin eine Tochter gehabt, die einen Geburtsfehler hatte und ein Jahr später gestorben war. Geleitet – oder eher mißgeleitet – von ihrer eigenen Mutter, zu der sie in einem Bindungsverhältnis stand, hatte sie es gestattet, daß alle Spuren dieses Kindes: Fotos, Spielsachen usw., sogleich beseitigt wurden. So hatte sie den Verlust dieses Kindes auch niemals betrauert und Schuld- und Schamgefühle nie aufkommen lassen. Als Marvin geboren wurde, machte sie ihn (mehr oder weniger unbewußt) zum Ersatz für das tote Kind und störte damit vielleicht die Entwicklung seiner Geschlechtsrolle. Sie wachte ängstlich über jedem seiner Schritte, nannte ihn beim Kosenamen des toten Mädchens und suchte unentwegt nach Zeichen eines Geburtsfehlers; sie überfütterte ihn und behütete ihn im Übermaß. Marvin hatte also die Mission auferlegt bekommen, das Gewissen der Mutter zu beruhigen, d. h. sie von der unaufhörlichen Furcht zu befreien, sie sei eine schlechte, nachlässige Mutter. Auch hierin mußte er ihrer Selbstbeobachtung dienen, denn unbewußt brauchte sie seine Unvollkommenheit als Kontrast zu ihrer eigenen (innerlich unsicheren) Perfektion und Schönheit.

Diese Missionen setzten Marvin starken inneren Konflikten aus. Wie konnte er denn der passive, sie verehrende Empfänger ihrer Güte sein und zugleich stark und durchsetzungsfähig werden; wie konnte er stellvertretend für sie ihre künstlerischen Strebungen erfüllen und zugleich Gegenstand ihrer ängstlichen, übermäßig behütenden Sorge bleiben; wie konnte er ein Mann werden, wenn sie ein Mädchen in ihm sah; wie konnte er ein unversehrtes Körper-Ich entwickeln, wenn sie, verfolgt von der Erinnerung an die unbetrauerte tote Tochter, ständig bei ihm nach Erbfehlern forschte?

Mit diesen Missionskonflikten waren ebenso starke Treuekonflikte verwoben. Dadurch, daß Marvin so eng und loyal an seine Mutter gebunden blieb, erlebte er den Vater als verachteten Rivalen und Störenfried, den er nicht als männliches Vorbild respektieren konnte.

Bei solchen Konflikten von Missionen und Bindungen mußte der Delegierungsprozeß entgleisen, um so mehr, als die Art dieser Missionen Marvin an die Mutter kettete und in ihrem Umkreis festhielt, so daß er nicht als Delegierter wirklich *ausgesandt* wurde, vielmehr ein *gebundener Delegierter* blieb.[4]

Die Entgleisung des Delegierungsprozesses war es vor allem, wodurch die beiden oben erwähnten Aspekte hervortraten – das Gefühl persönlicher Bedeutung und Sinnhaftigkeit, das der Delegierte aus der Erfüllung sogar selbstzerstörerischer Missionen ableiten kann, und die Dynamik der seeli-

4 Ähnlich wie ich Hitler als den gebundenen Delegierten seiner Mutter beschrieben habe (Stierlin, 1975).

schen Ausbeutung und Gegenausbeutung –, und sie treten hervor, wenn wir unsere Aufmerksamkeit nicht auf die Rollen, sondern auf die Missionen richten.

Es bestand kein Zweifel daran, daß Marvin ein starkes Gefühl seiner Wichtigkeit davon herleitete, daß er der treue, aufopfernde (wenn auch entgleiste) Delegierte seiner Mutter war: Auch wenn er in seiner passiven Gebundenheit aktiven Delegierten wie den oben genannten Kreuzfahrern und Missionaren, den rechtschaffenen Puritanern, den fanatischen Parteigängern höchst unähnlich war, teilte er mit diesen die Bereitschaft, Untergang und Selbstzerstörung hinzunehmen um den Preis einer Sinnerfüllung, der Selbstgewißheit, des Gefühls, geliebt und gebraucht zu werden, kurz, des Gefühls seiner Wichtigkeit.

Seelische Ausbeutung und Gegenausbeutung in der Beziehung zwischen Marvin und seiner Mutter

Obwohl Marvin fühlte, wie wichtig er seiner Mutter war, zog er bei dem Handel, den er mit ihr abgeschlossen hatte, den kürzeren. Während er sich bemühte, ihre Aufträge auszuführen, hörte er mit seinem eigenen emotionalen Wachstum auf und vertat seine Lebensaussichten. Zugleich aber hatte er auch als ihr Delegierter versagt, da sein ausgewachsener Körper wie auch seine passive Existenz sein Selbstbild und das Bild, das seine Mutter von ihm hegte, als eines jugendlichen, dem Erfolg entgegenschreitenden Virtuosen, Lügen straften.

Seine Reaktion auf diese üble Lage war Wut – Wut auf seine ihn bindende, delegierende und ausbeutende Mutter. Er rächte sich durch Gegenausbeutung und indem er ihr nun wirklich Grund zur Sorge gab. Seine wirkungsvollste Strategie bestand darin, tatsächlich »krank« zu sein. Indem er ein schlaffer, fauler Schmarotzer war, lieferte er ihr den lebenden Beweis für ihr Versagen als Mutter und vertiefte ihre Scham- und Schuldgefühle. Er demonstrierte sozusagen eine dauernde Trotzreaktion und quälte sie unter der Maske von Krankheit und Hilflosigkeit aufs sadistischste. Daher mußte er auch alle Versuche von Therapeuten, Freunden, Verwandten, ihm zu helfen, sabotieren, da jegliche Besserung ja seine Macht, sie zu quälen, den Scham- und Schuldhebel bei ihr anzusetzen, verringert hätte. Daher rührte aber auch sein Bedürfnis, sich wegen der Tortur, der er die Mutter unterwarf, selbst zu bestrafen, indem er alle seine Chancen zu Wachstum und Glück gewaltsam zerstörte.

Interpersonale Dialektik

Der Aspekt der Delegierung erhellt zugleich eine zwischenmenschliche Dialektik. Die Perspektive, wer Geber oder Nehmer, wer Ausbeuter oder Ausgebeuteter, Folterknecht oder Opfer ist, wechselt dauernd hin und her. Im Falle der Familie Schultz fanden wir, daß die Mutter, als Delegierte ihrer eigenen Eltern, ursprünglich großzügig gebend sein wollte, und daß sie Marvin wie auch die übrigen Familienmitglieder mit Liebesbezeugungen und Gaben überschüttete. Bei den Empfängern wurden diese Gaben zu ausbeuterischen Banden. Schließlich entpuppte Marvin, der gebundene Delegierte, sich als der eigentliche Geber. Während er sein eigenes Wachstum, sein Glück opferte, sicherte er seiner Mutter ihre psychische Selbsterhaltung. Aber indem er so zum Geber wurde, wurde er zugleich zum Folterknecht und verwandelte die Mutter zum Schuldner und Opfer, wodurch er sie und sich immer mehr in eine negative Gegenseitigkeit einkapselte.

Auswirkungen auf die Therapie

Wenn wir die Aufmerksamkeit auf die Missionen und den Delegierungsprozeß und nicht in erster Linie auf die Rollen und die Sozialisation richten, setzen wir uns in die Lage, einige abweichende Folgen für die Therapie abzuleiten. Wir sehen, daß die beiden Ansätze verschiedene Zugänge eröffnen, je nachdem, ob man mehr die zwischenmenschlichen oder die innerpsychischen Konflikte betrachtet. Auch wenn die Orientierung in beiden Fällen interpersonal (oder transaktional) ist, existieren doch wesentliche Unterschiede zwischen dem Rollen- und dem Missionsmodell. Beim Rollenmodell besteht die Aufgabe des Therapeuten vor allem darin, eine Änderung der Rollen und Systeme herbeizuführen. Dabei scheinen manipulative Techniken, die das System »aus den Angeln heben« sollen, besonders angezeigt, da diese versprechen, allen Rollenpartnern einen neuen Anfang zu erleichtern und den fehlgelaufenen Sozialisationsprozeß wieder ins rechte Gleis zu bringen.

Diese therapeutische Strategie unterschätzt jedoch (in den vertikalen wie auch in den horizontalen zwischenmenschlichen Beziehungen) diejenigen tieferen Aspekte, die das Missions- und Delegierungsmodell ans Licht bringt: die befolgten oder verratenen Treueverpflichtungen und die daraus erwachsenden Scham- und Schuldgefühle, die seelische Ausbeutung und Gegenausbeutung, die zwischenmenschlichen Gerechtigkeits-Aspekte, die sowohl eine subjektive als auch eine objektive (oder existentielle) Dimension haben. Es scheint, daß unter den Rollentheoretikern John Spiegel diesen Aspekten und ihren theoretischen Implikationen am ehesten Rechnung trägt. Er verwendete therapeutische Strategien der Rollenmodifizierung, wie die Einschaltung eines vermittelnden Dritten mit dem Ziel der Versöhnung, was gewiß die Frage der zwischenmenschlichen Gerechtigkeit aufwirft. Aber durch sein Festhalten am Rollenmodell übersieht er jene therapeutischen Implikationen, die aus den im Missionsmodell aufscheinenden tieferen Systemaspekten abzuleiten sind. An anderer Stelle haben I. Boszormeny-Nagy und G. Spark (1973/74) und ich (1974/75) einige dieser Implikationen näher ausgeführt. Es handelt sich dabei im wesentlichen darum, wie der Therapeut, der eine »multidirektionale Parteinahme« oder »beteiligte Unparteilichkeit« anstrebt, die Konflikte aller Teilhaber an den Missions- und Treuekonflikten analysiert, ihre Aktiva und Passiva erkennt, der zwischenmenschlichen Gerechtigkeit den Weg bahnt und die Partner zu einem rekonstruktiven Dialog veranlaßt, der im optimalen Falle mehrere Generationen einbezieht und zu schließlichem gegenseitigen Verstehen, Vergeben und zur Versöhnung führt.

Ackermann, N. W. (1958), *The Psychodynamics of Family Life*, New York (Basic Books)

Ders. (1966), *Treating the Troubled Family*, New York (Basic Books)

Bateson, G., D. Jackson, J. Haley und J. Weakland, *Toward a Theory of Schizophrenia*, Behavioral Science *1*, 1956, 251-264

Boszormenyi-Nagy, I. und G. Spark (1973/74), *Invisible Loyalties*, New York (Hoeber & Harper)

Dahrendorf, R., *Homo Sociologicus*, Köln/Opladen (Westdeutscher Verlag) 4. Aufl. 1964

Erickson, M. (1967), *Advanced Techniques of Hypnosis and Therapy*, Hg. Jay Haley. New York (Grune & Stratton)

Freud, S. (1923), *Das Ich und das Es, GW* XIII, 235-289. London (Imago) 1940

Ders. (1926), *Hemmung, Symptom und Angst, GW* XIV, 111-205. London (Imago) 1948

Ders. (1933), *Neue Folge der Vorlesungen zur Einführung in die Psychoanalyse, GW* XV, 3-197. London (Imago) 1944

Haley, J. (1973), *Uncommon Therapy*, New York (Ballantine Books)

Jackson, D. D. (1959), *Family interaction, family homeostasis, and some implications of conjoint family psychotherapy*, in: J. H. Massermann (Hg.), *Science and Psychoanalysis*, Bd. 2, *Individual and Familial Dynamics*, New York (Grune & Stratton)

Lidz, T. (1963), *The Family and Human Adaptation*, New York (Int. Univ. Press)

Lidz, T., A. R. Cornelison, S. Fleck und D. Terry, *The Intrafamilial Environment of the Schizophrenic Patient*. II. *Marital Schism and Marital Skew*, in: *Amer. J. Psychiat. 114*, 1957, 241-248

Lidz, T., S. Fleck und A. R. Cornelison (1965), *Schizophrenia and the Family*, New York (Int. Univ. Press)

Mead, G. H. (1956), *On Social Psychology*, Chicago (The University of Chicago Press)

Minuchin, S. (1974), *Families and Family Therapy*, Cambridge (Harvard University Press)

Parsons, T. (1951), *The Social System*, Glencoe, Ill. (The Free Press)

Parsons, T. und R. Bales (1955), *Family, Socialization and Interaction Process*, Glencoe, Ill. (The Free Press)

Richter, H.-E. (1968), *Eltern, Kind und Neurose*, Stuttgart (Klett)

Selvini-Palazzoli, M. (1974), *Self-Starvation*, London (Chaucer Publ. Co.)

Spiegel, J. (1971), *Transactions*, New York (Science House)

Stierlin, H., *The adaptation to the »stronger« persons's reality*, in: *Psychiatry* 22, 1959, 143-152

Ders., *Family dynamics and separation patterns of potential schizophrenics*, in: D. Rubinstein und Y. O. Alanen (Hg.), *Proceedings of the Fourth International Symposium on Psychotherapy of Schizophrenia*, Amsterdam (Excerpta Medica) 1972, 169-179

Ders., *The adolescent as delegate of his parents*, in: *Aust. and N.Z.J. Psychiat.* 7, 1973, 249-256

Ders., *Shame and guilt in family relations: Theoretical and clinical aspects*, in: *Arch. Gen. Psychiat. 30*, 1974, 381-389

Ders., (1974), *Family Theory: An Introduction*, in: A. Burton (Hg.), *Operational*

Theories of Personality, New York (Brunner/Mazel)

Ders. (1974), *Separating Parents and Adolescents. A Perspective on Running Away, Schizophrenia, and Waywardness*, New York (Quadrangle). Dt. *Eltern und Kinder, Das Drama von Trennung und Versöhnung*, 2. Aufl. Frankfurt (Suhrkamp) 1976.

Ders. (1975), *Adolf Hitler – Familienperspektiven*, Frankfurt (Suhrkamp)

Watzlawick, P., J. H. Beavin und D. D. Jackson (1967), *Pragmatics of Human Communication. A Study of Interactional Patterns, Pathologics, and Paradoxes*, New York (W. W. Norton & Company). Dt. *Menschliche Kommunikation*, Bern (Huber) 1960

Watzlawick, P., J. Weakland und R. Fisch (1974), *Change. Principles of Problem Resolution*, New York (W. W. Norton & Company). Dt. *Lösungen*, Bern (Huber) 1974

Weber, M., *Wirtschaft und Gesellschaft*, Tübingen (Mohr) 2. Aufl. 1925

Wynne, L. C. (1972), *Selection of the problems to be investigated in family interaction research*, in: J. L. Framo (Hg.), *Family Interaction. A Dialogue between Family Researchers and Family Therapists*, New York (Springer) 86-92

Wynne, L. C., J. M. Ryckoff, J. Day und S. I. Hirsch, *Pseudo-mutuality in the family relations of schizophrenics*, in: *Psychiatry 21*, 1958, 205-220

Paul Parin

Das Mikroskop der vergleichenden Psychoanalyse und die Makrosozietät*

In einem Artikel der *Neuen Zürcher Zeitung* vom 5. Juli 1974 heißt es: »Selbst im Andenhochland von Ecuador hat der Kampf um Landbesitz begonnen, der in ganz Lateinamerika immer härtere Formen annimmt. Die Indios der *Sierra* gelten gemeinhin als kaum entwicklungsfähig, sowohl in Bolivien als auch in Peru und Ecuador, wo sie jeweils rund die Hälfte der Bevölkerung stellen. Jahrhundertelange Unterdrückung und Abhängigkeit haben sie gefügig und apathisch gemacht. Aber das kann sich in bestimmten Situationen und mit nur geringem Anstoß von außen schlagartig ändern.«

Psychoanalytiker sehen Gefügigkeit und andauernde Apathie mit Recht als tiefverwurzelte Charakterzüge an. Die Geschichte jedoch lehrt uns, daß sie bei vielen, wenn nicht allen Angehörigen eines Volkes plötzlich verschwinden und anderen Lebenseinstellungen weichen können. Genau auf dieses Kräftespiel hat die Ethnopsychoanalyse ihr gleichsam mikroskopisches Untersuchungsinstrument zu richten. Unter unerträglichen, unhaltbar gewordenen gesellschaftlichen Verhältnissen tritt die Frage, wie das menschliche Verhalten eigentlich bestimmt wird, unabweisbar und deutlich hervor. Sie ist immer vorhanden. Sie ist es, die der vergleichenden Psychoanalyse ein legitimes Interesse sichert.

Es hat sich als äußerst schwierig erwiesen, das Zusammenspiel psychischer Vorgänge, wie sie der Psychoanalytiker untersucht, und gesellschaftlicher Prozesse, die von den Sozialwissenschaften beschrieben werden, zu erfassen. Das Problem hat seit den ersten Hypothesen Freuds zahlreiche Forscher fasziniert, ohne daß sich bis heute eine bestimmte Arbeitsmethode oder eine allgemein anerkannte Theorie hätte durchsetzen können. Auch wenn man die Grundannahmen der psy-

* Nach einem Vortrag, gehalten am 6. 11. 1974 am Institut für Psychoanalyse der Johann Wolfgang Goethe-Universität in Frankfurt a. M.

choanalytischen Theorie nicht bestreiten wollte, erwies sich ein Umstand als beinahe unüberwindliches Hindernis. Der psychoanalytische Beobachter gehörte immer der gleichen Gesellschaft und oft der gleichen Klasse an wie sein Analysand, den er untersuchte, und beide hatten mehr oder weniger die gleiche Sozialisation durchgemacht. Die nötige Distanz zur Erfassung gesellschaftlicher Prozesse war kaum zu gewinnen. Zumindest diese eine Schwierigkeit fällt weg, wenn man das Instrument der Psychoanalyse auf Angehörige eines anderen Volkes anwendet, besonders wenn man sich damit außerhalb dessen begibt, was man den »abendländischen Kulturkreis« genannt hat. Dann tritt der Zusammenhang gesellschaftlicher Einrichtungen und Prozesse mit psychischen Strukturen und Funktionen ungleich klarer hervor. Dieses Vorgehen hat Georges Devereux (soviel mir bekannt ist als erster) Ethnopsychoanalyse genannt, ein Ausdruck, den ich gleichbedeutend mit »vergleichende Psychoanalyse« gebrauche. Wie immer man es nennt, das Verfahren steckt noch in den Anfängen; es wirft neue Probleme auf, während es andere gelöst hat, und es stellt manche bewährte psychoanalytische Erklärung in Frage. Da es darin noch keine etablierte Lehrmeinung gibt, muß und darf ich versuchen, den folgenden Überlegungen den Inhalt und die Form zu geben, die meiner eigenen Erfahrung entsprechen.

Die Ethnopsychoanalyse unterscheidet sich von anderen Theorien, die das menschliche Verhalten erklären wollen, durch zwei Grundannahmen. Einerseits schreibt sie den Triebenergien, die zum Teil aus dem Unbewußten wirken, die Bedeutung zu, die ihnen die Psychoanalyse gibt. Dadurch unterscheidet sie sich von den Lerntheorien, von fast allen soziologischen und ethnologischen Theorien, von der klassischen marxistischen Gesellschaftstheorie und auch von den Lehren der Strukturalisten. Anderseits nimmt sie an, daß die Kräfte, welche von der Geschichtsschreibung, der Ethnologie und Soziologie studiert werden, die Evolution der Kulturen in Bewegung halten und daß sie nicht nur in der Makrosozietät ihre Wirkung entfalten, sondern bis in die verborgenen Regungen der individuellen Psyche hinein wirksam sind. Dies gilt für soziale Strukturen und für alle Produktionsverhältnisse, von den einfachsten, welche die Subsistenz garantieren, bis zu jenen politischen Strukturen, die im Dienste einer umfassenden und komplizierten Wirtschaftsordnung stehen. Dadurch unterscheidet sich die Ethnopsychoanalyse von den rein psychologischen Theorien, welche annehmen, daß es allein die Gesetze der menschlichen Psychologie sind, die – neben denen der Naturwissenschaften – die Natur und das Verhalten des Menschen erklären können.

Wir untersuchen die psychische Entwicklung und ihr Ergebnis, die in der Kindheit verinnerlichten psychischen Konflikte. Sie werden im einzelnen und in der Regel nur an einigen wenigen Personen studiert und verglichen. Die genetische Betrachtung ist das Rückgrat der psychoanalytischen Theorie. Wir nehmen an, daß der Wiederholungszwang nicht nur neurotischen Symptomen ihren bleibenden, immer gleichen Ablauf sichert, sondern den Menschen wegen der hohen emotionellen Wertigkeit psychischer Strukturelemente, des Ich und des Über-Ich, ihre dauerhaftesten und wichtigsten Verhaltensmuster aufzwingt. Das Ergebnis der Konflikte, in die das Kind und der Heranwachsende in jeder Gesellschaft unvermeidlich geraten, wird verinnerlicht. Man kann das auch so ausdrücken, daß jedes Kind intensiven Interaktionen mit seiner Umwelt ausgesetzt ist, die es in einer Familie oder in einer ihr entsprechenden Gruppe nach ganz bestimmten Erziehungsgewohnheiten aufzieht. Der Ablauf dieser Interaktionen ist sehr verschieden, wenn man Kulturen, Subkulturen oder aber Schichten und Klassen derselben ethnischen Einheit miteinander vergleicht. Gesteuert durch emotionelle Signale paßt sich das Kind diesem Austausch mit der Umwelt an. Der Anpassungsvorgang steht unter dem Einfluß biologisch determinierter Reifungsprozesse und steuert seinerseits mannigfache Lernprozesse, die in jeder »culture« andere sind.

Den Ablauf und das Ergebnis der psychischen Entwicklung haben wir das kulturspezifische psychoanalytische Modell genannt. Sowohl bei der Rekonstruktion der psychischen Entwicklung bis zum Zeitpunkt der Untersuchung als auch bei der Beschreibung der erwachsenen Person, die wir als Ergebnis jenes komplizierten Entwicklungsganges ansehen, bedienen wir uns der psychoanalytischen Theorie. Es wird also keine neue Persönlichkeitstheorie aufgestellt. Darum nennen wir das Modell psychoanalytisch. Da in jeder ethnischen

Einheit so verschiedene Einflüsse der »Umwelt« (im engen und im weiteren Sinn) einbezogen werden müssen, die man in der klassischen Psychoanalyse stillschweigend als immer gleich gegeben anzunehmen pflegt, umfaßt das Entwicklungs-»Modell« schließlich auch Lernprozesse und Anpassungsvorgänge jeder Art und fällt etwa mit dem zusammen, was von der Soziologie mit Sozialisation bezeichnet wird. Das kulturspezifische psychoanalytische Modell umfaßt demnach das, was man in der klassischen Analyse als das Ergebnis der psychischen Entwicklung ansieht, betont aber zusätzlich jene strukturellen, funktionellen und inhaltlichen psychischen Phänomene, die aus der Umwelt herstammen. Sie sind also ein spezifischer Bestandteil des Modells, während sie in der klassischen psychoanalytischen Entwicklungstheorie zwar als allgemeine Voraussetzungen der seelischen Entwicklung (oft nur als »Reize«) Beachtung finden, aber innerhalb des entwickelten seelischen Apparats nur so weit beschrieben werden, als sie einen besonderen Stellenwert haben, z. B. als Ich-Ideal, als Introjekt, als dauerhafte Identifikation u. ä. m.

Die Individuen, bei denen dieser Entwicklungsprozeß am besten gelingt, perpetuieren, durch Konsensus und soziale Auslese, das Kulturmuster, die »culture«. Diejenigen, bei denen allzu große Abweichungen vorkommen, werden, so scheint es, an den Rand gedrängt, sind nicht nur nicht mehr typisch, sondern auch nicht mehr recht lebensfähig oder, von Ausnahmen abgesehen, auch nicht wirksam für die zukünftige Entwicklung des Gesellschaftsgefüges und die Aufzucht der nächsten Generation.

Erziehungsmuster ändern sich nur sehr langsam. Man kann weder die Familie noch gar die Mütter leicht dazu bringen, ihre Kinder anders aufzuziehen, als sie selber aufgezogen worden sind. Dadurch erzeugen sie zwangsläufig in der nächsten Generation kulturspezifische Eigenheiten, die durch Erziehungsgewohnheiten, gültige Wertsysteme und mannigfache Verhaltensweisen der Mütter (und vieler anderer Personen der Umwelt) vermittelt worden sind. Man kann das so ausdrücken, daß einmal erworbene kulturspezifische Eigenheiten einer Art Wiederholungszwang unterliegen, der über die Generationen hinauswirkt – im Unterschied zum Wiederholungszwang der klassischen Psychoanalyse, der Charakterhaltungen und neurotischen Symptomen einer erwachsenen Person den in der Kindheit festgelegten, immer gleichen Ablauf sichert.

Damit haben wir den gleichsam konservativen Anteil an der Kultur beschrieben, am wirklichen und wirksamen Verhalten ihrer Individuen, am psychologischen Überbau der jeweiligen Gesellschaft oder ihrer Untergruppen, ob wir mit unserem Vergleich nun von einem Volk, einer Kaste, Klasse, Randgruppe oder einer Schicht ausgehen.

Gleichzeitig aber wirken auf die Mütter, die Familien, die Generationen Kräfte ein, die ich nach ihrem makrostrukturellen Ursprung zusammenfassen möchte. Das sind die Produktions- und Machtverhältnisse, die allerdings von den Ethnopsychologen genauer als von der Geschichtsschreibung nach der psychologischen Wertigkeit ihrer Institutionen, der Bedürfnisse und Frustrationen, die von ihnen ausgehen, zu berücksichtigen sind. Am übersichtlichsten ist ihr Einfluß da, wo er ökologisch erfaßbar ist, wo eine bestimmte Umwelt und Technologie ganz bestimmte Produktionsweisen und Lebensformen erzwingen, um das Überleben der Gruppe etc. zu ermöglichen.

Edgerton hat Angehörige von vier ostafrikanischen Völkern psychologisch untersucht, die sich dadurch auszeichnen, daß ein Teil des Volkes – von den Gegebenheiten seines Wohnraumes gezwungen – ganz oder großenteils von agrarischer Produktion, ein anderer Teil als Hirten von der Viehzucht lebt. Obwohl die Angehörigen jedes Volkes ganz deutlich, nicht nur nach Sprache und Traditionen, sondern gerade auch nach ihrer psychologischen Eigenart, einander ähnlich geblieben waren, ließ sich doch ebenso eindeutig nachweisen, daß die Produktionsweise für sie charakteristische psychische Muster mit sich gebracht hat. Die Ackerbauer haben Haltungen etwa zum Besitz, zu verschiedenen erwünschten und unerwünschten Charaktereigenschaften und haben »natürliche« Emotionen, wie sie für Ackerbauer typisch sind, die sie mit Angehörigen anderer Ackerbauvölker teilen, während der Sektor ihres Volkes, der Viehzucht betreibt, psychologische Merkmale aufweist, welche bei den ackerbauenden Gruppen des Volkes nicht anzutreffen sind, die sie aber mit anderen Hirtenvölkern gemeinsam haben. Am deutlichsten treten diese Verhältnisse bei den Sexualgewohnheiten und sexuellen Werten hervor, die doch die Psychoanalyse gern bis ins einzelne von der frühkindlichen Entwicklung ableitet. Es kann kein Zweifel bestehen, daß bei diesen vier Völkern die Ökologie in ihrer Auswirkung auf die Produktionsverhältnisse den erworbenen psychischen Strukturen ihre Form gegeben hat.

Solchen makrostrukturellen Kräften und den Widersprüchen, die sie im Sozialgefüge erzeugen, wurde schon lange ihre Rolle bei der Evolution menschlicher Gesellschaften zugeschrieben. Die vergleichende Psychoanalyse muß damit rechnen, ihre Auswirkungen auch bei Individuen anzutreffen, die der Historiker als unbewußte Objekte der Schicksale ihrer Sozietät oder Klasse bezeichnen dürfte. Diese Kräfte, ob sie nun auf die psychische Entwicklung oder auf bereits erwachsene Menschen einwirken, können wir als progressiven, verändernden Faktor ansehen.

Jede vergleichende psychoanalytische Untersuchung muß einerseits auf den konservativen Faktor, die kulturspezifische Sozialisation, anderseits auf den progressiven Faktor, die gesellschaftlichen Verhältnisse, Rücksicht nehmen. Beide kann man sich als Koordinaten in einem Koordinatensystem vorstellen, das für die Bestimmung jeder ethnopsychoanalytischen Beobachtung unerläßlich ist. Eine dritte Koordinate, also in der dritten Dimension, wäre der zeitliche Verlauf. Beide Faktoren, die Sozialisation und die gesellschaftlichen Verhältnisse, sind prinzipiell diachrone Phänomene, d. h. sie sind immer in Veränderung begriffen. Dort, wo wir uns in dieser Arbeit mit der dritten Koordinate nicht weiter beschäftigen, stellen wir uns aus Gründen der Darstellung so ein, als ob im Moment der betreffenden Untersuchung beide Prozesse stillstünden und ein »Ergebnis« vorläge.

Dieses Koordinatensystem, Sozialisation versus gesellschaftliche Verhältnisse, eignet sich vorzüglich, um Forschungsergebnisse, die mit den verschiedensten ethnologischen und psychologischen Methoden gewonnen worden sind, miteinander in Beziehung zu setzen oder zu vergleichen. Es scheint sowohl den Untersuchungsmethoden als auch den psychosozialen Phänomenen gut zu entsprechen. Ich halte dieses Koordinatensystem gegenwärtig für das beste theoretische Instrument, um der Dialektik, die sich bei der ethnopsychoanalytischen Forschung ergibt, eine verständliche Gestalt zu geben.[1]

Zur Illustration möchte ich auf die Ergebnisse einer seit 1960 laufenden Untersuchung hinweisen. Gene Borowitz und seine Mitarbeiter untersuchen alle vierjährigen Negerkinder in einem »housing project«, das heißt, in einem staatlich geplanten und finanzierten Getto in einer westlichen Vorstadt von Chicago. Es handelt sich durchweg um Kinder aus dem Süden nach Chicago eingewanderter kinderreicher Negerfamilien mit niedrigem Einkommen. Alle untersuchten Kinder sind bereits im Getto geboren. Der Zweck der Untersuchung war, die psychische Entwicklung aller dieser Kinder *vor* dem Kindergarten-Alter zu erfassen, um durch geeignete heilpädagogische und schulische Maßnahmen zu bewirken, daß möglichst vielen von ihnen das übliche Schicksal solcher Kinder, die Schul- und Berufsausbildung nicht abschließen zu können, erspart bliebe. Mit anderen Worten: Es sollte, ursprünglich, die Untersuchung die Grundlage dafür liefern, daß möglichst viele der Kinder später durch beruflichen Aufstieg das Getto verlassen könnten. Die Sorgfalt und Methodik der Untersuchung der Kinder selbst, die Breite der untersuchten Faktoren, die sich auf die Familien, die Mütter, das ökologische und

1 Das beschriebene Koordinatensystem enthält Widersprüche, die als Ausnahmen von der Regel imponieren, so daß der Sozialisation verändernde Funktionen, den gesellschaftlichen Verhältnissen konservative zukommen. Zum Beispiel kann das Über-Ich, ein Ergebnis der Sozialisation, wegen seines besonderen Inhalts zur Veränderung drängen. Vom Prozeß der Sozialisation selbst kann in einer relativ stabilen Sozietät ein mächtiger verändernder Impuls ausgehen: So hat die Erziehung in den Missionsschulen der afrikanischen Kolonialreiche bei zahlreichen Schülern dazu geführt, daß sie die Veränderung der traditionellen *und* der kolonialen Gesellschaftsstrukturen in Gang brachten. Soziale Institutionen, zum Beispiel die Familie, die Kirche, der Staat, können direkt oder indirekt einen stabilisierenden Einfluß auf psychische Prozesse haben. Verschiedene gesellschaftliche Institutionen, z. B. Rituale, sind geradezu als kollektive Abwehrmechanismen beschrieben worden; als solche haben sie einen stabilisierenden Einfluß auf die Ichfunktionen der Beteiligten.

Diesen und anderen Ausnahmen muß und kann man Rechnung tragen, ohne das Bezugssystem umzukehren. Eine Umkehr des Systems wäre nur möglich, wenn man die materiellen Grundlagen gesellschaftlicher Verhältnisse leugnen wollte. Dann müßte die Gesellschaft bleiben, wie sie ist, bis ein Kind heranwächst, das mit prometheischem Geist begabt ist, der nach Veränderung drängt. Diese Auffassung ist idealistischen Weltanschauungen eigen, die das Seelische als die Quelle oder den Geist als den Schöpfer des Gesellschaftlichen begreifen. Sie kehren das Koordinatensystem als Ganzes um – die bewahrende Funktion kommt den gesellschaftlichen Verhältnissen, die verändernde der Sozialisation zu.

ökonomische Milieu usw. erstreckte, und ihre lange Dauer von 13 Jahren bis zum zitierten Bericht verleihen ihren Ergebnissen eine größere Sicherheit als den meisten anderen psychoanalytisch orientierten Studien über »culture and personality«.

Die untersuchten Kinder konnte man in drei Gruppen einteilen. Etwa 25% wurden als »highly competent« eingestuft, als ihrem Alter entsprechend normal entwickelte Kinder, die einen etwa gleichen Entwicklungsstand und etwa gleiche Entwicklungs- und Schulchancen hatten wie gesunde, gut entwickelte weiße Mittelstandskinder dieses Alters, wenn sie sich auch in manchen psychologischen Zügen von jenen wesentlich unterschieden. Die zweite und größte Gruppe von etwa 50% wurde als »medium competent« bezeichnet. Diese war in bezug auf psychische Störungen und Entwicklungsrückstände im Unterschied zu der ersten und dritten Gruppe sehr heterogen. Alle Kinder waren gestört; die weitere Entwicklung, Schulfähigkeit und Reversibilität ihrer Störungen waren als unsicher zu beurteilen. Die dritte Gruppe, wiederum etwa 25%, wurde als »low competent« bezeichnet, charakterisiert durch schwerste, als irreparabel beurteilte Entwicklungsschäden und absolute Schulunfähigkeit.

Bei allen diesen aufs schwerste geschädigten »low competent children« ließ sich mit hoher Wahrscheinlichkeit vermuten, daß sie in den frühen Entwicklungsphasen schweren Störungen der Mutter-Kind-Beziehung ausgesetzt gewesen waren: Fehlgehen des von René A. Spitz beschriebenen Dialogs mit der Mutter während des ersten Lebensjahrs, einschließlich entsprechender Ernährungsstörungen, Neigung zu anaklitischen Depressionen, schwere emotionelle Deprivationen durch Ausfall oder Versagen der Mütter, insbesondere Fehlgehen der Auflösung der Symbiose und der ersten Schritte zur Selbständigkeit. In den von M. Mahler beschriebenen Individuationsphasen war die Ausbildung eigenständiger Regungen, expansiven und exploratorischen Verhaltens durch Mütter und Umgebung in unheilvoller Weise geradezu verhindert worden.

Der bisher beobachtete Verlauf der Entwicklung von Kindern dieser »low competent«-Gruppe bestätigte leider die düstere Prognose. Die frühe psychische Fehlentwicklung, das Fehlgehen der ersten, also ausschlaggebenden Schritte der

Sozialisation, bestimmte ihr psychisches und damit auch ihr soziales Schicksal. Ähnliches berichten Bryce und Ruth Boyer über das Schicksal der Kinder von Apachen-Indianern im Mescalero-Reservat, die sie 10 bis 12 Jahre nach ihrer ersten ausführlichen Beobachtung nachuntersucht haben. Aus diesen allerdings extremen Fällen ließe sich schließen, daß es der emotionelle Austausch mit der Mutter in den ersten Lebensjahren ist, der die psychosoziale Entwicklung prägt. In allen übrigen Faktoren waren zwischen den 25% »low competent«-Kindern und den 75% Kindern der beiden anderen Gruppen zusammen keine relevanten Unterschiede festzustellen, weder in den sozialen Gegebenheiten, der Zusammensetzung oder Stabilität der Familie, im Einkommen, der materiellen Umwelt noch auch in späteren Erziehungsmaßnahmen, höchstens, daß man versucht hatte, Kinder der »low competent«-Gruppe heilpädagogisch zu behandeln, leider ohne Erfolg. Für so extreme Fälle scheinen also die makrosozialen Kräfte außer Betracht zu fallen, scheint der genetische Gesichtspunkt im Sinne der klassischen genetischen Theorie der Psychoanalyse allein ausschlaggebend zu sein.

Die Untersucher machten jedoch noch eine vielsagende Beobachtung. In den frühen sechziger Jahren, als die Zeichen von »black pride« noch nicht zur Mode geworden waren, als da sind Afrolook der Haartracht, »afrikanische« Kleidung, Schmuck und Stoffmuster, damals, als diese Embleme nur von militant revoltierenden Schwarzen getragen wurden, waren *alle* Kinder der »competent«-Gruppe mindestens mit *einem* Zeichen von »black pride« geschmückt, eine geringe Zahl von Kindern in der »medium competent«-Gruppe ebenfalls. Kein einziges Kind in der »low competent«-Gruppe trug ein solches Zeichen der Gesinnung seiner Eltern an sich. Die Vierjährigen brachten also den Beweis zur Untersuchung mit, daß ihre Eltern sehr unterschiedlich zu ihrer gesellschaftlichen Umwelt standen. Da, wo die Sozialisation im Säuglings- und Kleinkindesalter gelungen war, darf man in allen Fällen auf eine aktive Einstellung der Mutter oder der Familie zur nahezu unerträglichen sozialen Situation schließen, bei den mäßig geschädigten Kindern manchmal, bei den schwer geschädigten nie. Wir wissen nicht, warum, durch welche psychologischen oder Interaktions-Momente sich diese Einstellung auf die

Entwicklung der Kinder ausgewirkt hat. Man ist versucht zu sagen: Zur Aufzucht der Kinder brauchen Eltern eine begründete Hoffnung auf ein menschenwürdiges Leben ihrer Kinder.

Noch an anderen Merkmalen ließ sich der aktuelle Einfluß der Makrosozietät auf die Kinder direkt ablesen. Im Spielinterview, dem methodologischen Hauptstück der ganzen Untersuchung, das von denselben Personen immer gleich durchgeführt wurde, verbalisierten die Negerkinder aller drei Gruppen sehr wenig; sie sprachen etwa fünfmal weniger als vergleichbare weiße Kinder bei diesem Test. Nach einer vorübergehenden Unterbrechung der Untersuchung im Jahre 1964, die durch die bekannten Unruhen nötig geworden war, hatte sich dies geändert. Ohne daß sich an der Zuteilung der jetzt neu untersuchten Kinder zu den drei erwähnten Gruppen prozentual etwas änderte, war die Verbalisation bei allen drei Gruppen jetzt viel reichlicher, etwa gleich wie bei entsprechenden weißen Kindern. Nach den Unruhen hatte in diesem »housing project« eine Art Selbstverwaltung die Exekutivgewalt übernommen. Diese setzte eine eigene schwarze Straßenpolizei ein, die weiße Polizei zog sich aus dem Gebiet der Siedlung zurück. Da der Veränderung der Machtverhältnisse in der Außenwelt so bald die Veränderung in den Ichfunktionen der Kleinkinder gefolgt war, muß man diese auf relativ direkte Einflüsse des Milieus zurückführen. Eine tiefere psychologische Umstrukturierung der Eltern, etwa ihres Über-Ich, kann als Ursache nicht in Betracht kommen.

Manche der einleuchtendsten Formulierungen, welche die »cultural anthropologists« gefunden haben, beruhen auf der Annahme, daß jede Kultur durch die Art, die Kinder aufzuziehen, genau jene präödipalen Triebfixierungen erzeugt, welche die libidinöse Besetzung ihrer Institutionen und damit ihr eigenes Fortbestehen garantieren. In »reiner« Form angewandt, wird damit ein sich selbst bestimmendes Modell aufgestellt, dessen Gleichgewicht nur durch äußere Kräfte, z. B. durch kriegerische Unterwerfung des Volkes, gestört werden kann. Weder innere Konflikte noch soziale Spannungen könnten es verändern. Obzwar diese Auffassung in ihrer Einseitigkeit vieles zu verschleiern vermag, eignet sie sich, die Folgen kulturspezifischer Sozialisation, den oben erwähnten konservativen Faktor, darzustellen.

Dies möchte ich am Verlauf der analen Phase und an den Folgen dieses Verlaufs, den analen Fixierungen und Ich-Anteilen bei den westafrikanischen Dogon, den Agni und einem typischen Schweizer des unteren Mittelstandes versuchen. – Schon seit langem bezeichnet die analytische Entwicklungspsychologie mit »anal« nicht nur eine biologisch angelegte Phase der Triebreifung und Triebentwicklung. Auch die in jener Phase dauerhaft erworbenen Ich-Eigenschaften oder -Funktionen werden – nach der Phase ihrer Herkunft – als anal bezeichnet, z. B. sekundär autonome Reaktionsbildungen wie Retentivität, Wartenkönnen, körperliche Sauberkeit oder charakteristische Formen der Triebfixierung wie sadistische und masochistische Wünsche und der Objektbeziehung wie sadomasochistische Besetzungen. Bei den Dogon wird das Kind traditionsgemäß während eines Großteils der analen Phase noch gestillt oder zumindest im intensiven und möglichst ununterbrochenen Pflegekontakt mit der Mutter gehalten. Es gibt keinerlei Zwang zur Beherrschung der Exkrementalfunktionen, keinerlei Strafen und auch sonst kaum einen Wechsel von Versagen und Gewähren zu erzieherischen Zwecken. Die Kinder trotzen zwar, dem Trotz begegnen Erwachsene aber mit Verständnis, mit Ablenkung, nie mit Gegenaggression. Nur die übrigen Kinder der Gruppe, in die das Kind meist während oder gegen Ende der analen Entwicklungsphase entlassen wird, antworten auf Trotz mit Abwendung und manchmal mit Gegenaggression. Von der Gruppe der anderen Kinder wird die Beherrschung der Sphinkteren imitatorisch und spielerisch erlernt. Erwachsene Dogon zeigen keinerlei retentive Neigungen, haben eine niedrige Ekelschranke, haben kaum sadistische oder masochistische Regungen, jedenfalls nicht zu geliebten Personen. Geiz oder Sparsamkeit sind ihnen bekannt, scheinen sich in Sonderfällen auszubilden, gelten aber als bizarre, komische oder krankhafte Eigenschaften. Die Dogon können durchaus aggressiv sein, aber nicht sadistisch; sie können an keiner Aggression im Sinne des Ressentiments längere Zeit festhalten. Typische anale Züge trägt jedoch ihr Verhalten und ihr Gefühl in bezug auf Abgrenzung, Gegenüberstellung und Selbständigkeit gegenüber anderen Personen. Anscheinend wirken die Trennung von der Mutter und das von der Mutter sehr deutlich unterschiedene Verhalten der Gruppe zu dem ihr neu überlassenen Kleinkind dennoch im Sinne der Fixierung, die hochspezifisch eine einzige der in der Regel auch bei uns in der analen Phase erworbenen Icheigenschaften betrifft: das Nein, die Selbständigkeit und Abgrenzung des Selbst von den anderen. Es mutet übersichtlich wie ein Experiment an, daß die karge Umwelt die Dogon dazu zwingt, Vorräte zu sparen und zu horten, um nicht zu verhungern. Diese Funktionen, die unsere Bauern mittels analer Charakterzüge (Retention als Reaktionsbildung auf Hergeben) bewältigen, übernimmt ein soziopsychologischer Apparat, bei dem der eine den anderen vor Verschleuderung der Vorräte zu bewahren trachtet. Entgegen unseren Erwartungen mußten wir einsehen, daß Sparsamkeit und Vorsorge bei einem Dogonpflanzer nicht mit analen, sondern mit oralen Triebfixierungen und gereiften oralen Icheigenschaften geleistet werden. Kurz, das anale Muster des kulturangepaßten Erwachsenen scheint genau der frühkindlichen Entwicklung zu entsprechen. Dieser Eindruck wurde dadurch verstärkt, daß einige analytische Exploranden, die in der analen Phase kulturabweichenden Einflüssen ausgesetzt waren, zusätzliche, kulturatypische anale Züge aufwiesen, so z. B. der Jüngling Amegere, der Sohn des Ogobara, eine Neigung zu sadomasochistischen Phantasien.

Eine ebenso genaue Übereinstimmung scheint bei den Agni zwischen den Erfahrungen in der analen Phase und den später typischen analen Charakterzügen zu herrschen. Sadomasochistische Fixierungen und magisch-projektive Ängste, die den Verlauf der folgenden phallischen Phase prägen, lassen sich unschwer auf die aggressive und lieblose Behandlung, die das Kind in jener Zeit erfährt, zurückführen. Da das Kind anstelle eines Sphinktertrainings oder einer Dressur die tägliche, als schmerzhafte Vergewaltigung empfundene Verabreichung von Einläufen mit einer Aufschwemmung von scharfem roten Pfeffer erlebt, die unmittelbar von Bauchkrämpfen und einer Stuhlentleerung gefolgt ist, kann es nicht wundern, daß sich anale Retentivität als dauerhafter Charakterzug nicht ausbilden kann. Die sehr heftigen und meist sadistisch gefärbten Aggressionen Erwachsener werden sofort projektiv abgewehrt und können in der Regel nicht als Ressentiment bewahrt werden. Noch auffallender ist der Umgang mit Besitz.

Obwohl die Wirtschaftsform geradezu ideale Voraussetzungen zur Kapitalbildung bietet und die historische und soziale Stabilität des Volkes ebenso groß ist wie seine Intelligenz, konnte sich bisher keine Kapitalanhäufung entwickeln; es blieb den Wirtschaftssoziologen unverständlich, warum. Wir nahmen an, daß die Agni wegen der Art ihrer analen Erziehung und der daraus folgenden Fixierungen psychisch untauglich sind, Kapitalisten zu werden. Sie sind, wenn man so will, anal fixierte Charaktere, aber ohne die Fähigkeit zum Zurückhalten von Besitz, wie es zur Kapitalbildung und Verwertung nötig ist. Es fällt auf, wie gut ihr Charakter, einschließlich seiner eigentümlichen analen Anteile, zu ihren früheren Wirtschafts- und Lebensformen – als Jäger, Sammler und später als Sklavenjäger und Beutekrieger – gepaßt haben muß, und wie schlecht er zu der seit etwa 70 Jahren vorherrschenden Plantagenwirtschaft paßt. Das wäre ein gutes Beispiel dafür, wie sich der doppelte Konservativismus, das Festhalten an herkömmlichen Formen der Kindererziehung und die Fixierung des Erwachsenen an seine frühkindlichen Erlebnisse, entgegen den makrosozialen Notwendigkeiten durchsetzt. Anderseits warnen solche Beobachtungen davor, anale Charakterzüge eines Volkes oder einer Klasse ohne weiteres einer bestimmten Sozialorganisation zuzuordnen, oder gar, wie es manchmal unbedacht geschieht, die Analität einfach als Folge oder als Ursache der kapitalistischen Klassengesellschaft anzusehen.

Schließlich möchte ich noch einen analen Zug eines typischen Deutschschweizers des ländlichen unteren Mittelstandes skizzieren. Der etwa dreißigjährige Mann, der es zum Akademiker gebracht hatte, wies keinerlei neurotische Züge auf. Er war in seinen Objektbeziehungen ungewöhnlich glücklich und anpassungsfähig, bei seinen Studien ebenso begabt wie erfolgreich. Ohne die Hilfe seiner Familie hatte er sich in eine andere soziale Schicht, die der städtischen Intellektuellen, integriert, in der er als einer der engagierten Praktiker des politischen Kampfes der Neuen Linken eine mit Recht führende Position einnahm. Er lebte in einer Kommune und schien alle Vorurteile und Gewohnheiten seiner kleinbürgerlichen Herkunft abgelegt zu haben, ohne sich jedoch von seinen Eltern und Geschwistern emotionell abzuwenden. Dieser Mann konnte mit Freunden, Freundinnen und Genossen besonders gut umgehen, aber nur – und dies mag überraschen – wenn er im Gespräch oder auch nur in bewußter Reflexion mit sich selbst die finanziellen Vor- und Nachteile, die sich aus einer eingegangenen Beziehung erwarten ließen, genau geklärt hatte. Er erwartete keineswegs finanzielle Vorteile von einer neuen Beziehung, war großzügig mit Geld, geriet aber in Spannung und Unruhe, solange er nicht berechnet hatte, wie weit sich die Beziehung zu einem Menschen für ihn lohnen würde, genau in Franken und Centimes. Unterließ er diese Rechnerei, so entwickelten sich keine oder sehr aggressive, ambivalente Beziehungen zu den betreffenden Personen. Das entspricht einem Sprachgebrauch im schweizerdeutschen Dialekt. »Es rentiert« oder »es rentiert nöd« heißt, daß man auf etwas Lust hat, es gern tut bzw. nicht.

Analytisch gedacht, kann man sagen: Das ist die anale Fixierung, die Gleichung Kot-Geld-Person ist hoch besetzt. Man kann sogar sagen: Also doch ein neurotisches Symptom, bei einem sonst unneurotischen Menschen. Dem ersten Hinweis möchte ich nicht widersprechen. Ob man allerdings eine in der Erziehung während der analen Phase erzielte Fixierung, die für eine bestimmte Schicht bei einem bestimmten Volk typisch und noch dazu überaus häufig ist, als neurotisch, also krankhaft, bezeichnen darf, ist eine andere Frage. Vermutlich würde eine genaue Untersuchung der Funktionsweise der schweizerischen Variante einer kapitalistischen Industrie- und Geldwirtschaft im Vergleich mit anderen, z. B. der deutschen oder der französischen, zu dem Schluß kommen, daß gerade diese anale Fixierung (als spezifischer Schritt zur Sozialisation) den in der Schweiz seit etwa hundert Jahren herrschenden Produktionsverhältnissen besonders gut angepaßt ist.

Sicher kann eine Änderung der sozialen Situation, der materiellen Existenz und des politisch-historischen Bewußtseins zwar an Über-Ich-Inhalten und vielen Ich-Einstellungen etwas ändern; andere Ich-Erwerbungen sind jedoch viel widerstandsfähiger. Machen wir das gedankliche Experiment und führen wir in der deutschsprachigen Schweiz den Sozialismus ein, um uns zu fragen, ob ein solcher geldgebundener Umgang mit der Einstellung und den Gefühlen zu Mitmenschen verschwinden könnte, ohne daß sich erst die Erziehungsgewohnheiten gründlich wandeln und daß sich dieser Wandel bei

Gruppen oder Schichten der anders erzogenen Personen dann in ihrem erwachsenen Ich auswirkt.

Ich lasse die Frage vorerst offen. Wenn ich an die Hypothese erinnere, die der französische Ethnologe Marcel Mauss in seinem berühmten *Essai sur le Don* aufgestellt hat, daß alle sozialen Beziehungen durch Gesetze von Geben und Nehmen geregelt oder zumindest erklärt werden können, kann man wohl sagen, daß mein Schweizer Explorand die in der sozialen Schicht seiner Herkunft überlieferte Form des Gebens und Nehmens erlernt und übernommen hat. Sein Ich stellt für diese in jeder Sozietät nachweisbare Regelung durch »Geben und Nehmen« funktionelle Reaktionsbildungen zur Verfügung. Im ganzen ist es sicher, in Einzelheiten noch nicht deutlich, daß eine Änderung sozialer Gegebenheiten allein keine Änderung konstanter erworbener psychischer Züge bewirken wird, wie auch eine Änderung der wirksamen Erziehungsgewohnheiten keine voraussehbare und vor allem keine rasche Änderung der sozialen Verhältnisse erwarten läßt.

An dieser Stelle hilft uns die Ethnopsychoanalyse einen Schritt weiter: Aus unseren Untersuchungen bei den Dogon und ähnlichen Untersuchungen wissen wir, daß für das Zusammenleben unerläßliche Funktionen von emotionell bedeutsamem Geben und Nehmen unter Umständen von ganz anderen, nämlich von oralen, d. h. in der oralen Phase erworbenen und im Ich etablierten Funktionen ausgeübt werden können. Nun erscheint das Ich unseres Schweizers theoretisch doppelt verknüpft mit seiner Umgebung: erstens in der Zeit seiner analen Entwicklungsphase mit den Erziehungsgewohnheiten seiner Eltern, die unter anderem zu der eingangs beschriebenen Fixierung an die Gleichung Kot-Geld-Person geführt hat, zweitens mit seinem weiteren Kulturkreis als Westeuropäer, einem Gebiet, in dem eine kapitalistische Wirtschaftsform herrscht. Doch ist es in eben diesen Ländern auch unmöglich, ausdifferenzierte orale Ichfunktionen in bezug auf soziales Geben und Nehmen auszubilden, weil diese zu ihrer Ausformung eine längere Dauer der oralen Beziehungsform nötig haben, als sie bei den hier herrschenden Erziehungsgewohnheiten besteht. In der »abendländischen« Erziehung wird bei den Angehörigen aller Klassen der »oralen« Entwicklung des Ich spätestens gegen Ende des ersten Lebensjahres durch sogenannte »altersadäquate« Frustrationen ein Ende gesetzt. (Diese Aussage beruht auf der Annahme, daß die klassischen Entwicklungsphasen der Libido und des Ich zwar durch Reifungsvorgänge, die biologisch bestimmt oder mitbestimmt sind, ausgelöst werden, daß aber ihr Verlauf und das frühere oder spätere Ende einer Phase von Einflüssen der Umwelt abhängig sind. Die Dogon verlängern die orale Ichbildungs-Zeit nicht nur durch die Abstillung und Trennung von der Mutter erst im vierten Lebensjahr, sondern auch dadurch, daß das Kind nach der Abstillung in eine kollektiv hierarchische Gruppe hineingestellt wird, die oral befriedigend, »mütterlich« wirkt.

Mit diesen Beispielen ist der Satz, daß jede »culture« eine Sozialisation mit sich bringt, welche bei ihren Trägern die ihr spezifischen prägenitalen Bedürfnisse erzeugt, nicht zu bestätigen oder zu widerlegen. Es sollte vielmehr gezeigt werden, daß diese Fragestellung es erlaubt, Vergleiche zwischen der Psychologie verschiedener Völker und Gruppen anzustellen. Dabei sind wir zwar von einem ganz bestimmten Schritt zur Sozialisation, dem oben so genannten »konservativen Faktor«, ausgegangen, mußten aber gesellschaftliche Institutionen der verschiedensten Art und ihre Gesetzmäßigkeiten mit in Betracht ziehen. Dem entsprechende Verfahren haben sich in der Ethnopsychoanalyse bewährt: Man geht von einer Arbeitshypothese aus, erwartet aber nicht, daß sich aus der Antwort das Kernstück einer Theorie ergeben wird. Die Hypothese behandelt man als eine Fragestellung (oder einen Gesichtspunkt) unter vielen, die möglich wären. Sobald diese Fragestellung nicht weiterführt, muß sie durch andere ergänzt werden.

Um ihre Beobachtungen zu organisieren und zu verstehen, wendet die vergleichende Psychoanalyse eine Methode an, die jener der klassischen Psychoanalyse analog ist. Bekanntlich betrachtet diese jedes Phänomen unter sechs verschiedenen Gesichtspunkten: dem entwicklungsmäßigen oder genetischen, dem topischen, dynamischen, ökonomischen, strukturellen und anpassungsmäßigen. Für die therapeutische Praxis pflegt man noch drei weitere Gesichtspunkte heranzuziehen: die Übertragung, den Widerstand und die Gegenübertragung. Unter diesen Gesichtspunkten kann man, je nach Zweckmäßigkeit, wählen, kann sich sogar eine einseitige Darstellung nach nur einem Gesichtspunkt leisten, muß sich aber immer bewußt halten, daß jede richtige psychoanalytische Erklärung im Prinzip mit allen den genannten Gesichtspunkten übereinstimmen müßte.

Die Ethnopsychoanalyse trachtet mit ihren Beobachtungen ebenso zu verfahren. Die einzelnen Fragestellungen oder Gesichtspunkte betreffen zumeist »Interaktionen« nach Spiegels Definition, Wirkungen eines Systems auf ein anderes und dessen Rückwirkungen. Durch das angegebene Verfahren wird jede Beobachtung und wird auch jeder Erklärungsschritt in eine Vielfalt von Beziehungen gerückt (»transactions«), und es entsteht ein Netzwerk von mehr oder weniger gewichtigen Einflüssen und Wirkungen. Typisches, so wie etwa der oben geschilderte Umgang eines Durchschnittschweizers mit Geld und Geldeswert, ist in einem solchen Bezugsrahmen nicht das, was statistisch am häufigsten vorkommt; das Typische ergibt sich vielmehr aus der Relevanz dynamischer Bezüge zwischen biographischen, psychischen oder sozialen Bildungen. Es ist daran zu erinnern, daß der Großteil der allgemein gültigen Einsichten der Psychoanalyse, die sich mit der Zeit als typisch erwiesen haben, aus der Beobachtung ganz weniger Analysanden (einschließlich der eigenen Person Sigmund Freuds) gewonnen worden sind.

Dabei darf die vergleichende Psychoanalyse die makrostrukturellen Einflüsse nicht als einfache Phänomene nehmen, sondern muß ihre latenten Strukturen, Funktionen und Absichten aufdecken, bevor sie sie mit den Ergebnissen der psychologischen Forschung konfrontiert. Die psychoanalytischen Gesichtspunkte, die man anwenden kann, sind auch nicht mehr die einfachen Grundannahmen der Metapsychologie. Es sind Ansätze, die sich mehr oder weniger bewährt haben, um sogenannte soziale Einflüsse auf das Individuum zu erfassen. Jeder einzelne Ansatz muß jedoch so behandelt werden wie die »Gesichtspunkte« der Psychoanalyse. Die Ergebnisse werden unweigerlich falsch oder einseitig sein, wenn der Ansatz als die einzige Erklärung mit Ausschluß anderer dargestellt wird.

Der adaptative Aspekt, den Heinz Hartmann entwickelt hat, wird bei diesem Verfahren nicht aufgegeben, jedoch viel weiter ausdifferenziert als üblich. Er ist an einer als naturgegeben, nicht veränderlichen und im großen und ganzen auch vom Individuum nicht zu verändernden, durchschnittlich zu erwartenden Umwelt entfaltet worden. Oft wird darum das Ich, wahrscheinlich entgegen der Absicht Hartmanns, als ein appositionell entstandenes statisches Gebilde verstanden und zu einem Adaptationsapparat reduziert. Bei unserer Betrachtung bleibt das Ich mit seinen Funktionen ein dynamisches Gebilde.

Es würde den Rahmen dieses Aufsatzes sprengen, wenn wir eine kritische Würdigung oder auch nur eine Aufzählung aller Ansätze versuchen wollten, die verfolgt worden sind, um den Zusammenhang gesellschaftlicher und psychologischer Prozesse aufzuzeigen. Im folgenden wollen wir, ohne jeden Anspruch auf Systematik oder gar Vollständigkeit, Bemerkungen über einige Ansätze aneinanderreihen, an denen die Möglichkeiten und auch die Grenzen jeder Betrachtungsweise besonders leicht aufzuzeigen sind.

Freud hat die Zensur, später das Über-Ich, als Vertreter der sozialen Umwelt innerhalb des psychischen Apparats beschrieben. Später trat die Abhängigkeit dieser Instanz von den Bedingungen ihrer Entstehung in der Kindheit in den Vordergrund, und bald erwies es sich auch, daß das Über-Ich im Kulturwandel außerordentlich widersprüchliche Forderungen, die gleichermaßen aus der Umwelt stammen, an das Ich richten kann. Schließlich konnte man feststellen, daß diese scheinbar so starre, fest etablierte Instanz nur im Austausch mit ganz bestimmten sozialen Einrichtungen und ihren Trägern wirksam bleibt (»Clangewissen«), daß einer ihrer Anteile sich gegen den anderen richten, ihn blockieren oder ersetzen kann. Moderne soziologische Theorien, die auf der Beschreibung von gültigen Wertsystemen aufbauen (Florence Kluckhohn), haben diese Idee aufgenommen. Sie stoßen aber auf Schwierigkeiten: Wie werden diese gesellschaftlich gültigen Werte verinnerlicht? Wie ist das Verhältnis zwischen einem Ich, das entsprechend diesen Systemen sozialisiert worden ist, und dem Über-Ich? Und schließlich: Wie ist das Verhältnis zwischen dem Druck der äußeren Realität, welche nach den gültigen Werten organisiert ist, und verinnerlichten Wertvorstellungen, die mit Triebenergie besetzt sind?

Die letzte Frage schränkt auch den Bereich ein, für den der

Aspekt der Identität nach Erikson aufschlußreich ist. Dieser bisher wohl bekannteste und von Analytikern wohl allgemein angenommene psychosoziale Gesichtspunkt läßt uns den Menschen, wenn er einmal erwachsen ist, als Resultat einer Entwicklung verstehen. Dem oben so genannten »progressiven« Faktor wird zwar für den Gang der Sozialisation seine Bedeutung eingeräumt; er verliert sie aber – als strukturierendes psychologisches Moment –, wenn die Identität einmal etabliert ist.

Früh schon haben unbewußte kollektive Phantasien, die den Mythen, Sagen und Märchen zugrunde liegen und in Kultur und Ritualen organisiert sind, das Interesse der Analytiker gefunden. Bei der Deutung dieser Phänomene mußte man aber zumeist darauf verzichten, die Deutungen den Trägern dieser Phantasien vorzulegen. So fiel die beste Möglichkeit zur Verifizierung psychoanalytischer Konstruktionen und Rekonstruktionen, der psychoanalytische Prozeß, außer Betracht. Da diese sozialen Erscheinungen aber den verschiedensten Zwecken dienen können, da sie ganz oder in Teilen nicht nur einem historischen, sondern auch einem psychologischen Funktionswandel ausgesetzt sind, und da sich insbesondere die »Besetzung« der kollektiven Phantasien individuell und nach dem zeitlichen Verlauf sehr stark ändern kann, ist der Wert solcher psychosozialer Analysen oft gering. Manchmal ähnelt die angeblich psychoanalytische Erklärung von Mythen mehr einem geistreichen Spiel, das weder über die soziale Funktion des Mythos noch über seine psychologische Wertigkeit etwas aussagt.

Der Untergang des Ödipuskonflikts zeigt bei Angehörigen verschiedener Kulturen ganz spezifische Konstellationen. Darum ist versucht worden, statt der präödipalen Fixierungen (wie in den drei Beispielen von analer Fixierung) den Übergang von der Dyade (Mutter-Kind) zur Triade (Mutter-Kind-Vater) als Tertium comparationis ins Auge zu fassen (Parin 1972). Natürlich müssen dabei die präödipalen Entwicklungsschritte mit ihren wichtigsten Objektrepräsentanzen und den aus diesen Phasen herstammenden libidinösen und aggressiven Besetzungen gehörig beachtet werden. Das ist der Moment, in dem das Kind in der Regel in eine ganz andere Beziehung zu seinem sozialen Milieu tritt, als sie zur Zeit der Dyade bestand. An diesem Ende der Frühkindheit werden psychologische Weichen für das spätere Leben gestellt. Gewöhnlich werden gerade da dauerhafte Identifikationen eingegangen, die in die Struktur des Ich und des Über-Ich einfließen.

Von diesen Gesichtspunkten aus eröffnen sich andere. Da das Ich sich in seinen wichtigsten Eigenschaften aus aufeinander folgenden Identifikationen mit Zügen der Beziehungspersonen aufbaut, meinte man, daß in diesen Identifikationen alle für die Strukturierung maßgebenden Einflüsse der Umwelt auf das Individuum enthalten sein müßten (Talcott Parsons). Dieser Zugang erweist sich bald als zu eng. Es erhebt sich die Frage, warum sich ein Individuum gerade mit diesen und nicht mit anderen Zügen seiner Eltern, Vorbilder, Gegner und Freunde identifiziert; sowohl die verändernden Kräfte, die der Mensch auf seine Umwelt ausübt, als auch die Transformation der individuellen Psyche durch andere Mechanismen als den der Identifikation müssen mittels weiterer Fragestellungen erforscht werden.

Es waren in den letzten Jahren vorzüglich die Fortschritte der Ich-Psychologie, die, mehr als die Erforschung unbewußter Phantasien oder der Triebwelt, dazu beigetragen haben, die ethnopsychoanalytischen Anschauungen zu bereichern. Insbesondere die Abwehrorganisation wurde auf ihre Kulturspezifität hin untersucht. Bald schienen einzelne im Ich etablierte Charakterzüge sozialen Institutionen zu entsprechen; dann wieder wurden einzelne Abwehrmechanismen oder eine bestimmte Auswahl von solchen auf ihre Wirksamkeit in einem sozialen Milieu oder in bestimmten Situationen geprüft, bis schließlich sozialen Institutionen die Wertigkeit kollektiver Abwehren zugesprochen wurde. Die Entwicklung der Begriffe »Gruppen-Ich« und »Clangewissen« (Parin, Morgenthaler, 1971) gehört in diesen Rahmen.

Wir können keine allgemein gültigen Regeln dafür aufstellen, wie die Makrosozietät im Einzelfall analysiert werden muß, um sich der ethnopsychoanalytischen Betrachtungsweise zu fügen; welcher Aspekt der Macht- und Produktionsverhältnisse für die zu untersuchenden Angehörigen eines Volkes, einer Klasse oder Schicht bestimmend sein wird. Wenn man sich im Zuge einer vergleichend psychoanalytischen Untersuchung einer neuen ethnischen Einheit zuwendet, ist es nicht einmal möglich anzugeben, welcher sozialen Einrichtung die größte Bedeutung zukommen wird. Allgemein anerkannt ist – zumindest für die Sozialisation – die Wichtigkeit der sogenannten Kernfamilie und aller Verwandtschaftsinstitutionen wie Ehe, Haushalt, Großfamilie, Sippe, Linie, Clan etc. Ebenso sicher ist es aber, daß man sich nicht auf diese Einrichtungen beschränken darf, selbst wenn man nur die früheste Sozialisation im Auge hätte, durch welche dem Säugling und Kleinkind die spezifische Kultur (im weitesten Sinne) »vermittelt« wird. Wir haben oben an den Kindern des Gettos belegt, daß makrostrukturelle Kräfte einen direkten Einfluß auf das Kind haben, der aus dem Verhalten der »Vermittler« und der Struktur der entsprechenden sozialen Institutionen nicht abgeleitet werden kann. Im Prinzip muß jede ethnopsychologische Untersuchung über die Institution Familie hinausgreifen. Dafür ein Beispiel.

In beinahe jeder Gesellschaft lassen sich sogenannte vertikale und horizontale Sozialstrukturen unterscheiden. Bei den früher erwähnten Kindern aus dem Negergetto und in allen uns bekannten afrikanischen Sozietäten wird das Gefüge der Ich-Identifikationen überhaupt nur verständlich, wenn man in der Kindheit, Adoleszenz und bei Erwachsenen den Wechsel und das sich dialektisch in der Zeit entwickelnde Verhältnis zu zwei voneinander verschiedenen Sozialstrukturen beachtet, das zu verschiedenen und einander oft widersprechenden identifikatorischen Reihen führt: Identifikationen mit der hierarchisch-vertikalen Organisation der Familie, welche oft in den gesellschaftlichen Institutionen wiederholt und perpetuiert wird, und demgegenüber die Identifikation mit »horizontalen« Institutionen, mit der Peer-group, der »Gang«, der Altersklasse. Die Psychoanalyse hat diesen für die typische Ich- und Über-Ich-Bildung ausschlaggebenden Verhältnissen eine viel zu geringe Beachtung geschenkt. Die Gründe für diese Vernachlässigung sind unser allzu selbstverständliches Hinnehmen der hierarchischen Struktur der Familie als der einzig sozial relevanten und richtigen und die faktische Isolierung des Kindes von seinen Altersgenossen in der Kleinfamilie des städtischen Mittelstandes. Die Dogon haben ein schönes paradoxes Sprichwort: Ein Dogon ist keinem anderen gleich, und: Kein Dogon unterscheidet sich von einem anderen seiner

Altersklasse. Mit dem ersten ist die Organisation der patriarchalen Großfamilie, mit dem zweiten die Klasse der gleichzeitig Herangewachsenen und Beschnittenen, die Tumo, gemeint, wobei einerseits Jungen und Männer und andererseits Mädchen und Frauen als »gleich« mit ihren Geschlechtsgenossen gelten.

Das bisher Gesagte läßt, ebenso wie ein Überblick über die vergleichend-psychoanalytische Literatur, leicht den falschen Eindruck entstehen, die Ethnopsychoanalyse eigne sich nur für das Studium exotischer Völker, vielleicht noch von Menschen aus Gruppen, Schichten oder Klassen, die derjenigen des Untersuchers sehr fern stehen. Dem ist nicht so. Sogar Erfahrungen, die man in einer recht typischen psychoanalytisch-therapeutischen Mittelstandspraxis (in Zürich) gemacht hat, können über die Hermetik und Vereinzelung der »Situation auf der Couch« hinausführen.

Seit Jahren habe ich immer wieder männliche und weibliche Analysanden aus der Schweiz, der Bundesrepublik, aus Österreich, Frankreich und Italien behandelt, deren sozialer und Familien-Hintergrund genau dem entsprach, was Theodor W. Adorno und seine Mitarbeiter in ihrer großangelegten Untersuchung als charakteristisch für die »authoritarian personality« bezeichnet haben. Es zeigte sich jedoch, daß nur einige dieser Analysanden die typischen Züge der »authoritarian personality« entwickelt hatten, andere nicht. Ein Faktor vor allem schien dafür verantwortlich zu sein. Da, wo die narzißtische Besetzung des Selbst während der Kindheit und Adoleszenz mangelhaft und schweren Störungen unterworfen war, hatten sich regelmäßig sekundäre Identifikationen mit autoritätsgebundenen Strukturen, insbesondere sekundäre Identifikationen mit einem aggressiv-repressiven Über-Ich, eingestellt und konnten nicht rückgängig gemacht werden, ohne die Funktionstüchtigkeit des Ich und die psychische Homöostase aufs schwerste zu erschüttern. Diese Personen wiesen eine »authoritarian personality« auf. Andere, deren Selbstgefühl relativ gut war, als Zeichen einer mehr oder weniger ungestörten narzißtischen Besetzung des Selbst, hatten trotz scheinbar gleicher Voraussetzungen keine »authoritarian personality« ausgebildet oder konnten zumindest das dafür typische Verhalten leicht aufgeben. Im Verhältnis und innerpsychischen

Kräftespiel zwischen der Besetzung des Selbst und der Identifikation mit aggressiv besetzten Introjekten (ursprünglich Identifikationen mit dem Aggressor) scheint die Entscheidung darüber zu fallen, ob ein autoritär strukturiertes Milieu eine »authoritarian personality« hervorbringt oder nicht. Oft war es möglich zu rekonstruieren, auf welche Erziehungsfaktoren und Entwicklungsschritte die Schädigung der narzißtischen Entwicklung zurückzuführen war. Es sind, stichwortartig nach ihrer Bedeutsamkeit geordnet, folgende: Erstens die ungenügende Fähigkeit der Mutter, ihr Kind ohne erzieherische Einschränkung zu lieben und zu bewundern, besonders während der Individuationszeit, den zweiten 18 Monaten (nach Mahler); zweitens das Fehlen eines mit positiven Gefühlen zugewandten gleichgeschlechtlichen Vorbilds zu Beginn der Latenzzeit, also sogleich nach dem Untergang des ödipalen Konflikts; drittens Ungleichgewicht zwischen der emotionellen Bindung an Personen horizontaler und vertikaler sozialer Strukturen während der Jahre der psychischen Entwicklung, besonders während und nach der Pubertät.

Die Frage nach den psychischen Folgen der Entfremdung, die sich dem Ethnopsychologen im abendländischen Kulturkreis aufdrängt, ist ein Gesichtspunkt, der noch nicht genügend Beachtung gefunden hat. Die Entfremdung der ökonomischen Verhältnisse scheint für die betroffenen Personen neben anderen Folgen stets zu einem besonderen, psychologisch bedeutsamen inneren Widerspruch zu führen. Die erworbene Ich-Identität der Person, die Erikson beschrieben und abgeleitet hat, gerät in Widerspruch zu den von der Gesellschaft gebotenen und geforderten Rollenidentifikationen in der Familie, im Berufsleben und ganz besonders zu den Rollen, welche von der Klassenzugehörigkeit aufgedrängt werden. Mit anderen Worten: Die psychische Entwicklung und ihr Ergebnis, die gelungene Sozialisation, widersprechen den Anforderungen des sozialen Lebens, die fixierten psychischen Bedürfnisse werden frustriert, die Abwehrorganisation des Ich wird insuffizient. Für das psychische Funktionieren und emotionelle Wohlbefinden scheinen Mechanismen, die ich Identifikation mit der Rolle genannt habe, eine ausschlaggebende Bedeutung zu haben. Während das entfremdete Individuum seinen Einfluß auf die gesellschaftliche Produktion und den Verbrauch der Ware verloren hat, hört es nicht auf, ein psychisches und soziales Leben zu führen. Doch scheinen dabei regelmäßig und nach noch nicht hinreichend erforschten Gesetzmäßigkeiten Verarmungen an Befriedigung und Schädigungen der erworbenen Ichapparate einzutreten. Mit anderen Worten: Während die Person ihre sozialen Rollen unvermeidlicherweise spielt, werden die Beziehungen zur Objektwelt gestört, unbefriedigend, es tritt eine ungünstige Verschränkung libidinöser und aggressiver Ziele auf und – was besonders wichtig ist – narzißtische Rückzüge springen kompensatorisch ein, um die psychische Homöostase und die sozial-materielle Existenz trotz der gestörten oder eingeschränkten Beziehung zu den Objekten noch zu garantieren. Eine gewisse Befriedigung im Sinne des »positive emotional response« amerikanischer Soziologen ist anscheinend nötig, wenn man nicht sozial versagen, das heißt psychisch krank werden will.

Natürlich sind es nicht ausschließlich, wohl auch nicht in erster Linie allein psychologisch erfaßbare Vorgänge, die der Entfremdung kompensatorisch entgegenwirken. Die Agni haben mit ihrer Identität ein großes Bedürfnis ausgebildet, soziales Prestige zu genießen. Bringen sie es nicht dazu, sind sie unglücklich und werden krank – d. h. lebenswichtige Ichfunktionen erleiden Störungen und regressive Verzerrungen. Der Entfremdung in der kapitalistisch organisierten Plantagenwirtschaft begegnen sie zuallererst damit, das psychologisch nutzlose, mühsam erworbene Geld durch den Kauf von Goldschmuck, durch die luxurierende Vergrößerung und finanziell ruinöse Häufung traditioneller Festlichkeiten in psychologisch befriedigende Prestigewerte umzusetzen.

Doch lassen auch psychoanalytische Beobachtungen manchmal recht deutliche Antworten auf unsere Fragestellung zu, etwa als Antwort auf die Frage: Welche ungenügend überwundenen Konflikte im Ich sind auf den sozialen Zustand der Entfremdung zurückzuführen? Solche Konflikte waren bei drei untereinander ziemlich verschiedenen jungen Männern aus der deutschsprachigen Schweiz nachzuweisen. Ihnen war gemeinsam, daß sie erst als Erwachsene psychisch erkrankten. Auf sozialem Gebiet äußerte sich das so, daß sie ihre Rollen – zwei als Studenten, einer als Metallarbeiter

– nicht mehr ausfüllen konnten, arbeitsunfähig geworden waren. Es war nachweisbar, daß die Entfremdung ihrer sozialen Lage zu einer neurotischen Desintegration ihrer Person nach einer bis dahin einigermaßen gelungenen psychischen Entwicklung geführt hatte. Gemeinsam war ihnen weiterhin, daß der ödipale Konflikt, der Übergang von der Dyade Mutter-Kind zur Triade Mutter-Kind-Vater und/oder Gesellschaft, die Verinnerlichung sozialer Verhaltensweisen ums 5. Lebensjahr und in der Pubertät noch einigermaßen gelungen waren. Sie wären im Bereich phallischer Strebungen, mit aggressiv-rivalisierenden und anal-retentiven oder anal-unterwürfigen Fixierungen ausgestattet, zu recht typischen und – wegen ihrer Vitalität und Intelligenz – zu imponierenden Vertretern des lebenstüchtigen Mannes im hierarchischen und auf Konkurrenz abgestimmten Bereich unseres Erwerbslebens geworden. Doch konnte, bei jedem der drei aus anderen, besonderen Gründen, die Diskrepanz zwischen der angebahnten Ich-Identität und dem konkreten Rollenangebot nicht überwunden werden; das heißt, innere Konflikte wurden pathogen.

Beim Studenten Peter hatten die gesellschaftlich »falschen« Ideale eines übermächtigen Über-Ich, eines Eltern-Introjekts, mit dem er sich immer wieder identifizieren mußte, zu einem narzißtischen Rückzug, zu einem fast völligen Aufgeben der Objektrepräsentanzen geführt, mit den entsprechenden psychotisch anmutenden Fraktionierungen des Selbst und mit der Hemmung bereits autonom gewordener Ichfunktionen. Der Student Marco war eigentlich an der Frustration erkrankt, daß ihn seine Ich/Überich-Entwicklung von befriedigenden Ergebnissen seiner Aktivität außerordentlich abhängig machte, ihm aber ein entfremdeter Gelderwerb trotz massiver analer Fixierungen keine genügende Befriedigung bei der Arbeit brachte. Er hatte den ganzen, recht hoch besetzten Sadismus seines Über-Ich und der seinem Ich zur Verfügung stehenden Aggression nach innen gerichtet. Die Folge war eine schwere und anhaltende Neigung zum Suizid, ein Leben zum Tode, wie es der italienische Dichter Cesare Pavese realisiert hat. Dem Metallarbeiter Fritz war zu dem Zeitpunkt, an dem er die Berufs- und Familienrollen des erwachsenen Mannes zu üben begann, die Frustration seiner libidinösen phallischen und rivalisierenden Bedürfnisse zum psychologischen Verhängnis geworden. Während einiger Jahre hatte er versucht, mittels der funktionierenden Anteile seines Ich zu einer Befriedigung seiner libidinösen Bedürfnisse zu gelangen. Die Befriedigungen, die seine Klassenlage zuließ, waren allzu spärlich. Er konnte nur mehr auf regressive prägenitale Möglichkeiten zurückgreifen, d. h. er entwickelte ein dissoziales Verhalten, das unschwer als neurotisches Agieren unter Wiederholungszwang zu erkennen war. Dementsprechend stellte der Psychiater, der ihn zur Behandlung überwies, die Diagnose: Verwahrloster triebhafter Psychopath mit polymorph-perversen Neigungen. Bei ihm ebenso wie bei den beiden anderen Männern ließ das »Durcharbeiten« des inneren Konflikts eine normale Persönlichkeit hervortreten, die zwar weiterhin am sozialen Zustand der Entfremdung zu leiden hatte, aber ohne wesentliche Beeinträchtigung der Ichfunktionen.

Die vorläufige und notwendigerweise unvollständige Antwort auf die Frage nach den psychischen Folgen der Entfremdung lautet: Der Widerspruch zwischen dem Ergebnis einer psychischen Entwicklung und den zur Verfügung stehenden Rollenmustern in einer entfremdeten Situation wirkt auf den psychischen Apparat so ein, daß Ichfunktionen beeinträchtigt werden. Das Ergebnis ist eine Neurose, die trotz ihrer idiosynkratisch-individuellen Symptomatik von der allgemeinen sozialen Situation ausgelöst und unterhalten wird.

Die Wahl dieser drei Beispiele vermittelt vielleicht den Eindruck, daß eine Veränderung der psychologischen Folgen der Entfremdung im allgemeinen nur durch eine psychoanalytische Lösung innerer Konflikte in Gang kommen könne. Dem ist nicht so. Die Wahl der Beispiele ist durch die Methode der Beobachtung in der psychoanalytischen Behandlung psychisch schwer gestörter Personen bestimmt. Auch die Ethnopsychoanalyse, die ja ihre Untersuchungen mit normalen, das heißt: gut funktionierenden und gut integrierten, Mitgliedern einer Sozietät vorzunehmen trachtet, muß darauf verzichten, Erfahrungen in Zeiten zu sammeln, in denen die betreffende Gesellschaft in stürmischen oder revolutionären Umwälzungen begriffen ist. Im Prinzip kann eine Überwindung der psychischen Folgen der Entfremdung dadurch in Gang kommen, daß die aufgezwungenen Rollen abgelegt werden. Die Veränderung der Gesellschaft, ja schon die aktive Ablehnung oder der Kampf gegen die unerträglich gewordenen äußeren Zwänge können die pathogen gewordenen inneren Konflikte entspannen und kompensatorische Symptome zum Verschwinden bringen. Solche Vorgänge sind nicht nur im Prinzip möglich, sondern auch häufig zu beobachten. Wahrscheinlich würde man bei den Eltern jener »competent children« im Negergetto, die ihre Kinder mit den Zeichen von »black pride« geschmückt haben, solche Entwicklungen entdecken.

Zusammenfassend kann man sich fragen, wie weit die Konfrontation der vergleichenden Psychoanalyse mit der Makrosozietät bisher geführt hat und worin ihre weiteren Möglichkeiten liegen: Die Änderung eines kultur- oder klassenspezifischen psychischen Modells, eines typischen psychischen Verhaltens erfolgt nur langsam, weil sich Erziehungsgewohnheiten nur langsam ändern und weil sie langwährende Folgen haben, die über Generationen hinaus fortwirken. Raschere und spektakulärere Folgen (für psychologisch vergleichbar strukturierte Personen) sind von Änderungen der Macht- und Lebensverhältnisse in einer Sozietät, in einer Klasse, bei einem Volk zu erwarten. Diese Prozesse ergänzen einander und müssen wohl in einer noch kaum zu erfassenden Weise aufeinander einwirken, um historische, also fortschreitende und gesellschaftlich wirkende Folgen zu haben und nicht einfach zu einer Mehrung psychischer Pathologie und gesellschaftlichen Elends zu führen.

Die Ethnopsychoanalyse vermag Einblicke in innere Konflikte in ihrem Zusammenhang mit Widersprüchen und Spannungen im Gesellschaftsgefüge zu geben, die der Aufklärung in der Analyse von Einzelpersonen unzugänglich sind. Zwar ist der individuelle psychoanalytische Prozeß ihre wichtigste Methode, um Beobachtungen zu machen. Das Ergebnis innerer Konflikte und ihre Herkunft vermag sie aber im Zusammenhang mit gesellschaftlichen Zuständen und mit historischen Prozessen zu sehen.

Literatur:

Adorno, T. W. und Mitarb., *The Authoritarian Personality* (1950), Norton & Co, New York 1969

Borowitz, G. H. und Mitarb., *Play in the study of personality development of Black Ghetto four-year-olds.* Unpubl. Papier, 1973, und *Interdisciplinary Colloquium on Psychoanalytic Questions and Methods in anthropological Fieldwork,* directed by Boyer, B. L., Dec.-Meeting of the Americ. Psa. Ass., New York, 1973

Devereux, G., *Ethnopsychanalyse complémentariste*, Flammarion, Paris 1972

Edgerton, R. B., *The individual in cultural adaptation. A study of four East African peoples,* Univ. Calif. Press, Berkeley 1971

Erikson, E. H., *Kindheit und Gesellschaft* (1950), Pan, Zürich 1957

Erikson, E. H., *Identität und Lebenszyklus* (1959), Suhrkamp, Frankfurt/M. 1966

Hartmann, H., *Ich-Psychologie und Anpassungsproblem (Int. Z. Psa.,* 1939), in: *Psyche* 14, 2, 1960

Kluckhohn, F. R. und Strodtbeck, F. L., *Variations in Value Orientations,* Harper & Row, New York 1961

Mahler, M., *On human symbiosis and the vicissitudes of individuation,* Hogarth Press, London 1969

Mauss, M.; *Essai sur le Don* (1923/24), in: *Sociologie et anthropologie,* Presses Univ. France 1968

Parin, P. und Morgenthaler, F., *Ego and Orality in the Analysis of West Africans,* in: *Psa Study Society,* Vol. III, 1964

Parin, P., Morgenthaler, F. und Parin-Matthèy, G., *Die Weißen denken zuviel. Psychoanalytische Untersuchungen bei den Dogon in Westafrika,* Atlantis, Zürich 1963

Parin, P., Morgenthaler, F. und Parin-Matthèy, G., *Fürchte deinen Nächsten wie dich selbst. Psychoanalyse und Gesellschaft am Modell der Agni in Westafrika,* Suhrkamp, Frankfurt/M 1971

Parin, P., *Der Ausgang des ödipalen Konflikts in drei verschiedenen Kulturen,* in: *Kursbuch,* Berlin, 29, 1972

Parsons, T., *Social Structure and the Development of Personality,* in: *Studying Personality Cross-Culturally,* Harper & Row, New York 1961

Spiegel, J., *Transactions. The Interplay Between Individual, Family, and Society,* Science House, New York 1971

Horst-Eberhard Richter

Hat die Psychoanalyse in der Randgruppenarbeit eine Chance?

Die Psychoanalyse bemüht sich auf der einen Seite um eine Fortentwicklung und Verfeinerung unseres Verständnisses für die Entwicklung, die Struktur und die Störungen der inneren Welt des einzelnen Menschen und diskutiert auf dieser Seite die neuen Narzißmußtheorien und neue Forschungsergebnisse über die narzißtischen Neurosen und die Schizophrenie. Auf der anderen Seite entfaltet sich ein zunehmendes Interesse der Psychoanalyse für unbewußte Prozesse in Gruppen, zwischen verschiedenen Gruppen, zwischen Gruppe und Institution, und sie faßt hier schließlich die Beziehung zwischen sozioökonomischen und sozialpsychologischen Faktoren ins Auge.

Diese breite Auffächerung der Interessen der Psychoanalyse ist nicht nur für außenstehende Betrachter verwirrend, sondern auch für die Psychoanalytiker selbst. Das kam kürzlich wieder sehr deutlich zum Ausdruck, als wir auf dem Jahreskongreß der Deutschen Gesellschaft für Psychotherapie und Tiefenpsychologie in München über das Selbstverständnis des Psychoanalytikers in einer Plenarsitzung diskutierten. Ein wesentlicher Grund der Verwirrung liegt darin, daß heute kein einzelner Psychoanalytiker mehr allen Aufgaben gerecht werden kann, die sich der Psychoanalyse stellen. Freud selbst konnte noch die heterogensten Forschungsbereiche integrieren, wie die Begründung der psychoanalytischen Anthropologie, die Krankheitslehre und die Therapie bis hin zu wichtigen Beiträgen auf dem Gebiet der Sozialpsychologie und der Kulturtheorie. Dieser Universalismus Freuds dürfte dazu beigetragen haben, daß sich bis in unsere Tage außerhalb der Psychoanalyse und zum Teil auch bei den Psychoanalytikern selbst die Vorstellung erhalten hat, der einzelne Psychoanalytiker müsse nach wie vor in allen theoretischen Bereichen und praktischen Anwendungsfeldern der Psychoanalyse versiert sein.

Das Mißverhältnis zwischen dem Anspruch auf eine solche Universalität, der von außerhalb der Analyse sehr gefördert wird, und der Spezialisierung der einzelnen Analytiker auf jeweils begrenzte Aufgabenfelder in Theorie und Praxis führt leicht zu unfruchtbaren und wenig ergiebigen Fragestellungen, so etwa zu den folgenden: Welches ist nun das eigentliche, das reinste, das wichtigste Arbeitsfeld der Psychoanalyse – die Innenwelt des Individuums oder das System einer Familie, der Bereich einer Gruppe oder noch weiter gezogene sozial definierte Felder? Ich halte diese Frage im Grunde für verfehlt, weil es mir wichtig erscheint, daß die Psychoanalyse ihre Möglichkeiten in den verschiedenen Sektoren gleichermaßen, mit aller Anstrengung weiterentwickelt. Dabei ist leicht einsichtig, daß man auf jedem Teilgebiet der Psychoanalyse bzw. ihrer Anwendungen jeweils von den Fortschritten auf den anderen Teilgebieten profitieren kann. Diese These ließe sich unschwer anhand von Beispielen für ausstrahlende Wirkungen von einzelnen Forschungsergebnissen, z. B. aus der Schizophrenieforschung, belegen. Die verfehlten Fragestellungen rühren insgesamt von der Sorge her, es könnte zu einer Bedrohung der Identität der Psychoanalyse werden, wenn diese ein zu weites Feld von theoretischen und praktischen Gebieten zu bearbeiten versuche. In Wirklichkeit wird dadurch wohl weniger die Identität der Psychoanalyse als vielmehr die Identität des einzelnen Psychoanalytikers bedroht, sofern man von ihm und er obendrein von sich selbst erwartet, er müsse sich auf alle Spezialgebiete verstehen, mit denen sich die Psychoanalyse heute legitimerweise beschäftigt. Aber diesem Anspruch kann kaum mehr ein Psychoanalytiker gerecht werden, und es ist gerade für junge Analytiker nicht ungefährlich, sich unbedingt an dem Vorbild gewisser Ausnahmeerscheinungen wie Erikson oder Balint messen zu wollen, die dem Ideal des universalistischen psychoanalytischen Theoretikers und Praktikers noch weitgehend zu genügen vermochten.

Wir befinden uns heute an einem Scheidepunkt. Wir müssen erkennen, daß sich die Psychoanalytiker stärker spezialisieren müssen, weil sie sich nur durch die Begrenzung ihrer Interessen die Möglichkeit verschaffen können, bestimmte theoretische oder praktische Teilgebiete wirklich auf dem modernsten Forschungsstand genau zu übersehen und obendrein durch eigene kreative Beiträge zu fördern. Das führt allerdings, solange der Anspruch auf eine universalistische Omnipotenz nicht voll durchschaut wird, zu der Gefahr einer Spannung zwischen den Repräsentanten verschiedener psychoanalytischer Arbeitsfelder. Wir haben dieses Problem gerade auf unserem zitierten Fachkongreß anhand der Beobachtung diskutiert, daß sich offensichtlich verschiedene psychoanalytische Ausbildungsinstitute damit schwertun, den jungen in Ausbildung befindlichen Psychoanalytikern den Weg zu der Breite der psychoanalytischen Aufgabenfelder zu eröffnen und vor allem die neuen Verfahren der Familientherapie, der Gruppentherapie und der psychoanalytischen Mitarbeit im sozialen Feld zu vermitteln.

Diese skizzenhaften Vorbemerkungen mögen genügen, um nun den Stellenwert einer ganz speziellen Anwendungsform der Psychoanalyse besser einschätzen zu können, von der ich berichten will. Es handelt sich hierbei um den Versuch, psychoanalytische Erkenntnisse über das Unbewußte und dessen Wirkung in Interaktionsprozessen in einem sozialen Bereich zu studieren und für praktische Interventionen auszunutzen, der von der Psychoanalyse bislang nur ausnahmsweise, wenn überhaupt, ins Auge gefaßt worden ist. Ich meine den Bereich der sozialen Randschicht.

Seit den fünfziger Jahren haben uns epidemiologische psychiatrische Studien deutlich vor Augen geführt, daß die Rate psychosozialer Störungen mit absinkendem Sozialstatus ansteigt. Auch eine von Beckmann und mir geleitete repräsentative psychologische Erhebung in der Bundesrepublik hat erkennen lassen, daß schlechtes psychosoziales Befinden mit niedrigem Einkommen und niedrigem Bildungsstand korreliert. Wir sind gerade dabei, diese Erhebung in größerem Umfang und mit noch differenzierteren Fragestellungen zu wiederholen. Es ist besonders beunruhigend, daß gerade die sozialen Gruppen am untersten Rand der sozialen Schichtenskala, die dringend Angebote psychosozialer Prävention und Therapie nötig hätten, in den meisten Ländern wie auch in der Bundesrepublik besonders mangelhaft mit »mental health«-Diensten versorgt werden. Nun beobachtet man seit einiger Zeit vermehrte Initiativen von sozialpolitisch, pädagogisch und zum Teil auch therapeutisch engagierten Kreisen, in diese bisher eklatant unterversorgten sozialen Felder vorzudringen, die Situation der Menschen dort zu studieren und nach Möglichkeiten zu suchen, hier sinnvolle Arbeit zu leisten. Ein Teil dieser Bemühungen richtet sich auf verarmte, meist in gettoartiger Isolierung in häßlichen und vernachlässigten Stadtteilen lebende Randgruppen. Diese Gettopopulationen, deren Gettokultur neuerdings wichtige Studien gewidmet wurden, unterscheiden sich in den verschiedenen Ländern und auch innerhalb einzelner Länder gewiß erheblich nach ethnischen Merkmalen, nach ihrer Binnenstruktur, nach dem Grad ihrer Isolation, ihres Bildungsrückstandes, ihres ökonomischen Elendes, nach Größe, Vorgeschichte und Zustand der Siedlungen usw. Dennoch ergeben sich gewisse bemerkenswerte Parallelen in bestimmten Befunden. Zahlreiche Berichte stimmen darin überein, daß sozioökonomische Determinanten als eine wesentliche Mitursache bestimmter typischer psychosozialer Störungen innerhalb der Gettobevölkerung anzusehen seien. Dementsprechend treffen sich viele Autoren in einer gleichsinnigen praktischen Schlußfolgerung: Psychologische und psychotherapeutische Hilfe für einzelne Familien und Individuen sollten einbezogen werden in umfassende Strategien, die auf eine Revision der Lebensbedingungen der betroffenen Gruppen insgesamt zielen müßten. Weitgehende Einigkeit besteht auch darüber, daß man das Problem dieser gettoisierten Minderheiten nicht ausschließlich durch Intensivierung und Modernisierung sozialtherapeutischer Maßnahmen lösen kann, sondern stets berücksichtigen muß, daß in unserer Gesellschaft verdeckte ökonomische und sozialpsychologische Mechanismen am Werke sind, die bislang die Abspaltung und Diskriminierung bestimmter sozial schwacher Minderheiten kontinuierlich reproduzieren. Die Dimensionen dieses ebenso komplexen wie beunruhigenden Problems lassen hier jedoch die relative Übereinstimmung der Autoren enden. Die Unsicherheit, über den begrenzten Rahmen des jeweiligen eigenen Wissenschaftsbereiches hinaus zu denken, und die unterschiedliche Bereitschaft, sich den politischen Implikationen des Problems zu stellen, dürften diese Divergenz vor allem erklären.

Es stellt sich hier nun die Frage, welche Chancen ein Psychoanalytiker hat, sinnvolle Beiträge theoretischer und praktischer Art in diesem Problembereich der Gettokultur bzw. der Interaktion zwischen der Randgruppen-Population und ihrem gesellschaftlichen Umfeld zu leisten. Die vorliegenden ersten Erfahrungen zeigen, daß es hier für den Psychoanalytiker verschiedene Möglichkeiten gibt, von seinen fachlichen Kompetenzen Gebrauch zu machen. Einige dieser Möglichkeiten möchte ich hier nur kurz benennen, aber nicht weiter ausführen. Zunächst kann der Psychoanalytiker dadurch helfen, daß er sich an gründlichen Untersuchungen über die Natur der psychischen Störungen beteiligt, die in Gettos stark gehäuft auftreten. Wer sich dafür näher interessiert, den darf ich auf die Arbeiten von Dale R. Meers hinweisen, die in *Psychoanalytic Study of the Child* publiziert worden sind. Meers hat den Aufbau der psychischen Entwicklungsstörungen gründlich erforscht, die vorzugsweise bei Gettokindern auftreten. Besonders studiert hat er die emotionellen Ursachen der sogenannten intellektuellen Retardierung bei den Gettokindern, die weitgehend an die Stelle der neurotischen Symptommanifestationen tritt, die wir bei Mittelschichtkindern beobachten. E. Pavenstedt hat zusammen mit einer eigenen Forschungsgruppe vorwiegend die Methode der Längsschnittbeobachtung bei einer ausgewählten Stichprobe von Randschichtfamilien angewandt und sich bemüht, die Reaktionen der Kinder aus der Interaktion mit ihren Eltern heraus zu verstehen. Sie hat dabei die oft unterschätzten Unterschiede in Familiendynamik, Erziehungsverhalten und Psychopathologie zwischen den gerade noch erfolgreich angepaßten und gesellschaftlich integrierten Unterschichtfamilien und den eigentlichen Randschichtfamilien (very low – lower class families) herausgearbeitet. Derartige vergleichende Studien sind u. a. auch deshalb sehr wichtig, weil sie zu einem besseren Verständnis der enormen Spannungen beitragen, die zwischen den aktiv um Anpassung kämpfenden und den bereits in resignativer Passivität versinkenden Gruppen am untersten Ende der sozialen Schichtenskala zu entstehen pflegen, wenn diese Gruppen in enger Nachbarschaft wohnen. Die von E. Pavenstedt bei der untersten Gruppe der Multiproblemfamilien vorgefundenen schweren Störungen der Kinder bezieht die Autorin allerdings keineswegs nur auf innerfamiliäre Prozesse. Sie erklärt vielmehr, man müsse die seelischen Störungen der Kinder aus dem konflikthaltigen Verhältnis dieser Randschichtfamilien zu der Mittelklassegesellschaft überhaupt begreifen. Die Eltern, so meint sie, geben an ihre Kinder das ungeheure Mißtrauen aus den Enttäuschungen weiter, die sie von den Institutionen der organisierten Mittelklassegesellschaft erfahren haben. Die hochinteressanten Einzelbefunde an den Kindern wie an den Eltern kann ich hier nicht näher erörtern, ebensowenig die eigenen familiendynamischen Beobachtungen in Randgruppenfamilien. Nur ein Ergebnis sei festgehalten, weil es uns zur Revision eines eingefahrenen Vorurteils auffordert; es bezieht sich auf die Einstellung der Gettobewohner zu den unter ihnen stark gehäuft vorkommenden psychischen Störungen. D. R. Meers greift die Feststellung von Hollingshead und Redlich kritisch auf, wonach in der Unterschicht allgemein deviantes Verhalten nicht als psychische Krankheit aufgefaßt werde. Meers berichtet, die von ihm beobachteten Gettoeltern seien in überraschendem Maße bereit gewesen, ihre gestörten Kinder als krank anzusehen und auf ein entsprechendes Angebot hin behandeln zu lassen. Meers interpretiert den Befund von Hollingshead und Redlich folgendermaßen: »Familien sind unvorbereitet, die Tatsache seelischer Krankheit anzuerkennen, solange man ihnen keine therapeutische Hilfe dafür anbietet.« Es entspricht auch unseren eigenen Beobachtungen, daß man bei Randschichtfamilien unterscheiden muß zwischen ihrer mißtrauisch resignativen Meidung von therapeutisch-beraterischen Institutionen einerseits und ihrer persönlichen Einsicht in ihre Leiden und Störungen andererseits. Nimmt man das Gesundheits- bzw. Krankheitsverhalten der Mittelschicht zum Maßstab, so weicht die Gettopopulation fraglos entschieden dadurch ab, daß ihre Mitglieder sich spontan nur selten als seelisch krank deklarieren und zu einer Behandlung anbieten. In ihrer Isolation und in ihrem ängstlichen Argwohn gegenüber den meisten Mittelschichtinstitutionen nehmen sie überhaupt sehr viel seltener als alle anderen sozialen Gruppen medizinische Hilfe, gleich welcher Art, in Anspruch. Begibt man sich indessen als Psychotherapeut in ein Getto hinein und bietet man nicht nur indirekte Hilfe der Vermittlung an ferne therapeutische Institutionen an, sondern stellt sich selbst für praktische Hilfe zur

Verfügung, so findet man zumindest bei den noch nicht völlig in Resignation versunkenen Familien mehr Krankheitseinsicht und Hilfesuche, als man aufgrund der herkömmlichen Vorstellungen erwartet hatte.

Auf dem Felde der *Therapie* sind von Analytikern kinderanalytische und familientherapeutische Verfahren in Randgruppensiedlungen studiert und angewandt worden. Dale Meers bejaht ausdrücklich die Indikation von Gettokindern für kinderanalytische Verfahren und belegt seine Auffassung durch kasuistisches Material. Andere Autoren beschäftigen sich vornehmlich mit Möglichkeiten eines familientherapeutischen Vorgehens im Gettomilieu. Verschiedene namhafte amerikanische Familientherapeuten und Analytiker haben die Reichweite der Familientherapie im Gettomilieu mit Hilfe eines interessanten Experimentes untersucht, über das Sager, Brayboy und Waxenberg berichtet haben. Auf dem Kongreß der American Group Psychotherapy Association 1969 haben ein schwarzer und drei weiße Familientherapeuten jeweils mit einer und derselben »Black ghetto family« eine Familientherapie in vier Sitzungen vorgeführt. Die Familie wurde von schwarzen Mitarbeitern eines New Yorker Mental Health Center gespielt und bestand aus einem arbeitslosen Vater, einer depressiven Mutter, einem »drop-out«-Sohn, einer unverheirateten schwangeren Tochter und einer Großmutter. Gefragt wurde: Kann ein Mittelschichttherapeut trotz der sozialen und ökonomischen Schichtbarrieren einer Gettofamilie eine effiziente Therapie anbieten? Welche neue Rolle bekommt ein Therapeut, der mit Familien umgeht, die schlechthin um ihre Existenz und ihr Überleben ringen, anstatt sich für eine Erforschung ihrer Probleme zu interessieren? Bewähren sich hier noch unsere Modelle der Psychopathologie? Welche neuen spezifischen Techniken sind bei solchen Familien brauchbar, und wo versagen die traditionellen Ansätze? Hier einige Ergebnisse und Folgerungen aus dem Experiment: Es komme wesentlich darauf an, daß der Therapeut die Lebensbedingungen, die Verhaltensmuster und Wertvorstellungen seiner Gettopatienten kenne, vor allem, daß er sie kennenlernen *wolle*. Nur genaue Vertrautheit mit der Gettokultur schütze den Therapeuten vor fundamentalen Fehleinschätzungen. So war z. B. in dem Experiment nur der schwarze

Therapeut fähig zu durchschauen, wie sehr die Tochter der Gettofamilie, trotz ihrer zur Schau getragenen Gelassenheit, durch ihre uneheliche Schwangerschaft verletzt war. Er war damit vertraut, daß in diesem Milieu uneheliche Geburten zwar überaus häufig und oberflächlich anerkannt sind, aber gleichwohl insgeheim nach dem Maßstab von bürgerlichen Moralvorstellungen kritisiert werden.

Eine weitere Folgerung: Die Therapeutenrolle verändere sich dadurch, daß die Therapie an Problemen wie Arbeitslosigkeit, Geldnot, Drogen usw. anzusetzen habe. Dabei komme es nicht darauf an, eine säuberliche Dichotomie zwischen der sozialökonomischen und der psychologischen Dimension herzustellen, da beide Dimensionen in der Therapie gleichzeitig und im Zusammenhang miteinander erfaßt werden sollten. Dies wiederum erfordere, daß der Therapeut sich mit anderen Diensten und Kräften verbünde, die eine Verbesserung der unwürdigen Lebensbedingungen seiner Gettopatienten anstreben: »Ein solches ausgreifendes Engagement in gesellschaftspolitische und soziale Bereiche ist notwendig, wenn wir für unsere Patienten etwas Effektives tun wollen.« Allerdings seien solche Bemühungen oft frustrierend, da das System der sozialen Dienste, welches das Leben der Gettobewohner überwache, in der Regel unverantwortlich und starr und gegenüber dieser Population in eine »Rotes-Tuch-Praktik« verwickelt sei. Verwirrend für den Therapeuten sei schließlich insbesondere, herauszufinden, welche Merkmale als krankhaft und welche als Zeichen einer adäquaten Adaptation an die Standards der Gettokultur zu gelten hätten. Bestimmte Aggressionsäußerungen, konstante Arbeitslosigkeit usw. seien, gemessen an den Mittelschichtnormen, ganz anders zu bewerten auf dem Hintergrund der Gettobedingungen. Wenn ein Gettopatient auf Behandlungskonzepte nicht »anspreche«, so sei dies vielfach nicht seine Schuld, sondern eine Folge unangemessener Diagnostik und Therapie. So könne ein dem Gettomilieu fremder Therapeut schließlich erkennen, »daß seine täglichen Anstrengungen, in Einklang mit den ihm in der Ausbildung vermittelten Grundsätzen zu therapieren, bei solchen Patienten fruchtlos bleiben, deren vordringlichste Probleme der soziale Druck und die unmittelbare Sorge, zu überleben, sind. Nach einer Serie erfolgloser

Behandlungsbemühungen mag er zu dem Schluß kommen: Wer braucht's? und zurück zu solchen Patienten getrieben werden, die ihm mehr gleichen in sozialer Schicht, Hautfarbe und Wertvorstellungen und die auf seine Angebote bereitwilliger eingehen. Das Bedürfnis des Therapeuten nach Erfolg und nach Gratifikation durch seine tägliche Arbeit wird eher in diesem anderen Felde gestillt.«

Faßt man das bisher Gesagte zusammen, so besteht kein Zweifel daran, daß von der Psychoanalyse in dem soziokulturellen Milieu der Randgruppenkultur nützliche Beiträge geliefert werden können. Unsere *theoretischen* Kenntnisse von der Entstehungsweise und der Natur psychosozialer Störungen im Randschichtbereich sind durch psychoanalytische Arbeiten wesentlich gefördert worden. Große Schwierigkeiten stellen sich aber offenbar Psychoanalytikern entgegen, wenn sie ein *praktisches* Engagement im Randschichtbereich in Erwägung ziehen. Genannt wurden u. a. die Unvertrautheit des Analytikers mit den Verhaltensmustern und Normen der ihm zunächst fremden Randschichtkultur, die Revisionsbedürftigkeit seiner Beurteilungsmaßstäbe für Deviationen in diesem soziokulturellen Milieu, die Erweiterung und Komplizierung des Therapiefeldes durch Einbeziehung ökonomischer und politischer Gesichtspunkte, das Angewiesensein auf die Hilfe ergänzender sozialer Dienste, die meist schlecht funktionieren. Und schließlich sind die enormen Belastungsmomente für die Gegenübertragung in Rechnung zu stellen, worüber noch einiges zu sagen sein wird. Weitere Aspekte lassen sich hinzufügen: die Unbequemlichkeiten, sich mit besonderer Aktivität überhaupt erst einen Kooperationskontakt mit Randschichtpatienten zu erarbeiten, die finanzielle Unattraktivität dieser Tätigkeit und, nicht zuletzt, die Konflikte mit denjenigen eigenen Kollegen, die eher eine Aussparung einer bestimmten Population von psychoanalytischen Angeboten als ein zu weites Abweichen vom konventionellen psychoanalytischen Umgangsstil mit Mittelschichtpatienten für vertretbar halten.

Im folgenden will ich nun versuchen, anhand eigener Erfahrungen einige Chancen der psychoanalytischen Beteiligung an Gruppenarbeit in einer Obdachlosensiedlung zu erörtern. Um diejenigen Leser nicht zu langweilen, die meine bisherigen Mitteilungen über diese Arbeit bereits kennen, möchte ich den

Rahmen der Arbeit nur in wenigen Stichworten skizzieren und dann einige Fragen gründlicher stellen. Gemeinsam mit einer psychoanalytischen Kollegin habe ich mich vor mehr als fünf Jahren einer Initiativgruppe angeschlossen, die in der Gießener Obdachlosensiedlung Eulenkopf operiert. Diese gettoartig zwischen einem Fabrikgelände und einem Kasernengebiet eingeschlossene Siedlung in einer häßlichen Stadtrandlage wird von über 100 Familien mit über 400 Kindern bewohnt. Meist handelt es sich um verarmte, verschuldete Familien, unter denen depressive und soziopathische Störungen, Alkoholismus, Delinquenz vor allem bei den Jugendlichen und Schulversagen bei den Kindern verbreitet sind. Unsere Initiativgruppe ist von Studenten gegründet worden, die heute immer noch den Kern des Arbeitskreises bilden. Die Studentengruppe hat sich über die fünf Jahre kontinuierlich in einer Zahl erhalten, die zwischen 20 und 40 Mitgliedern schwankte. Inzwischen haben wir die Einstellung einiger festbezahlter Mitarbeiter erwirkt. Dazu zählen zwei Lehrerinnen, drei Sozialpädagoginnen und ein sozialtherapeutisch tätiger Arzt. Durch Initiative der Gruppe ist ein Gemeinschaftszentrum in der Siedlung errichtet worden, wo neben einem Kindergarten, einem Eingangsstufenschulprojekt für die Fünf- bis Sechsjährigen, Gruppenarbeit für die Schulkinder verschiedene sozialtherapeutische und gesundheitsfürsorgerische Dienste angeboten werden; dazu gehören Schwangerenfürsorge, Mütter- und Kleinkindfürsorge, Sexualberatung und Austeilung antikonzeptioneller Mittel.

Wir Psychoanalytiker versuchten zunächst, uns durch Angebot von Supervision für die Studenten sowie durch Familientherapie in einzelnen Problemfamilien der Siedlung nützlich zu machen. Im Vordergrund stand für uns das Problem, die verhängnisvollen autoaggressiven Reaktionsweisen solcher Familien genauer zu begreifen und therapeutisch in sinnvoller Weise zu bearbeiten. In dem Buch *Die Gruppe* wurde es als besonders schwierig geschildert, auf die große Differenz zwischen strengen Über-Ich-Forderungen einerseits und permanenten Triebdurchbrüchen andererseits in geeigneter Form zu reagieren. Ich will die Darstellung unserer Methoden und unserer Verlaufsbeobachtungen hier nicht wiederholen, sondern zusammenfassend nur so viel sagen, daß wir die Zerfallsprozesse in solchen Randgruppenfamilien durchaus als begrenzt therapeutisch beeinflußbar erkannt haben. Allerdings kamen uns nach einiger Zeit Zweifel, ob unsere durchaus günstigen unmittelbaren Einwirkungen auf einzelne Familien noch positiv gewertet werden konnten, sofern wir die Rückwirkungen unseres Tuns innerhalb der Gesamtgruppe der Siedlungsbewohner mit in Betracht zogen.

Wenn man bei Obdachlosenfamilien mit einem familientherapeutischen Konzept arbeiten will, so gelangt man notwendigerweise zunächst an solche Familien, bei denen man noch relativ günstige Indikationsmerkmale vorfindet, zum Beispiel eine leidliche Kooperationsbereitschaft sowie eine nicht allzu chaotische Gruppenverfassung. Viele Familien in einer solchen Randsiedlung befinden sich indessen unter dem Einfluß desolater ökonomischer Verhältnisse sowie unter dem niederdrückenden Einfluß des Randschichtmilieus insgesamt in einer derart negativistischen Stimmung, daß sie zunächst weder fähig noch gewillt sind, sich auf familientherapeutische Angebote einzulassen. So ergab sich für uns folgendes Dilemma: Entweder wir würden fortfahren, uns therapeutisch auf weniger geschädigte Familien am Oberrand der Gettogruppe zu konzentrieren, um deren günstigere Indikationsbedingungen auszunutzen. Dann liefen wir jedoch Gefahr, durch Bevorzugung der von vornherein günstiger gestellten Familien die Spannungen innerhalb der Siedlung zu verschärfen. Die noch schwächeren Familien würden sich im Stich gelassen fühlen, ihr Ressentiment gegenüber den ohnehin besser konsolidierten Familien verstärken, und damit würden wir unserer Absicht zuwiderhandeln, nämlich innerhalb der Bewohnerschaft integrationsfördernd zu wirken.

Aber was konnten wir nun tun, um gerade die am meisten geschädigte Gruppe von Familien nicht zu vernachlässigen? Das Resultat langer Diskussionen in unserem Arbeitskreis lautete etwa folgendermaßen: Wir sollten fortan nur noch in besonderen Krisen- und Konfliktfällen punktuell Einzelarbeit in der Siedlung machen, vorwiegend indessen unsere gemeinsame Anstrengung einem ganzheitlichen »community development«-Konzept widmen.

Die Begriffe »community development« und »community organization« erscheinen zunächst wenig konkret. In dem

»community development«-Konzept steckt die Idee, daß man nur von einer Veränderung des gesamten soziokulturellen Milieus und der ökonomischen Bedingungen aus diejenige elementare Stärkung der besonders stark geschädigten Kerngruppe der Gettopopulation bewirken könne, die als Vorbereitung für den Gebrauch differenzierterer Maßnahmen, z. B. psychotherapeutischer Hilfen, unerläßlich ist. Abgesehen von Kriseninterventionen in Notsituationen einzelner Familien gaben wir Psychoanalytiker unsere punktuellen intensiven Familientherapien auf und versuchten nun, unsere Fertigkeiten und Einsichten schwerpunktmäßig in das »community development«-Programm einzubringen. Das bedeutete zugleich, daß wir künftig den Bewohnern weniger als therapeutische Einzelpersonen gegenübertraten und mehr als Mitglieder des Arbeitskreises, mit dem zusammen und aus dem heraus wir unseren Einfluß ausüben wollten. Wir ordneten uns damit in die Idee ein, daß die Bewohner unsere auf ihre Gesamtgruppe und auf den Zustand der ganzen Siedlung ausgerichteten Zielsetzungen am besten begreifen würden, wenn sie wahrnehmen könnten, daß die innere Struktur unseres Arbeitskreises die Nachordnung der Individualhilfe zugunsten eines sozialtherapeutischen Gesamtkonzeptes glaubhaft widerspiegelte.

Hier nun sind zwei Fragen konkret zu beantworten: Wie kann der Psychoanalytiker innerhalb eines solchen Programms von seiner Kenntnis der Wirkungsweise unbewußter Prozesse einen sinnvollen theoretischen und praktischen Gebrauch machen? In meinem Buch *Lernziel Solidarität* habe ich eine Form der Nutzung psychoanalytischer Möglichkeiten in diesem Bereich unter dem Begriff des »introspektiven Konzeptes« zu beschreiben versucht. Bei diesem introspektiven Konzept geht es darum, unbewußt einwirkende soziale Determinanten aus ihren emotionellen Auswirkungen in Individuen oder Gruppen zu erschließen und diese Aufdeckung für die praktische Randgruppenarbeit nutzbar zu machen. Dadurch wird dieses introspektive Konzept zu einem Mittel, objektive Tatbestände über emotionelle Erfahrungen zu erfassen. Zugleich kann die praktische Anwendung dieses Konzeptes dazu verhelfen, daß soziale und gesellschaftliche Konfliktfaktoren einer rationalen Strategie nicht dadurch entzogen werden, daß sie sich undurchschaut in emotionellen Spannungen abspiegeln. Solange etwa bestimmte Ängste, Dominanzansprüche, Vorwürfe, Gekränktheiten in der Interaktion zwischen Gettobewohnern, Angehörigen einer Arbeitsgruppe und Behördenvertretern jeweils nur als rein psychologische Individual- bzw. Gruppenphänomene erlebt werden, können sie sehr viel leichter paralysierend wirken, als wenn man systematisch sich darüber klarzuwerden versucht, daß ein wesentlicher Teil solcher konfliktträchtiger Impulse zwangsläufiger Ausfluß bestimmter sozialer Voraussetzungen ist. Diese Klärung kann dazu beitragen, daß die betreffenden Impulse besser in Schach gehalten werden, daß sie bei den Individuen und Gruppen weniger blockierende Schuldgefühle produzieren und daß die durch sie hindurch wirkenden sozialen Hintergründe praktisch greifbar werden.

Die Grundannahme bei diesem Ansatz besteht darin, daß z. B. in diesem Interaktionsfeld von Gettobewohnern, professionellen und nicht professionellen Initiativgruppenmitgliedern und Agenten der Behörde jeder einzelne unbewußt bestimmte Motivationen in die Interaktion hineinträgt, die mit seinem sozialen Status, seiner institutionellen Abhängigkeit bzw. Unabhängigkeit usw. zusammenhängen. Das introspektive Konzept soll zwei Gefahren meiden helfen, an denen viele gesellschaftskritische Initiativen von Arbeitsgruppen in den letzten Jahren kaputtgegangen sind. Die eine Gefahr liegt in der einseitigen psychologischen Relativierung der Probleme, die andere in dem Versuch einer Verleugnung der psychologischen bzw. sozialpsychologischen Anteile bei politischen Entscheidungsprozessen.

Die erstgenannte Gefahr zeigt sich bei vielen Gruppen darin, daß sie, wenn massive Arbeitsschwierigkeiten auftauchen, Zuflucht in einer rein gruppendynamischen Aufarbeitung ihrer Binnenkonflikte suchen. Bekanntlich hatten z. B. viele Arbeitskreise übertriebene Hoffnungen auf Selbsterfahrungsexperimente gesetzt, die sie mit der Vorstellung begonnen hatten: Erst müssen wir unsere eigenen Konflikte in der Gruppe klären, dann können wir draußen im sozialen und politischen Feld wirksam operieren. Aber diese strenge Trennung von analytischer gruppeninterner Konfliktbearbeitung und politischem Handeln erwies sich oft als verhängnisvoll, da die

Gruppen aus ihrer Beschäftigung mit sich selbst oft nicht mehr herauskamen und so ihr Potential für politische Aktivitäten eher schwächten als stärkten. Umgekehrt haben wir in der antiautoritären Studentenbewegung auch viele Beispiele dafür gesehen, wie die komplette Verleugnung psychologischer Elemente dazu führen kann, daß scheinbar rein politische Aktionen sich undurchschaut in pures neurotisches Agieren verwandeln. Nachträglich hält Herbert Marcuse heute der Studentenrebellion mit Recht vor, daß sie bei ihren personalisierten Angriffen auf Lehrer, Dozenten usw. lediglich unbewältigte ödipale Vaterproteste abreagiert habe. Er spricht von einer pubertären Revolte, die es wegen der psychologisch undurchschauten Konfliktanteile verfehlt habe, ihre Energien hinreichend auf eine Beeinflussung der politischen Machtzentralen der Gesellschaft zu richten.

Wie bereits gesagt, dient das hier zu beschreibende introspektive Konzept dem Ziel, soziale und ökonomische Faktoren im Arbeitsfeld einer Gruppe gerade dadurch sichtbar und greifbar zu machen, daß ihre emotionellen Rückwirkungen ständig mitreflektiert und vor allem für die Ausarbeitung von Handlungsstrategien berücksichtigt werden. Dies besagt natürlich nicht – und diesem möglichen Mißverständnis muß ausdrücklich vorgebeugt werden –, daß man mit Hilfe dieses Konzeptes etwa direkt Veränderungen der sozioökonomischen Bedingungen bewirken könnte. Es erlaubt lediglich, sozioökonomische Gegebenheiten und ihre emotionellen Folgeprozesse für den einzelnen und eine Gruppe deutlicher zu machen und obendrein zu vermeiden, daß unbewußte emotionelle Motivationen sozialtherapeutische und politische Handlungsstrategien durchkreuzen. Insgesamt dient das Konzept also einzig dazu, die Voraussetzungen für den Einsatz solcher Strategien zu verbessern. Ich möchte nun an unserer Obdachlosenarbeit kurz verdeutlichen, welche Hilfen uns der Gebrauch des introspektiven Konzeptes vermittelt.

Uns Psychoanalytikern kommt es sowohl bei den Obdachlosen wie bei uns selbst wie bei den Agenten der Behörden darauf an zu verstehen, daß jeweils bestimmte, typische emotionelle Reaktionen und Einstellungen repräsentativ sind für den sozialen Hintergrund der verschiedenen Gruppen. Die obdachlosen Gettobewohner spiegeln in ihrem Verhalten stets ihre gesellschaftliche Position wider. Im »freien« Wettbewerb der kapitalistischen Gesellschaft unterlegen und in chronische Verschuldung geraten, sind sie mit ihren Familien juristisch in die Vollzugsgewalt des Ordnungsamtes geraten und zwangsweise in primitive Spezialunterkünfte des Stadtrandgettos eingewiesen worden. Ihr Scheitern an den Normen unserer Wettbewerbsgesellschaft, ihre Diskriminierung und faktische Aussperrung führen zu unterschiedlichen Reaktionsweisen. Eine kleinere Gruppe ist zäh genug, Anschluß nach oben zu halten. Sie versucht, sich mit diversen Aktivitäten aus dem Elend herauszuwinden, was aber vielfach sowohl aufgrund mangelnder sozialer Unterstützung von oben als auch durch Kollision mit den Normen der Hauptgruppe der Bewohner scheitert, die ganz anders auf den Gettostatus reagiert. Diese Hauptgruppe empfindet es als aussichtslos, sich gegen die von oben wirkende Ausstoßung offen zu wehren. Sie entwickelt Tendenzen einer räumlichen und soziokulturellen Selbstisolierung. Durch diesen Rückzug erspart sie sich die fortwährende kränkende Konfrontation mit den sozioökonomischen Privilegien des gesellschaftlichen Umfeldes. Dies erleichtert ihr, den eigenen Rückstand zu verleugnen und in der Illusion zu leben, daß sie ›eigentlich‹ gar nicht benachteiligt sei. Bei den Gießener Obdachlosen am Eulenkopf verblüffte uns anfangs ihre groteske Selbsttäuschung über ihren Status. Trotz des trostlosen Zustandes der Siedlung meinten manche, bei ihnen sehe es nicht anders aus als anderswo in der Stadt. Und sie redeten sich ein, ihre einseitigen Unterwerfungsverträge aufgrund ihrer Obdachlosigkeit seien reguläre Mietverträge. Diese Hauptgruppe versinkt in einer gettospezifischen Passivität, Arbeitsunlust und Indolenz, durch welche sie sich partiell abschirmt und immunisiert gegen das leistungsbestimmte Normensystem der Mittelschicht, an dem sie gescheitert ist. Sie akzeptiert damit aber faktisch ihre absolute Ohnmacht und Abhängigkeit und fügt sich resignativ in ein gerade noch durch öffentliche Almosen garantiertes Überleben. Eine dritte Gruppe schließlich begehrt auf und versucht, mit Gewalt aus der Enge, der Not und der Lethargie der Gettosituation auszubrechen. In ihrer rebellischen Stimmung verfällt sie auf alle möglichen dissozialen Impulshandlungen und wird vielfach delinquent. Damit provoziert sie auf der Stelle eine enorme defensive Geschäftigkeit (Sanktionen) des Behördenapparates.

Wenn nun eine Arbeitsgruppe wie die unsrige in ein Getto mit bestimmten Kooperationsangeboten hineingeht, dann bekommt sie nach und nach alle drei Reaktionsweisen der Bewohner zu spüren und neigt dazu, mit eigenen mittelschichtspezifischen Impulsen zu antworten. Die Arbeitsgruppe findet meist schnell Kontakt mit der zuerst geschilderten Gruppe, die so etwas wie eine Gettooberklasse darstellt und sich an den Mittelschicht-Arbeitskreis in der Hoffnung anklammert, durch ihn ihren Status nach oben korrigieren zu können. Die Studenten, Sozialarbeiter, Pädagogen des Initiativkreises neigen zunächst dazu, sich geradezu dankbar mit diesem kontaktwilligen Teil der Gettopopulation zu verbünden, um in diesem fremden und unheimlichen Bereich überhaupt erst einmal Fuß fassen zu können. Man freut sich, daß man mit diesen noch weitgehend an Mittelschichtnormen orientierten Bewohnern gut zurechtkommt, und hofft, diese als Lotsen benutzen zu können, um sich allmählich einen Zugang zu der übrigen Population zu eröffnen. Dabei übersieht man indessen allzu leicht, daß zwischen dieser Gettooberklasse und der Hauptgruppe der Gettopopulation nicht nur eine Kluft, sondern ein brisantes Spannungsverhältnis besteht, das ein solcher Arbeitskreis ungewollt zu verschärfen droht. Obendrein erschwert er sich selbst durch einen einseitigen Pakt mit der Gettoelite die Annäherung an die Bewohnerhauptgruppe, die sich nicht nur von ihren anpassungsbeflissenen Mitbewohnern verraten, sondern auch von den Mitgliedern des Arbeitskreises mißachtet fühlt. Die anfängliche relative Blindheit der Arbeitsgruppe für die sozialen Gegensätze innerhalb der Siedlung erklärt sich also zum Teil daraus, daß der Mittelschicht-Arbeitskreis zwar von seinem Programm her die Barrieren gegenüber der Randgruppe schnell überwinden will, aber unbemerkt erhebliche Angst hat, sich den Angriffen auf das eigene Normensystem auszusetzen, die von der Kerngruppe der Gettopopulation drohen. So kann die Arbeitsgruppe der Versuchung anheimfallen, sich aus schichtspezifischen Bedürfnissen bzw. Befürchtungen mit einer Arbeit für die Gettoelite zu begnügen und sich damit selbst zu isolieren. Eine aufdeckende Diskussion dieses sozial bedingten unbewußten Motivationsproblems kann helfen, die Gefahr der Selbstisolierung sichtbar zu machen und zu verringern.

Kommt es dann vielleicht zu einer verstärkten Bemühung um den eher passiv und resignativ reagierenden Teil der Gettopopulation, so taucht eine neue Schwierigkeit auf. Diese passiven Familien provozieren, wenn man zu ihnen überhaupt durchdringt, unter Umständen eine sehr rege Versorgungsaktivität. Sie können in den Partnern den Wunsch wecken, sich ihrer mit einer polypragmatischen Oberprotektion zu bemächtigen. Der Anblick des Elends und der hilflosen Apathie der Kinder steigert leicht Scham- und Schuldgefühle, die vielfach ohnehin den Hang zur Randschichtarbeit mitmotivieren, und mobilisiert zur gleichzeitigen Entlastung von diesen ängstigenden Schuldgefühlen eine große karitative Geschäftigkeit. Aber gerade diese Interaktion birgt, sofern sie nicht in der Gruppe kritisch reflektiert wird, bedeutende Risiken in sich. Die Bewohner bemerken sehr schnell, daß sie an bestimmte Mitarbeiter nur genügend eindringlich appellieren müssen, um diese über Ängste und Schuldgefühle in eine permanente fürsorgerische Überaktivität hineinzutreiben. Es ist verständlich, wenn sie diese Mitarbeiter mit einem enormen Quantum aufgestauter Versorgungsansprüche überfluten, die am Ende auf diese Mitglieder der Arbeitsgruppe erdrückend wirken müssen. Diese Mitarbeiter erschöpfen ihre Kräfte und müssen obendrein einsehen, daß sie durch einen noch so intensiven persönlichen Einsatz die Probleme nicht so spürbar lindern können, wie sie angenommen hatten. Überschwemmt von Enttäuschungsgefühlen, drohen sie zu dekompensieren, und allzu leicht verfallen sie in ihrer labilisierten Verfassung auf eine irrationale Sündenbockstrategie: Ihre Mitleidsgefühle gegenüber den Bewohnern können in stereotype Vorwurfshaltung umschlagen. Mit einem Male empfinden sie sich von denen rücksichtslos überfordert und ausgenutzt, deren Begehrhaltung sie zuvor selbst stimuliert hatten. Oder die Enttäuschung über die eigene Insuffizienz kann sich durch eine Aggression auf die übrige Arbeitsgruppe Entlastung zu verschaffen suchen. Man gibt die unerträglichen Selbstvorwürfe mittels des Mechanismus der Projektion an die anderen Mitarbeiter weiter. Wenn sich solche Vorgänge in der Gruppe summieren, gerät sie in die Gefahr einer kollektiven depressiven Reaktion. Die Widerstandskraft der Gruppe reicht nicht aus, die aggressiv maskierten Resignationsgefühle eines größeren Teils der Gruppenmitglieder zu bewältigen, und dies kann das ganze Projekt rasch paralysieren. In einem dritten Fall wird die projektive Abfuhr der Enttäuschung und der Selbstvorwürfe noch weiter nach außen kanalisiert: Einzelne Mitarbeiter oder die ganze Gruppe rennen blindlings gegen die Behörden an und verstricken sich in erbitterte Kämpfe mit Bürokraten. Dabei verwehrt der Druck der unkontrolliert durchbrechenden Impulse die Befolgung einer durchdachten Taktik. Man baut sich künstlich Feinde auf, da man als Adressaten der eigenen Emotionen personalisierte Sündenböcke braucht – ohne Rücksicht auf den politischen Schaden solcher irrationalen Aktionen, welche die Vollstrecker mit den Urhebern der Diskriminierungspolitik gegenüber den Randgruppen verwechseln. Diese Reaktionsweise habe ich in meinem Buch *Lernziel Solidarität* als »Sündenbockstrategie nach oben« zu beschreiben versucht.

Am stärksten wird ein Arbeitskreis meist durch jene dritte Gruppe von Gettobewohnern irritiert, die sich gegen ihre desolate soziale Situation und die Versuchung zu einer resignativen Erschlaffung impulsiv zu wehren versucht und auf die eine oder andere Weise aufbegehrt. Solange sich aggressive Ausfälle gegen die Behörden oder deren Vertreter richten, mag der Arbeitskreis dieses Verhalten tolerieren oder sogar passend finden. Aber es kann nie ausbleiben, daß er selbst zum Adressaten feindseliger Impulse wird. Und dann zeigt es sich, daß die Mitarbeiter schnell sehr beunruhigt werden, obwohl es zu ihren theoretisch erarbeiteten Grundsätzen gehören mag, sich jederzeit diskussionsbereit der Kritik der Bewohner zu stellen und diese Kritik sogar wünschenswert zu finden. Die Mitarbeiter erwarten allerdings solche Äußerungsformen von Kritik, auf die sie mit mittelschichtgemäßen Verhaltensmustern zu reagieren gelernt haben. Sie stellen sich darauf ein, vorgebrachte sachliche Vorwürfe zusammen mit den Bewohnern in klärenden Diskussionsprozessen zu verarbeiten. Dabei verkennen sie, daß die meisten Gettobewohner sich infolge ihrer Bildungsmängel und ihrer chronischen sozioökonomischen Diskriminierung so unterlegen fühlen, daß ihre Protestversuche notwendigerweise ganz andere Formen annehmen. Manche betrinken sich, um überhaupt den Mut aufzubringen, sich mit den Mitgliedern des Arbeitskreises auseinanderzusetzen. Oder Vorwürfe nehmen wegen des angestauten Drucks der zugrunde liegenden Impulse eine enorme Schärfe an, so daß die Initiativgruppenmitglieder sich übermäßig bedroht fühlen und mit Ratlosigkeit reagieren.

Hier kann die Anwendung des introspektiven Konzeptes wiederum insofern behilflich sein, als die Teammitglieder lernen können, den Verhaltensstil der Gettobewohner auf deren Lage und deren Sozialisationserfahrungen zu beziehen und die Irritation innerhalb der eigenen Gruppe ebenfalls im Zusammenhang mit sozialen Determinanten zu verstehen. Die bei den Arbeitskreismitgliedern schichtgemäß strenger betriebene Triebkontrolle wird durch eine solche von Impulsdurchbrüchen bestimmte Atmosphäre bedroht, die Abwehr wird geschwächt, und es setzt unbewußt eine Reaktionsbildung ein. Die ungestüme aggressive Dranghaftigkeit der Bewohner löst Gefühle von Abscheu aus, und es melden sich Wünsche, die ungestümen Angreifer zu disziplinieren oder zumindest zu isolieren. Es ist für die Arbeitsgruppe eine peinliche, aber unerläßliche Erfahrung, die durchschlagende Macht solcher schichtspezifischen Defensivreaktionen bei sich zu erfahren. Sie muß anerkennen, daß sie die mittelschichtüblichen Vorurteile und Gegenimpulse gegen bestimmte randschichttypische Verhaltensweisen und, letztlich, gegen die gesamte Randschichtkultur noch nicht dadurch abgestreift hat, daß sie aus theoretischen Gründen bewußt eine solidarische Kooperation mit der Gettopopulation anstrebt. Daß trotz eines solchen oft beschworenen Strebens die Barrieren zwischen den sozialen Schichten anhand derartiger emotioneller Konflikte transparent werden, ist eine notwendige modellhafte Einsicht. Sie nötigt dazu, über die psychologische bzw. gruppendynamische Dimension hinauszudenken und z. B. zu lernen, daß unterhalb gewisser sozioökonomischer Minimalbedingungen und unter dem Druck fortgesetzter Diskriminierungserfahrungen nicht jenes Maß an Triebkontrolle erworben werden kann, das wir gemäß unserer bürgerlichen Normen erwarten. Und innerhalb des Arbeitskreises zeigt sich dann, daß die in der Mittelschicht unter bevorzugten Sozialisationsbedingungen erreichte Anpassung in Form von massiverer Triebkontrolle so gefährdet geblieben ist, daß die Konfrontation mit ungesteuerter Impulsabfuhr im Getto zunächst automatisch als Angriff auf die eigenen Normen bzw. als persönlich gemeinte Bösartigkeit mißverstanden wird und Strafimpulse weckt. Die sorgfältige Analyse dieses Sachverhaltes macht verständlich, warum sich innerhalb eines Arbeitskreises zunächst immer wieder der im Grunde paradoxe Wunsch meldet, die Gettobewohner sollten uns doch angesichts unseres ehrlichen Kooperationsangebotes und unserer großen Einsatzbereitschaft für sie wenigstens mit fairen und tolerablen Umgangsformen belohnen. *Dies ist in Miniaturformat eine Reproduktion des Anspruchs der gesellschaftlichen Mehrheit, die Randgruppen sollten gleichsam als Vorleistung ein unauffälliges Wohlverhalten nach Mittelschichtnormen liefern, um sich die sozioökonomische Unterstützung für eine gesellschaftliche Reintegration zu verdienen, obwohl doch diese Unterstützung und radikal verbesserte Sozialisationsbedingungen der Erwartung einer größeren Verhaltensstabilität vorausgehen müßten.*

Wichtig ist schließlich, das introspektive Konzept nicht nur auf die Interaktion zwischen Bewohnern und Initiativgruppen anzuwenden, sondern auch und ganz besonders die Erfahrung mit den Behördenvertretern einzuschließen. Die Institutionen, welche die Obdachlosenpopulation verwalten, kontrollieren und zu disziplinieren suchen, wirken in unseren Arbeitskreis indirekt dadurch hinein, daß einzelne Mitarbeiter von solchen Institutionen voll angestellt und damit von ihnen mehr oder weniger abhängig sind. Der enorm prägende Einfluß der Institution und ihrer Ideologie auf das Verhalten bildet sich deutlich im Arbeitskreis selbst ab. Es kommt immer wieder zu typischen Polarisierungen zwischen den angestellten Mitarbeitern und den Studenten, die in der Folge als »freie« Mitarbeiter bezeichnet werden sollen. An sich sind auch die hauptamtlich in der Gruppe tätigen Mitarbeiter von der Behörde ermächtigt worden, sich voll in unsere Arbeit zu integrieren. Sie unterliegen kaum praktischen Weisungen ihrer jeweiligen vorgesetzten Instanzen, zum Teil sind sie, wie die Sozialpädagoginnen und der Arzt, überhaupt nur über eine karitative Trägerorganisation angestellt, der gegenüber ihre weitgehende Unabhängigkeit durch einen klaren Rahmenvertrag festgelegt worden ist. Dennoch zeigt sich, daß sich die »Hauptamtlichen« und die »Freien«, offensichtlich bedingt durch ihren unterschiedlichen Status, in der Stellungnahme zu bestimmten grundsätzlichen Problemen immer wieder polarisieren. Den »Freien« ist es recht, daß wir in der Arbeit flexibel experimentieren, während die »Hauptamtlichen« häufig fordern, daß unsere Programme kontinuierlich genau nach Plan und Ziel betrieben werden sollen. Die »Hauptamtlichen« räumen einer perfekten Arbeitsorganisation eine höhere Priorität ein. Sie meinen, die Annäherung unseres Projektes an die Merkmale einer üblichen Institution gefährde nicht den kritischen Inhalt unserer Arbeit, was die »Freien« meist bestreiten. Diese halten es für wichtig, daß wir durch eine gewisse Lockerheit der Gruppenverfassung und durch Bewahrung des Prinzips der Spontaneität den Bewohnern eine bessere modellhafte Orientierungshilfe für ihre eigenen Initiativen zur Gruppenbildung und Selbstorganisation liefern könnten. Außerdem, so lautet ein Argument der »Freien«, begünstige eine organisatorische Verfestigung erfahrungsgemäß hierarchische Strukturmerkmale. Natürlich würde bei uns vieles besser »klappen«, wenn die »Hauptamtlichen« infolge ihres Vorsprungs an Arbeitszeit und Informationen eine leitende Verantwortung übernähmen; aber ohne Zweifel würde dies die Aktivität der Studenten schmälern, die bisher ihr Minus an reiner sozialer Arbeitsleistung im Getto durch ein Plus an kreativen Einfällen und an kritischen Impulsen kompensiert haben, ohne die unser »community development«-Projekt längst an Schwung und innovativen Elementen verloren hätte. Überdies, so warnen die »Freien«, würde eine stärkere hierarchische Untergliederung unserer Gruppe automatisch hierarchische Momente in unserem Kooperationsverhältnis mit den Bewohnern verstärken. Dieses Argument schlägt bei den »Hauptamtlichen« allerdings deshalb nicht durch, weil diese insgesamt mehr dazu neigen, sich den Bewohnern gegenüber obrigkeitsähnlich verantwortlich zu fühlen. Die Frage: »Wohin wollen wir die Bewohner eigentlich führen?« ist eine typische Perspektive der »Hauptamtlichen«. Sie sind ja in der Tat durch ihre Verankerung in den Institutionen besonders von der juristischen Realität betroffen, daß ihnen quasi eine echte Vormundschaft über eine rechtlich und ökonomisch ohnmächtig gemachte Gruppe zugespielt wird. Die »Freien« weigern sich vehement, sich als »verlängerten Arm« der Administration zu sehen. Diese Weigerung fällt in unserem Projekt selbst manchen derjenigen »Hauptamtlichen« schwer, die über den Wohlfahrtsverband angestellt und deshalb nicht unmittelbar mit der Behörde verflochten sind.

Es kann nicht weiter verwundern, daß sich die »Hauptamtlichen« in der Mehrzahl unglücklicher fühlen und über die Arbeit mehr klagen als die »Freien«. Das liegt keineswegs nur daran, daß sie mehr Zeit im Getto verbringen und deshalb mehr von den Problemen dort zu spüren bekommen, sondern sie leiden zweifellos besonders auch deswegen, weil sie durch ihre rollenbedingten Leistungszwänge stärker in Widerspruch zu ihren Zielen geraten. Sie messen ihre notwendigerweise bescheidenen Erfolge mit den ihnen anvertrauten Kindergartenkindern, Schulkindern, Jugendlichen und Erwachsenen im Getto an Normen, die für dieses Milieu unrealistisch sind. Sie verbinden mit dem Status ihres Angestelltenverhältnisses die Pflicht, den Gettokindern, -jugendlichen und -erwachsenen ein angepaßtes Wohlverhalten beizubringen, bevor die sozioökonomischen Lebensbedingungen für die Menschen entscheidend geändert sind. Die logische Brüchigkeit solcher Zielvorstellungen wird von den »Hauptamtlichen« zwar in allen Diskussionen zugegeben, aber offensichtlich ist es für sie enorm schwer, dem Automatismus des Rollenzwanges zu widerstehen, dem sie sich ausgesetzt fühlen. Demgegenüber stellen sich die »Freien« in der Mehrzahl viel weniger bedrückt dar. Sie gewinnen aus ihrer Arbeit anscheinend wesentlich mehr Freude – nicht zuletzt deshalb, weil auf ihnen weniger von oben vermittelter Verantwortungsdruck ruht. Sie fühlen sich unabhängig genug, sich mit den Bewohnern freundschaftlich-partnerschaftlich zusammenzutun und darauf zu bauen, daß eine einfache unterstützende Kommunikation längerfristig eher stabilisierend auf die Menschen des Gettos wirken könnte als eine betont an Leistungszielen orientierte Arbeitsweise.

Man darf die zuletzt gegebenen Beschreibungen nicht in dem Sinne mißverstehen, als klaffte zwischen den »Hauptamtlichen« und den »Freien« ein tiefer Zwiespalt hinsichtlich des

Grundkonzeptes der Arbeit. In allgemeinen theoretischen Diskussionen findet sich im Gegenteil meist eine weitgehende Übereinstimmung in den Grundvorstellungen, etwa über die Teilhabe aller an der Verantwortung für alle Arbeitsbereiche, über eine möglichst hierarchiefreie partnerschaftliche Zusammenarbeit mit den Bewohnern und innerhalb unseres Kreises, über die Vermeidung unangemessener Leistungsnormen in der Kooperation mit den Bewohnern und schließlich über die Notwendigkeit einer durchdachten Konfliktstrategie gegenüber der Administration. Die untergründige Polarisierung hat sich mehr unbewußt über die emotionelle Auswirkung der unterschiedlichen sozialen Voraussetzungen der Mitarbeiter ergeben. Die Funktion des introspektiven Konzeptes besteht also hier wiederum darin, aktuelle Polarisierungen der Gruppe in der Einstellung zu Fragen der Arbeitsorganisation oder dergleichen auf unbewußte emotionelle Motive zurückzuführen, die ihrerseits von sozialen Faktoren abgeleitet werden müssen. Ganz besonders wichtig erscheint dabei die Entdekkung, wie anfällig wir mehr oder weniger alle dafür sind, im Falle einer institutionellen Abhängigkeit in einen inneren Druck zu geraten, der uns an einer konsequenten Befolgung einer wohlbedachten kritischen Strategie der Obdachlosenarbeit hindert. Aufgrund dieser Erfahrung hält unsere Gruppe strikt an der Vorstellung fest, daß wir ein ausgewogenes Verhältnis von freien und hauptamtlichen Mitarbeitern aufrechterhalten müssen, weil beide Teilgruppen sich wechselseitig zur Stabilisierung der Arbeit nach unseren Grundsätzen benötigen.

Meine Kollegin und ich können übrigens an uns selbst bestätigen, daß wir als unbezahlte Freizeitmitarbeiter in dieser Gruppe ganz anders reagieren als in der Institution, in der wir beschäftigt sind. Die Möglichkeit, den Gettobewohnern nicht als Abgesandter einer beargwöhnten Mittelschichtinstitution, sondern als freiwilliger Partner gegenüberzutreten, erleichtert nicht nur den Bewohnern den Kontakt, sondern wirkt sich auch entspannend auf unsere eigene Einstellung aus. Die Arbeit ist sehr viel einfacher, wenn man ohne Loyalitätsdruck, ohne Gefährdung durch dienstliche Verwicklungen gegen die Mißgriffe der Sozialbürokratie in diesem politischen Bereich antreten kann. Nicht zuletzt fühlt man sich bereichert durch die Gelegenheit, innerhalb einer spontanen Initiativgruppe, die keine Vorgesetztenverhältnisse kennt, Kommunikationsweisen im Arbeitsbereich entfalten zu können, die man sonst nur aus dem Freizeitsektor kennt. Aus diesem Status entsteht eine größere Intimität mit den Teammitgliedern wie auch mit den Bewohnern, mit denen man kooperiert. In unserem Fall wird diese Intimität noch dadurch gefördert, daß wir in der Gruppe nicht als bloße Berater oder Supervisoren mitarbeiten, sondern in den Arbeitskreis voll integriert sind. Wir fühlen uns übrigens bei der Aktualisierung von Spannungen zwischen den »Hauptamtlichen« und den »Freien« meist den letzteren näher.

Vielleicht haben diese kurzen Erläuterungen, bei denen ich leider auf instruktive Beispiele verzichten mußte, immerhin einigermaßen verständlich gemacht, was mit unserem Begriff des introspektiven Konzeptes gemeint ist. Unbeantwortet ist jedoch die Frage, wie wir mit diesem Konzept *praktisch* umgehen. Dazu müßten eigentlich noch einige vorbereitende Ausführungen über unseren Status in der Gruppe und hier auch über die verschiedenen Gründe für unsere volle Integration in den Arbeitskreis gemacht werden. Es ist ja sonst eher üblich, daß sich Psychoanalytiker oder Psychotherapeuten allenfalls als Projektberater oder Supervisoren derartigen Initiativen anschließen. Nur eine knappe Bemerkung dazu: Unser Arbeitskreis ist absichtlich nicht voll arbeitsteilig durchorganisiert. Es wird ausdrücklich intendiert, daß jedes Gruppenmitglied nicht nur in seinem professionellen bzw. seinem Studien-Fach mitarbeitet, sondern zugleich an der Verantwortung für alle Bereiche des »community development«-Programms partizipiert. Gerade auch um kontinuierlich eine politische Perspektive in der Arbeit und speziell in der Auseinandersetzung mit der Administration durchzuhalten, erscheint es uns unerläßlich, daß diese Perspektive stets von der gesamten Gruppe getragen und nicht etwa an ein paar politologisch versierte Spezialisten delegiert wird, während sich die übrigen in pädagogischen oder therapeutischen Feldern isolieren. Unsere Auffassung von dem geschilderten introspektiven Konzept impliziert, daß wir einer Isolierung der psychologischen bzw. gruppendynamischen Dimension Vorschub leisten würden, wenn wir nicht wie alle anderen an der politischen

Verantwortung teilnehmen würden. Wir Psychoanalytiker lassen uns also mit voller Absicht von der Gruppe praktische Aufgaben aufbürden, die sonst nicht gerade zu den professionellen Verhaltensmustern eines Psychoanalytikers gehören. Wir werden z. B. immer wieder zu administrativen Verhandlungen mit abgeordnet, nehmen unmittelbar an der Öffentlichkeitsarbeit teil und müssen auch organisatorische Aufgaben erfüllen.

Nach unseren Erfahrungen ist es durchaus möglich, in einer solchen Gruppe psychoanalytische Einsichten orientierend zu vermitteln und dennoch in der Gruppe integriert zu bleiben. Dazu ist vor allem zweierlei nötig. Erstens muß man bei allen interpretierenden Interventionen zum Ausdruck bringen, daß man sich selbst mit interpretiert. Man muß also zeigen, daß man z. B. im Augenblick die gleichen Ängste oder Aggressionen hat, die man bei den anderen wahrzunehmen glaubt und die man etwa im Rahmen des introspektiven Konzeptes obendrein auf bestimmte soziale Bedingungen beziehen zu können meint. Zweitens darf man nie Deutungen als Waffe benutzen, Aggressionen gegen die eigene Person in der Gruppe zurückzuschlagen. Man muß sich den anderen Mitgliedern der Initiativgruppe sowie den Bewohnern offen stellen und am eigenen Verhalten glaubwürdig demonstrieren, daß man der Versuchung widersteht, sich psychoanalytischer Instrumente zu bedienen, um sich aus sachlich notwendigen Auseinandersetzungen in eine unangreifbare Therapeuten- oder Beraterrolle zurückzuziehen. Ich meine indessen, daß man als Psychoanalytiker ein solches Verhalten nur praktizieren kann, wenn man sich davon überzeugt hat, daß man in einer derartigen Randgruppenarbeit gar nicht legitimiert ist, die Rolle eines herausragenden beraterischen Experten zu spielen, weil man genau wie alle anderen in diesem komplexen sozioökonomischen und sozialpsychologischen Feld erst wahrnehmen lernen muß, wo die Probleme liegen und wie man sich zu verhalten hat. Wir in unserer Gruppe erkennen jedenfalls an, daß wir trotz unserer fünfjährigen Erfahrung in diesem Feld immer noch laufend damit zu tun haben, uns in dieses wenig erforschte Problemgebiet einzuarbeiten und unsere praktischen Ansätze immer wieder zu überprüfen. In diesem Prozeß, so glauben wir, können wir als Psychoanalytiker von den Bewohnern und von dem Arbeitskreis genausoviel lernen, wie wir von unserer Kompetenz her hilfreiche Beiträge leisten können.

Ich habe nur einen Einblick geben können, wie man die Möglichkeiten der Psychoanalyse als Beitrag in Randgruppenarbeit einbringen kann. Der Leser mag enttäuscht sein, daß ich nicht ausführlicher über bisherige Resultate dieses Projektes gesprochen habe. Ich weiß aus Erfahrungen, daß man durch Informationen über die meist weitgehend verleugneten Zustände in unseren Randgruppensiedlungen eine gewisse Unruhe zu wecken pflegt, die wiederum eine ungeduldige Neugierde hervorruft: Welches sind denn nun die Erfolge, die man in einer solchen »community development«-Arbeit erzielen kann? Eine Antwort möchte ich zum Abschluß immerhin andeuten: Wenn wir wirklich durchgreifende Erfolge bei der Überwindung des Randgruppenproblems erzielen wollen, dann müssen wir es als unser aller gemeinsames gesellschaftliches Problem verstehen und nicht als einen Auftrag, den etwa Initiativgruppen für sich erfüllen könnten.

Literatur

Balint, M. *Angstlust und Regression,* Klett Verlag, Stuttgart 1960

Beckmann, D. u. H. E. Richter, *Gießen-Test. Handbuch,* Huber Verlag, Bern-Stuttgart-Wien 1972

Erikson, E. H., *Wachstum und Krisen der gesunden Persönlichkeit,* Klett Verlag, Stuttgart 1953

Hollingshead, A. B. u. F. Redlich, *Social Class and Mental Illness,* Wiley Verlag, New York 1958

Marcuse, H., *Konterrevolution und Revolte.* edition suhrkamp 591, Suhrkamp Verlag, Frankfurt 1973

Meers, D. R., *Contribution of a ghetto culture to symptom formation: psychoanalytic studies of ego anomalies in childhood,* in: *Psychoanal. Study Child* 1970, 25, S. 209

Meers, D. R., *Psychoanalytic research and intellectual functioning of ghetto-reared black children,* in: *Psychoanal. Study Child* 1973, 28, S. 395

Pavenstedt, E., *A comparison of the child-rearing environment of upper-lower and very low-lower class families,* in: *Am. J. Orthopsychiat.* 1965, 35, S. 89

Richter, H. E., *Die Gruppe,* Rowohlt Verlag, Reinbek 1972

Richter, H. E., *Lernziel Solidarität,* Rowohlt Verlag, Reinbek 1974

Sager, C. J., Th. L. Brayboy u. B. R. Waxenberg, *Black Ghetto Family in Therapy,* Grove Press, New York 1972

Peter Fürstenau
Über die politische Relevanz psychoanalytischer Praxis

Eine praxeologische Studie zur Erinnerung an die kritische Funktion der Psychoanalyse

1 Die duale psychoanalytische Situation als höchstpersönliche Beziehung

Die Psychoanalyse ist entstanden und entwickelt aus den Erfahrungen in der »psychoanalytischen Situation«, die durch eine einzigartige, sonst nirgendwo vorkommende kunstvolle höchstpersönliche Beziehung zweier Menschen gebildet wird, die dabei ganz bestimmte Rollen zu spielen, Funktionen zu erfüllen haben, um das Ziel des psychoanalytischen Unternehmens bestmöglich zu erreichen (hierzu und zum folgenden: Fürstenau 1976). Während sich lange Zeit in der Psychoanalyse das Mißverständnis halten konnte, daß die hauptsächliche Wirkung dessen, was in der psychoanalytischen Situation (unter korrekten Bedingungen) geschieht, ein kognitiver, intellektueller Prozeß der Wissenserweiterung, Bewußtseinserweiterung, Erweiterung von Einsicht ist, hat sich in der letzten Zeit geklärt, die entscheidende Wirkung besteht in einem sowohl emotionale als auch kognitive Momente umfassenden Prozeß des Aufbaus eines neuen Musters der Beziehung zu sich selbst wie zu Partnern unter Aufarbeitung (Aufhebung) des bisherigen Beziehungsmusters.

Anwendungsmöglichkeit und Wirkungschance des psychoanalytischen Verfahrens werden (unter Voraussetzung korrekten Verhaltens des Psychoanalytikers) im wesentlichen durch die Grenze bestimmt, die Struktur und Motivation des Analysanden setzen.

Der Psychoanalytiker kann nur tätig werden, wenn er bereit ist, sich auf den Patienten, so wie er zu Beginn der Analyse ist und wie er unter dem Einfluß der Psychoanalyse wird, einzulassen, d. h. ihn hinsichtlich Struktur, Entwicklungsmöglichkeiten und Motivation zu akzeptieren. Insofern ist der Psychoanalytiker zwar zielorientiert, prozeß- und aufgabenorientiert, seine Motivation hängt aber nicht am Erreichen eines bestimmten von ihm vorgefaßten Erfolges (Endzustandes des Analysanden). Seine Aufgabe besteht einzig darin, seinen Part innerhalb der psychoanalytischen Beziehung nach bestem fachlichen und persönlichen Wissen und Können zu spielen.

Politische Bedeutung kommt dieser Form psychoanalytischer Praxis nur vermittelt, indirekt zu, indem erwartet werden kann, daß Menschen, die durch die Psychoanalyse erwachsener, reifer, gesünder, freier und kreativer geworden sind, sich auch klarer, bewußter, entschiedener und mit größerer psychosozialer Kompetenz der Frage einer politischen Betätigung stellen werden und gegebenenfalls im politischen Leben erfolgreicher sein werden als weniger erwachsene, reife, gesunde, freie und kreative Bürger.

2.1 Die Verallgemeinerung der aus dieser Situation gewonnenen Einsichten zu einer Sozialpsychologie, Allgemeinen Psychologie und Kulturtheorie

Die Erkenntnisse und Einsichten, die durch die Erfahrungen der psychoanalytischen Situation teils schon bald, teils erst im Laufe der letzten Jahrzehnte gewonnen wurden, haben sich als sehr weitreichend erwiesen. Es hat sich gezeigt, daß sie eine wesentliche Perspektive auf die menschlich-gesellschaftlich-geschichtliche Welt zu eröffnen vermögen. Die psychoanalytischen Erkenntnisse haben insofern eine allgemeine, durchgehende Relevanz für die Welt des Menschen. In der Entwicklung der Psychoanalyse als wissenschaftlicher Disziplin schlägt sich dieser Sachverhalt darin nieder, daß sich die Psychoanalyse sehr bald nicht so sehr als die Theorie einer sehr charakteristischen dualen interpersonalen Praxis darstellte, sondern – zumindest auch und bald in überwiegendem Maße – als eine allgemeine Theorie der Person samt ihren sozialen Bezügen im Zusammenhang mit einer Theorie der menschlichen Gesellung und ihrer Institutionen, der Kultur und ihrer Teilbereiche, all dies jeweils in seiner Synchronizität (seinem strukturell-funktionellen Zusammenhang) wie seiner Diachronizität (seiner zeitlichen Entwicklung): Entfaltung der psychoanalytischen Theorie von einer Neurosentheorie und

Theorie der Persönlichkeitsentwicklung zu einer Sozialpsychologie, Allgemeinen Psychologie, Sozial- und Kulturtheorie.

Ein gewichtiger Teil der psychoanalytischen Literatur ist der Beschäftigung mit Problemen dieser umfassenden Theorie gewidmet.

2.2 *Der Praxis-Charakter dieser Verallgemeinerung*

Mit der Publikation theoretischer Werke dieses Gehaltes sind bestimmte Chancen der Wirkung auf das Publikum verbunden. Insofern kommt der Produktion theoretischer psychoanalytischer Werke ein bestimmter Praxis-Charakter zu. Seit langem ist psychoanalytisch geklärt, daß die Wirkung der Lektüre theoretischer psychoanalytischer Werke davon abhängig ist, wie stark jeweils durch den intellektuell-kognitiven Gehalt des Textes die Affekt- und Triebabwehrstruktur des Lesers betroffen wird. Denn in dem Maße, in dem dies geschieht, wird der betreffende Text nicht mehr möglichst unentstellt aufgenommen und verarbeitet.

Für die Wirkungschance theoretischer psychoanalytischer Literatur bedeutet das: Sie hängt, wenn man unterstellt, daß es sich jeweils um psychoanalytisch angemessene theoretische Darstellungen handelt, im wesentlichen von dem Grad der unbewußten Konflikthaftigkeit (Gestörtheit) des Lesers ab. Nach klinischer psychoanalytischer Erfahrung sind nur wenige Menschen unserer Gesellschaft so glücklich sozialisationsmäßig konstelliert, daß sie weitgehend frei von unbewußten Konflikten leben. Deshalb ist in den meisten Fällen eine Analyse der eigenen Person erforderlich, um den Betreffenden instand zu setzen, psychoanalytische theoretische Literatur angemessen aufzunehmen und zu verarbeiten.

Das ist immer wieder von der wissenschaftlichen und der weiteren Öffentlichkeit als anstößig empfunden und mit unterschiedlichen (nicht-psychoanalytischen) Argumenten kritisiert worden. Dem Psychoanalytiker bleibt nichts anderes übrig, als auf seiner fachlich begründeten Auffassung zu bestehen. Wir stoßen hier wiederum auf eine Wirkungsgrenze der Psychoanalyse, und wiederum hängt sie mit persönlichen Faktoren zusammen. Diesmal handelt es sich um die Persönlichkeitsstruktur der Leser theoretischer psychoanalytischer Literatur. Die dargestellten Schwierigkeiten und Grenzen der Verbreitung psychoanalytischer theoretischer Erkenntnisse ist ersichtlicherweise nicht auf theoretische Werke im engeren Sinne beschränkt; für mehr fallbezogene klinische psychoanalytische Publikationen gilt sie mindestens ebenso. Denn diese Literatur provoziert sogar noch direkter gegebenenfalls affektive Abwehr- und Entstellungsreaktionen.

Damit sind der wissenschaftlichen Vermittlung und Weitergabe psychoanalytischer Erkenntnisse enge Grenzen gesetzt. Von wenigen Ausnahmen abgesehen, ist nur im Zusammenhang mit bzw. auf der Grundlage von psychoanalytischer Ausbildung, d. h. Hineinsozialisation in die Psychoanalytikerrolle, eine wissenschaftlich vertretbare Vermittlung und Weitergabe psychoanalytischer Erkenntnisse zu erwarten. Das hat zu sehr originellen Kommunikationsweisen innerhalb der Psychoanalyse geführt (vgl. Fürstenau 1972, 1976).

Dieser Sachverhalt wird für viele Nicht-Psychoanalytiker und manche Psychoanalytiker durch einen sprachlichen Umstand verdunkelt. Man sieht Wörtern, Namen, Bezeichnungen nicht an, was sie bezeichnen. Die Psychoanalyse, die sich noch weit weniger als selbst das Gesamt der gegenwärtigen Mathematik axiomatisch-deduktiv darstellen läßt, ist – verkürzt formuliert – schon bei der Vermittlung von situations- und fallbezogenen Ausführungen, um so mehr beim Übergang vom Verständnis eines konkreten Falles zu theoretischen »Verallgemeinerungen«, darauf angewiesen, daß der Leser die Bedeutung der relevanten Wörter, Namen, Bezeichnungen aufgrund seiner psychoanalytischen Erfahrung (innerhalb eines Interpretationsspielraumes) »richtig« versteht. Das gilt in noch stärkerem Maße bei der Übermittlung theoretischer psychoanalytischer Literatur an Nicht-Psychoanalytiker. Hier kann nun aber das auf ähnlichen Erfahrungen beruhende Vorverständnis nicht mehr vorausgesetzt werden. Die Leser bemerken jedoch in der Regel nicht genau, wie weit sie psychoanalytische Texte angemessen verstanden haben und wie weit nicht. Es gibt heute – im Gegensatz zu früher, wo die Psychoanalyse öffentlich abgelehnt und geächtet war und kaum jemand Wert darauf legte, mit ihr in Verbindung gebracht zu werden, wenn er nicht selbst praktizierender Psychoanalytiker war – eine größere Anzahl von Menschen in verschiedenen beruflichen, kulturellen, institutionellen Bereichen, die die Sprache der Psychoanalyse zu sprechen bestrebt sind, sich teilweise auch als Psychoanalytiker bezeichnen und an einer Art psychoanalytischer Subkultur teilnehmen. Dieser Subkultur ist eine bestimmte populäre Literatur über Psychoanalyse zugeordnet. Den an dieser Subkultur in verschiedenen Rollen Beteiligten entgeht, daß der von ihnen kommunizierte Gehalt gerade nicht das betrifft, was an der Psychoanalyse *eigentümlich psychoanalytisch* ist. So wie wesentliche Werke der Kunst und Literatur beim Übergang in das Curriculum der Schule bearbeitet, verstümmelt, entstellt werden, um schulischen Zwecken dienstbar gemacht zu werden, ohne daß das den Beteiligten deutlich wird (Fürstenau 1964), wird die Psychoanalyse ihres originellen, charakteristischen Gehaltes entleert, wenn sie für Nicht-Psychoanalytiker verständlich aufbereitet wird – ohne daß die Beteiligten das in der Regel bemerken. Hinzu kommt, daß von vornherein nur bestimmte Aspekte der Psychoanalyse, die sich nach Ansicht der betreffenden Autoren für eine Popularisierung besonders eignen, ausgewählt und ausgeschlachtet werden, häufig unter Bezeichnungen wie »modern«, »fortschrittlich«, »neu«, »sozial relevant«.

Diese Ausführungen sollen darauf hinweisen, daß hier – von der Psychoanalyse her betrachtet – die Grenzen der fachlich vertretbaren Verbreitung von Psychoanalyse überschritten sind. Hier kann zweifellos von einer politischen Relevanz gesprochen werden, insofern Auswirkungen in die Kultur, das Institutionen- und Normensystem der Gesellschaft erfolgen. Nur ist das, was kommuniziert wird und wirksam wird, nicht mehr Psychoanalyse.

3 Die Ausweitung der psychoanalytischen Praxis über die Dualbeziehung hinaus

Die weitreichende Bedeutung der wissenschaftlichen Einsichten, die sich aus der klinischen psychoanalytischen Praxis in der dualen psychoanalytischen Situation ergeben, hat viele Psychoanalytiker dazu angeregt zu untersuchen, ob der Anwendungsbereich der Psychoanalyse nicht weiter ausgedehnt werden könnte. Das hat in den letzten Jahrzehnten zu einer stürmischen Entwicklung geführt. Dabei ist hier die Ausweitung des klinischen Anwendungsbereiches der Psychoanalyse von den Neurosen auf mannigfaltige andere Typen von psychosozialer Störung weniger von Interesse als die Vergrößerung des Repertoires möglicher Settings, in denen Psychoanalyse praktiziert wird. In den letzten Jahrzehnten sind zur Dualbeziehung zwischen dem Analysanden und dem Analytiker eine Reihe von Mehr-Personen-Beziehungen als Varianten der psychoanalytischen Situation hinzugekommen.

3.1 Therapie in künstlichen und natürlichen Gruppen

Der erste Schritt auf diesem Wege war die Zusammenfassung einer Anzahl von Analysanden in einer eigens für die Zwecke der psychoanalytischen Therapie geschaffenen künstlichen Gruppe. Der zweite Schritt bestand in der Zuwendung des Psychoanalytikers zu »natürlichen« Gruppen: Ehepaaren, Familien, Wohngruppen, Nachbarschaftsgruppen. Im sozialwissenschaftlichen Sinne handelt es sich bei diesen settingmäßigen Erweiterungen um den Schritt von der Dualbeziehung zur face-to-face-group, d. h. zu einem Personenverband, in dem es – noch – möglich ist, zu jedem Einzelnen von jedem Einzelnen her eine höchstpersönliche Beziehung aufzubauen und aufrechtzuerhalten. Innerhalb der Psychoanalyse gibt es heute zwar noch gewisse Kontroversen darüber, wieweit überhaupt und, wenn ja, unter welchen Voraussetzungen der Prozeß, der in diesen Settings stattfindet, ein psychoanalytischer Prozeß sei. Aber dieser Streit ist, zumindest nach meiner Ansicht, auf dem Wege, dahin entschieden zu werden, daß bei angemessenem Rollenverhalten des Psychoanalytikers und gewissen Vorbedingungen auf seiten der Analysanden dem Prozeß in solchen Gruppen durchaus der Charakter eines psychoanalytischen Prozesses zukommt (vgl. Fürstenau 1976). Mit diesem Schritt ist eine beträchtliche Erweiterung der Reichweite der Psychoanalyse verbunden.

3.2 Institutionenberatung

Ein nächster Schritt der Erweiterung der Anwendung (Praxis) der Psychoanalyse bestand darin, Institutionen, z. B. Psychiatrische Kliniken, Schulen, Erziehungsheime, aber auch Wirtschaftsunternehmen: Produktions- und Dienstleistungsbetriebe, Familienunternehmen, psychoanalytisch zu beraten (vgl. z. B. Fürstenau 1970a). Die Psychoanalytiker, die sich dieser Arbeit zugewandt haben, haben einige Zeit gebraucht, um den Unterschied dieser Tätigkeit mit *Arbeitsgruppen* in Institutionen von der bisher behandelten ausschließlich *personzentrierten* psychoanalytischen Beschäftigung mit Einzelnen oder Gruppen zu erkennen und aus dieser Einsicht angemessene methodische Folgerungen zu ziehen. Manche sind sich dieses Unterschieds bis heute noch nicht ganz bewußt geworden. Während die Zielsetzung der ausschließlich personbezogenen, d. h. therapeutischen psychoanalytischen Arbeit mit Einzelnen und Gruppen durch das durchgängige Ziel persönlicher Lebensführung: ein möglichst befriedigendes Leben unter den Bedingungen der eigenen Person und des umgebenden Lebens- und Wirkungsfeldes zu erreichen, vorgegeben ist, erfordert die Arbeit in und mit Institutionen eine persönliche Einstellung des Psychoanalytikers auf die Zielsetzung der betreffenden Institution, in der eine mehr oder minder große Anzahl von Menschen jeweils bestimmte Rollen innehat. Denn die unreflektierte Übertragung ausschließlich therapeutischer psychoanalytischer Orientierung und Methodik auf die Beratungsarbeit in Institutionen führt zur Verstärkung von persönlichem Streß und zu organisatorischen Schwierigkeiten für alle Beteiligten, nicht zu einer Besserung der Situation des Klientensystems. Das heißt, die psychoanalytische Beratungsarbeit mit Institutionen erfordert eine Identifizierung des Psychoanalytikers mit dem primären Arbeitsziel der betreffenden Institution und den daraus sich ergebenden Aufgaben. Die persönliche Rollengestaltung durch die Mitarbeiter oder Mitglieder der Institution und die persönliche Gestaltung der Kooperationsanforderungen seitens der Mitarbeiter (Mitglieder) müssen mit der primären Zielsetzung der Institution und den daraus resultierenden Aufgaben bei der psychoanalytischen Arbeit in Beziehung gebracht werden (vgl. Brocher,

Deichmann, Fürstenau 1972, Deichmann und Fürstenau 1976, Miller und Rice 1967).

Damit – spätestens – stellt sich das Problem des psychoanalytischen Umgangs mit und der psychoanalytischen Einstellung zu »Organisation«. Denn wie eine größere Anzahl von Menschen zur Erfüllung bestimmter gemeinsamer Zielsetzungen und Aufgaben zusammengefaßt und hinsichtlich bestimmter Arbeit oder bestimmten anderen Verhaltens, z. B. sportlicher Betätigung, durch Regelungen organisiert wird, wie also die primäre Zielsetzung der Institution innerhalb dieser interpretiert und durch Normierungen (Regelungen) realisiert wird: dies muß mit zum Arbeitsfokus des Psychoanalytikers in der Institution gehören, wenn seine Arbeit mit bestimmten Rollenträgern oder Rollenträger-Gruppen in der Institution nach psychoanalytischen Kriterien sinnvoll und vertretbar sein soll (ich-psychologischer Aspekt).

Nur wenn der Psychoanalytiker auch von dem Fachgebiet, zu dem die betreffende Institution von ihrer primären Zielsetzung her gehört, etwas versteht, kann er seine psychoanalytische Funktion gegenüber Interpretationen der primären Zielsetzung wahrnehmen, die von unbewußten Konflikten und defensiven Konfliktverarbeitungen bestimmter Arbeitsgruppen oder Einzelner bestimmt sind (z. B. der fachlichen Leitung, des Direktors, der Mitarbeiter auf den unteren Hierarchie-Niveaus).

Darüber hinaus stößt er bei der Arbeit mit Institutionen stets auch auf kollektive (»überpersönliche«) Faktoren, die in Form von Regelungen (Normen) auf die primäre Zielsetzung einer bestimmten Institution und deren Interpretation innerhalb der Institution selbst Einfluß haben. Seit Freuds *Totem und Tabu* hat die Psychoanalyse in Form ihrer Analyse von kulturellen und sozialen Kollektivphänomenen reiche Erfahrung in der Diagnostik solch kollektiver triebabwehrender (defensiver) – und d. h. hinsichtlich Vernünftigkeit – suboptimaler Normierungen. Die entscheidenden Einsichten sind bereits in den ersten 40 Jahren dieses Jahrhunderts gewonnen worden (vgl. z. B. Bernfeld 1925, Fenichel 1934, 1938, 1939, Schmideberg 1932).

Die mit diesen kollektiven Normierungen als Randbedingungen verbundenen »Entlastungen« für die einzelne Institution und für die Rollenträger in ihr bedeuten psychoanalytisch spezifische Begünstigungen und Versagungen jeweils bestimmter Zielsetzungen und Interpretationen, Arbeitsorientierungen, Aufgabenstellungen und -lösungen, Interessen und Bedürfnisse der einzelnen Institution wie ihrer Mitarbeiter, da sie nur sehr begrenzt über Interpretationen, Ermessensspielräume, informelle Interaktionen, Machteinflüsse der einzelnen Einrichtung und deren Rollenträger direkt beeinflußbar sind (vgl. z. B. Fürstenau 1964).

Natürlich können psychoanalytische Beratungsbeziehungen auch politische Institutionen im eigentlichen Sinne betreffen: Parlamente, Regierungen, Parteien, politisch bedeutsame Verbände und Gruppen. Aber auch hier stößt der Psychoanalytiker auf Normierungen, die den Handlungsspielraum dieser politischen Institutionen – stärker vielleicht als es das Selbstverständnis dieser Einrichtungen wahrhaben will – »entlasten«, und das heißt hier vor allem: das Verantwortungsgefühl der betreffenden Institution auf dem betreffenden Gebiet jeweils für einige Zeit stark reduzieren.

In beiden Fällen erweisen sich – in unterschiedlicher Form – Institutionalisierungen, Ritualisierungen, kollektive Normierungen als eine – zweite – jeweils faktische Grenze psychoanalytischer Praxis. Wie der Psychoanalytiker (s. oben 1) die persönliche Grenze seiner Analysanden akzeptieren muß, wenn er effektiv arbeiten will, so muß er letzten Endes die Normierungen akzeptieren, die die von ihm jeweils zu beratende Institution ihrerseits akzeptiert und als ihre Randbedingungen definiert. Er muß sich darauf beschränken, der Institution zu zeigen, inwiefern sie ihre eigenen Manipulationschancen durch eine defensive suboptimale Interpretation der normativen Randbedingungen wie der eigenen Einflußmöglichkeiten auf diese bisher nicht im Sinne ihrer primären Zielsetzung und ihres Selbstverständnisses ausgeschöpft hat (überschüssige Gefügigkeit gegenüber kollektiven Normen aus defensiven Gründen). Würde er die Interpretation seines institutionellen Klienten nicht respektieren, dann würde er nicht die Veränderung und Entfaltung seines Klienten zu erwachsenerem, reiferem, freierem, kreativerem Verhalten fördern, sondern gewisse eigene Entfaltungsbedürfnisse an und mit dem Klienten zu befriedigen suchen – bis ihm dieser die Zusammenarbeit aufkündigt.

Der psychoanalytischen Beratungsarbeit in Institutionen kommt insofern eher unmittelbar politische Bedeutung zu, als Institutionen ein näheres Verhältnis zum Organisationsgefüge von Gesellschaft und Kultur haben als Einzelpersonen. Und doch ist auch hier der psychoanalytische Einfluß wesentlich kritischer Art: Die Psychoanalyse sucht die kreative Handlungs- und Organisationsfreiheit des betreffenden institutionellen Klienten durch Bearbeitung von Behinderungen und Einschränkungen zu stärken, die die Wirkung unbewußter defensiver Konfliktverarbeitung seitens der Rollenträger bzw. -gruppen der Einrichtung sind. Die Bearbeitung und Auflösung dieser unbewußten Determinanten der Behinderungen und Einschränkungen der persönlichen Arbeitsgestaltung ist das eigentliche Ziel der Psychoanalyse in diesem Kontext: eine kritisch-aufarbeitende Tätigkeit. Darüber hinausgehenden Einfluß kann der Institutionenberater mittels psychoanalytischer Beratungspraxis in diesem Setting nicht nehmen.

3.3 *Die Fortbildungsarbeit in Institutionen*

Mit der Beratung von Institutionen ist häufig, wenn es sich z. B. um therapeutische, pädagogische oder Resozialisations-Einrichtungen handelt, psychoanalytische Fortbildungstätigkeit für die Mitarbeiter der betreffenden Einrichtungen verbunden, da die Mitarbeiter nicht primär Psychoanalytiker, sondern z. B. Ärzte, Psychologen, Eheberater, Pädagogen sind. Diese Tätigkeit kann auch die primäre Aufgabe des psychoanalytischen Beraters in einer Institution sein (Supervisor). In der diesbezüglichen wissenschaftlichen Diskussion (über Balint-Gruppen-Arbeit und psychoanalytische Supervision) ist in den letzten Jahren geklärt worden, daß der Psychoanalytiker sich auch hier mit der primären Aufgabe der Betroffenen, die durch ihre berufliche Tätigkeit als Ärzte, Heimerzieher, Schullehrer, Geistliche definiert ist, identifizieren muß (ich-psychologischer Aspekt), weil er sonst etwa vorhandene Tendenzen unterstützt, zu Patienten oder – zu Psychoanalytikern zu werden, was beides nur zu einer Verstärkung von Spannung, Konfusion und Schwierigkeiten in dem jeweiligen institutionellen Arbeitsfeld führen würde.

Ziel der vom Psychoanalytiker vermittelten Fortbildung kann also nur sein, den Fortzubildenden zu einer Vertiefung des psychosozialen Verständnisses ihrer beruflichen Situationen und Aufgaben und zu einem darauf bezogenen differenzierteren, freieren, kreativeren Umgang mit diesen Situationen zu verhelfen. Daraus ergibt sich ganz klar, daß z. B. die Tätigkeit von in diesem Sinne fortgebildeten Psychiatern, Psychologen, Sozialarbeitern und Angehörigen weiterer Berufe in einer psychiatrischen, psychotherapeutischen oder sonstigen Beratungseinrichtung keine *psychoanalytische* Tätigkeit ist. Auch die Einrichtung wird dadurch nicht etwa eine psychoanalytische Institution. Vielmehr handelt es sich um eine mit größerer Kompetenz ausgeübte psychiatrische, psychotherapeutische etc. Tätigkeit in einer nach wie vor psychiatrischen, psychotherapeutischen etc. Institution. Auch die Einrichtung selbst unterscheidet sich von anderen Institutionen gleicher Zielsetzung höchstens durch die bessere Qualität der von ihr angebotenen Dienstleistungen. In manchen Reformdiskussionen wird dieser Sachverhalt verunklärt. Manche Beteiligten meinen irrigerweise, sie seien psychoanalytisch tätig in einer psychoanalytischen Einrichtung, und es handele sich hier um eine politisch besonders relevante Anwendung von Psychoanalyse. Worum es sich in Wirklichkeit hier handelt, ist eine gewisse Verbesserung der ursprünglichen beruflichen Kompetenzen und angebotenen Dienstleistungen in der dargestellten Richtung.

Der Psychoanalytiker ist bei solcher Fortbildungsarbeit wiederum in erster Linie ziel-, aufgaben- und prozeßorientiert, kann sich aber von sich aus nicht auf das Erreichen eines bestimmten Endzustandes festlegen, da es bei Kooperationswilligkeit der betreffenden Institution von Struktur und Motivation der Fortzubildenden abhängt, wie weit sie auf dem vom Psychoanalytiker angebotenen Weg kommen (vgl. Deichmann und Fürstenau 1976).

Daneben sieht sich der Psychoanalytiker hier wiederum den durch kollektive Normen und institutionelle Definitionen gesetzten Grenzen gegenüber, die sich für seine Fortbildungspartner bei Ausschöpfung aller ihrer persönlichen Kompetenzentfaltungen und Manipulationschancen als berufliche und gesellschaftliche Randbedingungen ihrer Tätigkeit erweisen. Nur durch politische Neunormierung wären diese Randbedingungen zu ändern.

Eine Variante der dargestellten Verhältnisse ist die Balint-Gruppen-Arbeit mit Angehörigen sozialer Berufe außerhalb des Rahmens ihres Arbeitgebers. Wesentlich neue Gesichtspunkte für unser Thema ergeben sich dabei jedoch nicht.

3.4 Die Kooperation mit anderen Berufsgruppen in Institutionen als Mitarbeiter

Ähnlich liegen die Verhältnisse bei der Tätigkeit des Psychoanalytikers als *Mitarbeiter* einer nicht primär psychoanalytischen Einrichtung. In diesem Fall ist in der Regel schon (bei klaren Anstellungsverhältnissen) durch den Anstellungsvertrag geklärt, daß die Tätigkeit des Psychoanalytikers in der betreffenden Einrichtung nicht primär eine psychoanalytische ist, sondern z. B. ärztliche oder, spezieller, internistische, psychiatrische, psychotherapeutische Versorgung, Lehre (Hochschulunterricht oder Schulunterricht), Erziehungs- und Familienberatung.

Die Leitung der Institution (oder der Träger) erwartet von dem psychoanalytischen »background« des Psychoanalytikers, d. h. seiner vorher und anderswo erworbenen Ausbildung und Berufserfahrung als Analytiker, eine Qualitätsverbesserung der Arbeit in ihrer Organisation gemäß den primären Zielsetzungen und Aufgaben dieser ihrer Einrichtung. In der Regel ist deshalb folgerichtig auch über diesen psychoanalytischen Hintergrund hinaus eine berufliche Qualifikation im Sinne der betreffenden Institution: als Arzt, Psychologe, Lehrer, Hochschullehrer etc., gefordert. Die Tätigkeit, die der »Psychoanalytiker« in diesem institutionellen Kontext ausübt, ist daher eindeutig eine Tätigkeit in dem »anderen« Beruf, durch psychoanalytische Ausbildung und Erfahrung günstigenfalls verbessert und verfeinert.

Obgleich hier (im Unterschied zu den unter 3.3 diskutierten Fällen) klar eine psychoanalytische praktische Kompetenz und Qualifikation vorliegt, ist doch die in dem betreffenden beruflichen Kontext einer nicht-psychoanalytischen Einrichtung ausgeübte Tätigkeit nicht primär psychoanalytisch, damit nicht psychoanalytische Praxis. Das ist unter anderem auch daran ersichtlich, daß sich die Erwartungen, die häufig in die Tätigkeit eines »Psychoanalytikers« in solchen Einrichtungen gesetzt werden, nur dann erfüllen, wenn sich die Beteiligten über die eben dargestellten Verhältnisse im klaren sind. Viele Arbeitskonflikte von Psychoanalytikern, die solche Tätigkeiten übernommen haben, rühren daher, daß sie und häufig auch ihre Arbeitgeber diesen Sachverhalt verleugnen und illusionäre Vorstellungen hinsichtlich möglicher psychoanalytischer Auswirkungen ihrer Tätigkeit haben.

Ein Sonderfall dieser Mitarbeit ist die Tätigkeit eines Psychoanalytikers als interner Berater (Supervisor). Wenn sich der Psychoanalytiker auf die Zielsetzung seiner Tätigkeit (im Sinne von 3.3) voll einstellt und es ihm gelingt, dementsprechend klare Arbeitsbedingungen mit den einstellenden Instanzen auszuhandeln, kann auch eine solche Fortbildungsarbeit im Sinne einer psychoanalytisch geleiteten Vertiefung der beruflichen Kompetenzen der übrigen Mitarbeiter durchaus sinnvoll und in diesem Sinne psychoanalytisch vertretbar sein.

3.5 Die Arbeit in psychoanalytischen Institutionen

Wenn man nun zur Untersuchung der Tätigkeit des Psychoanalytikers in primär psychoanalytischen Institutionen kommt, bemerkt man sehr bald, daß die meisten Einrichtungen, die man für hierher gehörig hält, gar keine primär psychoanalytischen Institutionen sind. Universitätsinstitute und -kliniken sind zum Beispiel primär Einrichtungen für Lehre und Forschung; sie bilden in der Regel primär auch nicht Psychoanalytiker aus, sondern Ärzte, Fachärzte, Lehrer, Sozialwissenschaftler. Sie sind zudem (wenn es sich um klinische Einrichtungen, z. B. psychosomatische oder psychotherapeutische, handelt) in die Versorgungskonzeption des betreffenden Klinikums als medizinische Einrichtungen integriert.

Am klarsten ist der psychoanalytische Charakter bei der Einzel- und der Gemeinschaftspraxis von niedergelassenen (freiberuflich tätigen) Psychoanalytikern. Daneben sind höchstens noch Beratungsstellen und -institute, wie sie für verschiedene Spezialaufgaben mit der Zeit entstanden sind, z. B. für Erziehungsberatung, Ehe- und Familienberatung, Sexualberatung, Lebensmüdenberatung, Unternehmensberatung,

Randgruppenarbeit, als psychoanalytische Einrichtungen anzusehen, wenn sie eine durchgängige psychoanalytische Orientierung aufweisen, was allerdings nur selten der Fall ist.

Nur in der psychoanalytischen Einzel- und Gemeinschaftspraxis und in psychoanalytisch ausgerichteten Beratungsinstituten ist psychoanalytische Praxis im Sinne von Beratung oder Behandlung primäres Ziel der Institution. Trotzdem sind auch hier institutionelle und kollektiv-normative Grenzen der Ausübung von Psychoanalyse nachweisbar. Die freie Vereinbarung einer psychoanalytischen Beziehung zwischen einem Analysanden, einer zu analysierenden Familie oder Gruppe von Analysanden und dem Analytiker oder, begrenzter: die freie Vereinbarung einer bestimmt fokussierten psychoanalytischen Beratung, wird immer seltener. So gewinnen z. B. über die Modalitäten der Fremdfinanzierung des Analysehonorars immer mehr nicht primär psychoanalytische institutionelle und normative Faktoren Einfluß auf die höchstpersönliche psychoanalytische Beziehung. Dritte Instanzen: Gutachter, Amtsärzte, Krankenkassen, Versicherungsgesellschaften, Behörden, entscheiden immer mehr mit über Zustandekommen, Dauer, Frequenz der analytischen Beziehung und über die Höhe des Honorars bzw. über Aufgaben und Klientel des betreffenden Beratungsinstituts.

Damit ist die psychoanalytische Beziehung, deren eine Basis absolute Diskretion ist, nicht mehr eine ausschließlich höchstpersönliche Beziehung nur der Beteiligten. Diese Veränderung hat weitreichende Folgen bis in die Einzelheiten des psychoanalytischen Prozesses hinein. Viele Psychoanalytiker scheinen sich der Folgen dieses Sachverhaltes heute noch nicht bewußt zu sein. Manche Kollegen machen aus dieser Not (bewußt oder unbewußt) eine Tugend und definieren die Psychoanalyse, die psychoanalytische Beziehung, den psychoanalytischen Prozeß so um, daß die Diskrepanz zwischen den psychoanalytischen Methoden, Prinzipien und den gegenwärtigen Verhältnissen verschwindet.

Nicht jede Veränderung ist jedoch ein wissenschaftlich begründbarer Fortschritt. Unter dem Druck sozialer Entwicklungen, d. h. weitgehend defensiver sozialer Einflüsse, hat schon mancher Psychoanalytiker seine fachliche Identität verloren. Psychoanalytische Ausbildung und Erfahrung schützen davor nicht immer. Denn auch die psychoanalytischen Fachvereinigungen scheinen zunehmend verunsichert in der Einschätzung psychoanalytisch relevanter gesellschaftlicher Entwicklungen (s. hierzu auch 4).

Ein vollständiges Verständnis der geschilderten Verhältnisse gewinnt man allerdings erst dann, wenn man bedenkt, daß der Psychoanalytiker trotz seiner spezifischen Ausbildung, fachlichen Kompetenz und Identität letzten Endes ein Mitglied einer bestimmten Klasse seiner Gesellschaft ist und bleibt. Mit den übrigen Angehörigen des intellektuellen Kleinbürgertums teilt er dessen Ängste und Befürchtungen, Verhaltensweisen und Wertorientierungen weitgehend.

4 Die Mitarbeit in politisch relevanten Planungs- und Reorganisationsprojekten als Experte

In den unter Punkt 3 besprochenen Formen psychoanalytischer Praxis ging es jedesmal um einen psychoanalytischen Umgang mit Menschen in einer unmittelbar persönlichen (interpersonalen) Beziehung mit dem Ziel der Veränderung von Menschen. Nur Setting, Fokus und Bezugsrahmen der psychoanalytischen Beziehung variierten. Bei der Mitwirkung des Psychoanalytikers als Experte an politisch relevanten Planungs- und Reorganisationsprojekten, die unmittelbar auf politische (kollektive) neue Normierungen und, damit verbunden, auf Veränderungen des institutionellen Gefüges gerichtet sind, ist die Situation eine andere. Ich denke z. B. an die Vorbereitung eines neuen Entwurfes für ein Ehegesetz oder für einen Organisationsplan psychiatrischer Anstalten oder an die Ausarbeitung einer Neuregelung im Bereich der Krankenversicherung. Hier kooperiert der Psychoanalytiker als Experte für Psychoanalyse oder Psychotherapie bzw. Psychiatrie zwar mit anderen Fachleuten in Projektgruppen oder anderen Gremien. Auch sucht er naturgemäß auf diese seine Gremiumskollegen im Sinne seiner Vorstellungen Einfluß zu nehmen. Ziel jedoch ist nicht mehr eine persönliche Veränderung der *unmittelbar* beteiligten Partner des Psychoanalytikers, sondern eben die Mitwirkung an einem politisch relevanten Plan oder einer anderen politisch relevanten Maßnahme mit dem Charakter der (Neu-)Normierung für einen bestimmten Bereich menschlichen gemeinsamen Lebens im Sinne der eben aufgeführten Beispiele. Ziel ist eine organisatorische Maßnahme, die einen »überpersönlichen«, allgemeinen Charakter für das betreffende Lebensfeld hat. Der Schritt von der »bifokalen« Institutionenberatung (s. 3.2) zu der Mitwirkung an politischen Planungs- und Reorganisationsprojekten bedeutet das Loslassen der Beziehung zu einzelnen Rollenträgern und Rollenträger-Gruppen (des interpersonalen Aspektes der Psychoanalytikerrolle) zugunsten des ausschließlichen Festhaltens einer bestimmten politisch relevanten Zielsetzung: z. B. Verbesserung der psychotherapeutischen Versorgung der Bevölkerung in einem bestimmten Gebiet. Da sich organisatorische Maßnahmen dieser Größenordnung auf im einzelnen auswechselbare, unbestimmt viele Personen richten, eben auf jeden, für den die betreffende allgemeine Vorschrift gilt, steht hier der Zielaspekt der Psychoanalytikerrolle (im Sinne von 3.2) nicht mehr mit konkreten Personen bzw. Gruppen in Beziehung, sondern nur noch mit einem typischen Bild von Personen bzw. Gruppen: z. B. »dem Patienten psychiatrischer Einrichtungen«, dem »Schüler«, dem »Arbeitnehmer in einem Produktionsbetrieb«, dem »Management eines Industriebetriebes«, dem »Team einer Erziehungsberatungsstelle«. Der Schritt von der Institutionenberatung (in dem dargelegten Sinne) zu der Mitwirkung an politisch relevanten Planungs- und Reorganisationsprojekten beinhaltet ein *Verlassen der psychoanalytischen Situation.* Ich stehe auf dem Standpunkt, daß die ursprünglich duale interpersonale psychoanalytische Situation so weit variiert werden kann, wie ihr *interpersonaler* Charakter aufrechterhalten bleibt. Mit der Aufgabe der unmittelbaren Beziehung zu einzelnen Personen oder (Personen-)Gruppen als *Klienten* ist die Spannweite der psychoanalytischen Situation überzogen.

Es handelt sich folglich hier nicht mehr um eine psychoanalytische Beratungssituation, in der solche Tätigkeit von Psychoanalytikern geschieht. Und diese Tätigkeit ist nicht psychoanalytische Praxis. Es entfallen hier alle Kriterien, Orientierungen und Bezugsrahmen, die für psychoanalytische Praxis in der Psychoanalyse entwickelt, erprobt und ausgearbeitet wurden. Eine genauere Analyse der Rolle, die Psychoanalytiker in solchen organisatorischen Planungs- und Reorganisationsgremien zu spielen haben, macht dies weiter deutlich. Es handelt sich um eine Kooperation von Gremiumsmitgliedern, die – meist unter anderen – psychoanalytische Kompetenzen haben, mit solchen, die andere Kompetenzen in die gemeinsame Arbeit einbringen können, bei der Aufgabe, eine neue Regelung (Normierung) für einen bestimmten Lebensbereich auszuarbeiten. Die primäre Aufgabe ist keine interpersonale, sondern eine überpersönlich-organisatorische, politische. Sie wird unter Berücksichtigung der gegenwärtigen Verhältnisse als Ausgangslage, der zur Verfügung stehenden Ressourcen (einschließlich des nötigen know-how der Experten) und der durch Macht- und Einflußverhältnisse gegebenen Chancen und Restriktionen letztlich durch *politische Zielsetzungen und Wertorientierungen* bestimmt. Diese Aufgabe könnte nur dann eine psychoanalytische sein, wenn sich aus der Psychoanalyse *spezifisch* politische Wertorientierungen und Zielsetzungen eindeutig ableiten ließen. Das ist jedoch nicht der Fall. Auch an dieser Stelle läßt sich zeigen, daß die Psychoanalyse primär eine kritische Theorie und Praxis ist: Gegenstand der Psychoanalyse ist die aus Kindheit und Jugend stammende defensive (krankhafte, unrealistische, eingeengte) *unbewußte Verarbeitung* von Konflikten mit ihren mannigfaltigen Folgen für die erwachsene Persönlichkeit in ihrem Verhältnis zu sich selbst wie zu Partnern bis hin zu den Gesellungsweisen und den kulturellen Produktionsformen. Ziel der Psychoanalyse ist die weitestmögliche Reduktion solcher infantil-inadäquater, unrealistisch-ungünstiger Lösungen mittels einer spezifischen Methodik in einer spezifischen Situation zugunsten erwachsenerer, realistischerer, befriedigenderer, kreativerer Verarbeitung von Spannungen und Konflikten. Das in diese Zielsetzungen mit eingehende Modell von Erwachsenheit, Realitätsverständnis, Befriedigung, Kreativität ist jedoch abhängig und abgeleitet von den diesbezüglichen Vorstellungen (Interpretationen, Idealen) und Möglichkeiten der jeweils umgebenden Gesellschaft und Kultur. Entgegen den Auffassungen vieler gegenwärtiger Autoren, die an der Psychoanalyse ein politisches Interesse nehmen, sind die eben genannten Konzepte der Psychoanalyse keineswegs *spezifisch (originär) psychoanalytisch,* sondern ganz auf der Linie von Interpretationen, die auch sonst in der Wissenschaft und Philosophie, im gesellschaftlichen Leben und in der Kultur vertreten werden.

Ein weiterer Beleg für die hier vertretene Position ergibt sich daraus, daß die *politischen* Zielsetzungen und Wertvorstellungen der Psychoanalyse innerhalb der psychoanalytischen wissenschaftlichen Diskussion selbst kontrovers sind, und zwar ebenso kontrovers wie im gesellschaftlichen Leben und in der Kultur. Das ist zwar gegenwärtig durch das Übergewicht sogenannter neomarxistischer und linksliberaler Beiträge für den oberflächlichen Betrachter ziemlich verdeckt, aber nichtsdestoweniger bei gründlicher Nachforschung offensichtlich. Unter dem Stichwort der politischen Ambivalenz von Freud und entsprechender theoretischer Unentschiedenheit in seinen Werken ist das Problem auch ausdrücklich behandelt worden (vgl. z. B. Dahmer 1973, Fromm 1959, Marcuse 1955, Reimann 1973, Schülein 1975).

Ein weiterer Beleg dafür, daß die Mitarbeit von Psychoanalytikern als Experten in politisch relevanten Planungs- und Reorganisationsprojekten nicht Anwendung von Psychoanalyse (psychoanalytische Praxis) ist, ergibt sich daraus, daß Voraussetzungen und Bedingungen solcher Mitarbeit vom Psychoanalytiker fordern, die mehr oder minder naiv unbefangene Einstellung der übrigen Gremiumsmitglieder zu der Aufgabe politischer Normierung, Reorganisation und Planung zu teilen. Damit ist folgendes gemeint: Die Psychoanalyse hat gezeigt, daß der Motivhintergrund sozialer Haltungen und Einstellungen bei Berücksichtigung der unbewußten Motive sehr komplex ist und mannigfaltige Momente enthält, die der bewußt erlebten und entsprechend geäußerten Absicht, Einstellung und Interessenhaltung gerade entgegengesetzt sind. Darin ist begründet, daß die Wirkungen sozialen und politischen Engagements, sozialer und politischer Aktivitäten und Planungen so häufig – für Nichtpsychoanalytiker verwunderlicherweise – kontraintentional sind, das heißt, eher das Gegenteil dessen darstellen, was eigentlich beabsichtigt war.

Am guten Willen hat es in solchen Fällen meist nicht gefehlt, wohl aber an der Fähigkeit, aus einer *nicht* von defensiven unbewußten Motiven bestimmten Haltung heraus politisch und sozial zu handeln. So korrekt ein Psychoanalytiker in seiner klinischen Rolle z. B. soziale und politische Überzeugungen, Einstellungen und Impulse seiner Patienten aus dem Verständnis von deren unbewußter defensiver Konflikthaftigkeit heraus gegebenenfalls zu analysieren vermag, so sehr wird ihm *durch seine Rolle* in politischen Planungs- und Reorganisationsgremien abverlangt und zugemutet, sein kritisches psychoanalytisches Verständnis zugunsten einer unanalysiert-direkten politischen und sozialen Einstellung (Adlerianismus) zu verleugnen.

All diese Prozesse liegen um so näher, je stärker die Zielsetzung und Aufgabe, um die es sich jeweils handelt, die gesellschaftliche Geltung eines selbstverständlichen, nicht in Frage zu stellenden Wertes hat, wie: die psychotherapeutische Versorgung der Bevölkerung. Die Mitarbeit von Psychoanalytikern in solchem Kontext mag politisch, sozialpsychiatrisch oder psychotherapeutisch durchaus sinnvoll sein, um psychoanalytische Praxis, *psychoanalytische* Anwendung von Psychoanalyse, handelt es sich dabei nicht.

Ein letzter Gesichtspunkt, der das belegt, hängt mit der Expertenfunktion der Psychoanalytiker als Mitglieder solcher Gremien zusammen. In der Regel sind sie nicht primär als Experten für Psychoanalyse berufen, sondern als Ärzte, Anstaltspsychiater, Psychotherapeuten oder Lehrer, Hochschullehrer, Sozialwissenschaftler, Intellektuelle oder Vertreter des kulturellen Lebens. Aber selbst wenn sie von der autorisierenden Instanz ausdrücklich als Experten für Psychoanalyse berufen wurden, folgt daraus nicht, daß sie ihre fachliche Kompetenz als Psychoanalytiker in diesem Kontext auch wirklich ausüben könnten. Das wäre nur möglich, wenn es sich hier (analog dem unter 3.2 besprochenen Fall) um eine psychoanalytische Beratung handeln würde, die einer bestimmten Projektgruppe einer Institution: nämlich einer Planungs- und Reorganisationsgruppe, in Richtung auf Verbesserung und Verfeinerung dieser ihrer nicht-psychoanalytischen, sondern beispielsweise sozialpsychiatrisch-administrativen Aufgabe gewidmet ist. Solch eine beratende, psychoanalytische Mitwirkung von Psychoanalytikern bei solchen Projekten, insbesondere der *Realisierung* von Organisationsentwicklungsprojekten, ist durchaus möglich, steht aber, wie oben ausgeführt, unter anderen Voraussetzungen und Rollenimplikationen (vgl. Fürstenau 1970 a).

Im übrigen gilt der Gesichtspunkt, daß die unmittelbar-direkte Mitwirkung von Psychoanalytikern an politischen (auf kollektive Neunormierung zielenden) Planungs- und Reorganisationsprojekten keine psychoanalytische Praxis ist, auch für Planungs- und Organisationstätigkeit innerhalb psychoanalytischer Einrichtungen und Fachverbände. Die Aporien des psychoanalytischen Ausbildungswesens und die Schwierigkeiten von Psychoanalytikern bei der Organisation bzw. ständigen Reorganisation ihres eigenen Berufsfeldes unterscheiden sich überhaupt nicht von den Problemen von Nicht-Psychoanalytikern in ähnlichen Zusammenhängen (s. hierzu auch 3.5 und Fürstenau 1970b). Auch hier handelt es sich evidentermaßen nicht um psychoanalytische Praxis. Verwunderte Klagen psychoanalytischer Autoren, daß sich auch Psychoanalytiker bei der Selbstorganisation ihres Berufsfeldes in Fachverbänden und Ausbildungsinstitutionen häufig irrational und wenig aufgabenorientiert verhalten, sind zwar subjektiv verständlich, gehen aber von psychoanalytisch-fachlich nicht begründbaren Erwartungen und Ansprüchen aus.

5 Die politische Betätigung als intellektueller Bürger

Über die im eigentlichen Sinne politische Betätigung von Psychoanalytikern als intellektuellen Bürgern im Rahmen von Bürgerinitiativen und Verbänden, die politischen Einfluß anstreben, politischen Parteien, Regierungsbehörden, Parlamenten und verwandten Einrichtungen braucht unter Berücksichtigung dessen, was unter 4 ausgeführt wurde, nur noch wenig gesagt zu werden.

Daß es sich bei der politischen (nicht beratenden) Betätigung von Psychoanalytikern im eigentlichen Feld politischer Gruppierungen und Instanzen nicht um eine psychoanalytische Anwendung von Psychoanalyse, um psychoanalytische Praxis handelt, bedarf keines umständlichen Nachweises. Bekanntlich läßt sich politische Betätigung nicht unmittelbar auf wissenschaftliche Erkenntnis und Erfahrung zurückführen, welch bedeutenden Stellenwert wissenschaftliche Erkenntnisse und Ergebnisse innerhalb einer politischen Position auch haben mögen. Erst auf dem Hintergrund von lebensphilosophischen Grundüberzeugungen, letzten Wertorientierungen und Zielpräferenzen gewinnen sie je unterschiedliches Gewicht. Das wird durch den Sachverhalt nicht berührt, daß inzwischen allenthalben im politischen Leben die Berufung auf die »Autorität der Wissenschaft« ein beliebtes Argumentations- bzw. Agitationsmittel geworden ist. Denn die Auswahl der betreffenden wissenschaftlichen Erkenntnisse und Ergebnisse erfolgt eben jeweils auf dem geschilderten Hintergrund. Politisch sich betätigende Psychoanalytiker nehmen als intellektuelle Bürger keine Sonderstellung ein. Ihre basalen Überzeugungen, Wertorientierungen und Zielpräferenzen sind sicher mehr oder minder in dieser oder jener Richtung von ihren beruflichen psychoanalytischen Erfahrungen mitbeeinflußt; eine eindeutige Wechselbeziehung zwischen psychoanalytischer beruflicher Identität und politischer Position besteht jedoch, wie schon oben (s. 4) erwähnt wurde, nicht. Insofern haben auch Psychoanalytiker ihre politische Betätigung ausschließlich persönlich zu vertreten.

6 Das Problem der Ausweitung des Anwendungsfeldes der Psychoanalyse als einer kritischen Disziplin und Kompetenz

Das Ergebnis dieser Untersuchung ist, daß drei Arten unterschieden werden müssen, wie Psychoanalytiker Psychoanalyse für Tätigkeiten verwerten:

1. Klinische psychoanalytische Praxis (von der Dualbeziehung über die Beziehung zu künstlichen und natürlichen Gruppen bis zum beratenden Umgang mit Institutionen einschließlich Balint-Gruppen-Fortbildungsarbeit);

2. primär nicht-psychoanalytische Tätigkeiten, in die psychoanalytische Kompetenzen in dieser oder jener Form selektiv integriert sind (von der literarischen Tätigkeit als popularisierender Autor über die Mitarbeit in nicht primär psychoanalytischen Einrichtungen und die Mitwirkung in politisch relevanten Planungs- und Reorganisationsprojekten als Experten bis zur Mitarbeit bei der Selbstorganisation in psychoanalytischen Fachverbänden);

3. politische Betätigung als intellektuelle Bürger (mit psychoanalytischer Erkenntnis und Erfahrung als Teil des persönlichen Hintergrunds der politischen Position).

Von diesen drei Verwertungsweisen ist nur die erste als psychoanalytische Praxis zu bezeichnen, weil hier die Verwertung von Psychoanalyse *primär nach psychoanalytischen Methodenkriterien und aufgrund psychoanalytischen Erfahrungswissens in der Beziehung zu konkreten Personen und Gruppen erfolgt.* Die letzten beiden Verwertungsweisen können nicht als psychoanalytische Praxis angesehen werden, weil hier die Verwertung von Psychoanalyse im Rahmen von primär nicht psychoanalytischen Tätigkeiten erfolgt. Durch diesen nichtpsychoanalytischen Bezugsrahmen wird jeweils bestimmt, welchen Stellenwert welche ausgewählten Aspekte psychoanalytischer Erfahrung und Kompetenz innerhalb der betreffenden Tätigkeit haben. Eine primär von der Psychoanalyse her bestimmte methodische Praxis gibt es hier nicht.

Dessen ungeachtet haben sämtliche eben unter 2. und 3. aufgeführten Aktivitäten von Psychoanalytikern eine klare Rechtfertigung und Legitimität. Nur leiten sich Legitimität und methodische Kriterien in diesen Fällen nicht von der Psychoanalyse ab. Die Psychoanalytiker, die diese Tätigkeit ausüben, haben sie beispielsweise als Sozialpsychiater, Beamte des öffentlichen Gesundheitswesens, Verbandsfunktionäre, Pädagogen, Hochschullehrer oder intellektuelle Bürger zu verantworten und zu vertreten. Es gilt hier analog, was ich an anderer Stelle anläßlich eines Sammelbandes über den »psychoanalytischen Beitrag zur Erziehungswissenschaft« zum Verhältnis von Psychoanalyse und Erziehungswissenschaft geschrieben habe: »Die hier versammelten erziehungsrelevanten psychoanalytischen Abhandlungen stellen der Erziehungswissenschaft eine Arbeitsaufgabe. [...] Die Arbeiten entspringen letzten Endes der spezifisch trainierten Wahrnehmungs-, Urteils- und Interventionsfähigkeit bestimmter Experten, die sich Psychoanalytiker nennen. Dies ist der Legitimationshintergrund der Aufsätze. Wenn hier vom psychoanalytischen Beitrag zur Erziehungswissenschaft gesprochen wird, heißt das, daß die reflektierte Erfahrung dieser Experten einer als Integrationswissenschaft verstandenen Erziehungswissenschaft angeboten wird. Die Verarbeitung dieser psychoanalytischen Erfahrung ausdrücklich zu vollziehen, ist der Erziehungswissenschaft damit aufgetragen. [. . .] Erziehungswissenschaftliche Verarbeitung [. . .] im Sinne einer Interpretation und In-Beziehung-Setzung zu anderen erziehungsrelevanten Aspekten ist deshalb zwingend nötig, weil die erziehungsrelevanten psychoanalytischen Beiträge, indem sie in die Erziehungswissenschaft eingebracht werden, ihren ursprünglichen Sinn und Bedeutungszusammenhang verlieren. Es sind jetzt in der Regel andere Experten, solche für Erziehung, die mit ihnen umgehen, nicht mehr Psychoanalytiker. [. . .] Die psychoanalytischen Beiträge fordern also eine neue, eben eine erziehungswissenschaftliche Konkretisierung, sie müssen mit erziehungswissenschaftlichem Wahrnehmen, theoretischem Verarbeiten und Handeln in Beziehung gesetzt werden, wenn sie nicht als ein Fremdkörper, sondern als ein eigenes wichtiges Organ der Erziehungswissenschaft eine Funktion erfüllen sollen« (Fürstenau 1974; S. VIII f.).

Wenn Psychoanalytiker ihre wissenschaftliche Perspektive und Kompetenz selbst durch Kooperation in andere Wirkungszusammenhänge einbringen, gilt ähnliches: Es handelt sich dann nicht mehr um Psychoanalyse. Das, was geschieht, muß von diesen neuen Wirkungszusammenhängen, deren fachlicher Methodik und Theorie her beurteilt und gerechtfertigt werden, sonst entsteht für beide beteiligten Parteien, die Psychoanalytiker und die Vertreter der anderen Berufe, eine unklare Situation mit der Aussicht auf Identitätskonfusion. Gegen solche Unklarheit wehren sich manche Vertreter z. B. der Sozialpsychiatrie, des öffentlichen Gesundheitswesens, der Schul- und Heimerziehung, aber auch bestimmter politischer Gruppen zu Recht, sofern ihre Reserve gegenüber Psychoanalytikern als Kooperationspartnern nicht andere Ursachen hat. Wenn deutlich wird, daß sich Psychoanalytiker beim Eintritt in Kooperationsverhältnisse, die nicht primär psychoanalytisch sind, auf die neuen Bezugsrahmen und Methodenkriterien der jeweiligen Sachbereiche einlassen müssen, dann wird zugleich evident, daß psychoanalytische Praxis als solche etwas ist, das sich von all diesen Weisen der Integration psychoanalytischer Kompetenzen und Aspekte in andere Wirkungszusammenhänge *unterscheidet*.

Diese Untersuchung ist aus der Sorge entstanden, daß unter

der Devise einer möglichst weitgehenden »politisch relevanten« Anwendung von Psychoanalyse die Psychoanalyse selbst und die ihr primär zugeordnete Praxis verunklärt werden und unter dem Druck der Dringlichkeit, der Selbstverständlichkeit und unmittelbaren Überzeugungskraft dieses Motivs selbst Psychoanalytikern die Einsicht verloren gehen könnte, daß die Psychoanalyse – entgegen den Auffassungen der Vertreter der neomarxistischen analytischen Sozialpsychologie – eine ausgesprochen unpolitische wissenschaftliche Kompetenz darstellt. Denn aus der hier vorgelegten Untersuchung folgt, daß die Psychoanalyse als von psychoanalytischen Prinzipien und Methodenkriterien bestimmte Praxis nur so weit reicht, wie die Spannweite der psychoanalytischen Situation, in der Psychoanalytiker mit bestimmten Menschen konkret verändernd umgehen, indem sie ihren Partnern Gelegenheit geben, neue Beziehungsmuster aufzubauen und ihre überkommenen unbewußten Triebabwehrformationen aufzulösen. Trotz ihrer umfassenden Perspektive auf die gesellschaftlich-geschichtliche Welt des Menschen ist die Psychoanalyse nicht politisch anwendbar im Sinne einer Verwertung für kollektive Neunormierungen menschlicher Lebensverhältnisse.

Das ist zuerst im Erziehungsbereich mehr oder minder wohl auch für Außenstehende einsichtig geworden (vgl. Fürstenau 1967; S. 18 f.). Nur in dem Bereich, in dem die Psychoanalyse nach ihren eigenen Prinzipien und Methodenkriterien fachlich kompetent angewandt werden kann, kann sie ihre kritische, und das heißt: verändernde, Funktion erfüllen.

Literatur

Bernfeld, Siegfried (1925), *Sisyphos oder die Grenzen der Erziehung.* Neuausgabe: Suhrkamp, Frankfurt/Main, 1967

Brocher, Tobias, Christa Deichmann und Peter Fürstenau (1972), *Zur Konzeption berufsbezogener gruppendynamischer Laboratorien,* in: *Gruppendynamik* 3, 400

Dahmer, Helmut (1973), *Libido und Gesellschaft. Studien über Freud und die Freudsche Linke.* Suhrkamp, Frankfurt/Main

Deichmann, Christa und Peter Fürstenau (1976), *Über einige Besonderheiten psychoanalytisch-sozialwissenschaftlicher Arbeit mit Gruppen,* in: *Gruppendynamik* 7, 322

Fenichel, Otto (1934), *Über die Psychoanalyse als Keim einer zukünftigen dialektisch-marxistischen Psychologie,* in: Hans-Peter Gente, *Marxismus, Psychoanalyse, Sexpol.* Band 1, Fischer, Frankfurt/Main 1970

Ders. (1938), *The drive to a mass wealth,* in: Otto Fenichel, *Collected Papers.* Second Series. Routledge & Kegan Paul, London 1955

Ders. (1939), *Über Trophäe und Triumph,* in: *Int. Z. Psychoanal. u. Imago* 24, 258

Fromm, Erich (1959), *Sigmund Freuds Sendung.* Ullstein, Frankfurt/Main 1961

Fürstenau, Peter (1964), *Zur Psychoanalyse der Schule als Institution,* in: Peter Fürstenau u. a., *Zur Theorie der Schule,* Beltz, Weinheim, 2. Aufl. 1972

Ders. (1967), *Soziologie der Kindheit.* Quelle & Meyer, Heidelberg, 4. Aufl. 1973

Ders. (1970a), *Institutionsberatung; ein neuer Zweig angewandter Sozialwissenschaft,* in: *Gruppendynamik* 1, 219

Ders. (1970b), *Aktuelle Organisationsprobleme einer psychoanalytischen Vereinigung aus soziologischer Sicht,* in: *Z. Psychother. med. Psychol.* 20, 173

Ders. (1972), *Probleme der vergleichenden Psychotherapieforschung. Eine sozialmedizinische Studie,* in: *Psyche* 26, 423

Ders. (1974), *Vorwort.* In: Peter Fürstenau (Hg.), *Der psychoanalytische Beitrag zur Erziehungswissenschaft.* Wiss. Buchgesellschaft, Darmstadt

Ders. (1976), *Praxeologische Grundlagen der Psychoanalyse. Handbuch der Psychologie,* 8. Bd.: *Klinische Psychologie,* 1. Halbband, Hogrefe, Göttingen 1976

Marcuse, Herbert (1955), *Eros und Kultur. Ein philosophischer Beitrag zu S. Freud.* Klett, Stuttgart, 1957

Miller, E. J. und A. K. Rice (1967), *Systems of Organization.* Tavistock, London

Reimann, Bruno W. (1973), *Psychoanalyse und Gesellschaftstheorie.* Luchterhand, Darmstadt, Neuwied

Schmideberg, Melitta (1932), *Erziehung und Gesellschaftsordnung,* in: *Imago* 18, 245

Schülein, Johann August (1975), *Das Gesellschaftsbild der Freudschen Theorie.* Campus, Frankfurt/Main, N. Y.

Quellennachweise

Peter Fürstenau, *Über die politische Relevanz psychoanalytischer Praxis. Eine praxeologische Studie zur Erinnerung an die kritische Funktion der Psychoanalyse.* Neubearbeitung des Vortrags *Psychoanalyse – Erkenntnisfunktion, Veränderungsfunktion, Trostfunktion,* Universität Frankfurt am Main am 11. 12. 1974. Erstdruck in: *Gruppendynamik,* Jahrgang 8, Heft 1, S. 49-65, 1977.

Otto F. Kernberg, *Normaler und pathologischer Narzißmus. Strukturelle und klinische Überlegungen.* Vortrag Universität Frankfurt am Main am 14. 1. 1975. Erstdruck in engl. Sprache in: *Borderline Conditions and Pathological Narcissism,* Jason Aronson, New York 1975, S. 315-331. Hier: Erstdruck in deutscher Sprache.

Wolfgang Loch und U. Pohlmann, *Psychoanalyse – Forschungsmethode oder Heilmittel?* Vortrag W. Loch, Universität Frankfurt am Main am 18. 1. 1975. Erstdruck der mit U. Pohlmann umgearbeiteten Fassung des Vortrags.

Paul Parin, *Das Mikroskop der vergleichenden Psychoanalyse und die Makrosozietät.* Vortrag Universität Frankfurt am Main am 6. 11. 1974. Erstdruck in *Psyche* 30, Heft 1, S. 1-25, 1976, unter dem Titel *Vergleichende Psychoanalyse und Makrosozietät.*

Horst-Eberhard Richter, *Hat die Psychoanalyse in der Randgruppenarbeit eine Chance?* Erstdruck. Umgearbeitete Fassung des Vortrags an der Universität Frankfurt am Main am 10. 12. 1974 unter dem Titel *Angewandte Psychoanalyse in der Gemeinwesenarbeit.*

Helm Stierlin, *»Rolle« und »Auftrag« im menschlichen Verhalten – Theoretische und klinische Implikationen zweier begrifflicher Ansätze.* Vortrag Universität Frankfurt am Main am 4. 12. 1974. Erstdruck in: *Familiendynamik,* 1. Jg., Heft 1, S. 36-57, unter dem Titel: *»Rolle« und »Auftrag« in der Familientheorie und -therapie.*

Über die Autoren dieses Bandes

Peter Fürstenau, Prof. Dr. phil., Honorarprofessor für Psychoanalyse und Soziologie an der Universität Gießen; Leiter des Instituts für angewandte Psychoanalyse. Wichtige Publikationen: *Soziologie der Kindheit*, Heidelberg 1967; *Der psychoanalytische Beitrag zur Erziehungswissenschaft* (Hrsg.), Darmstadt 1974. Zahlreiche Veröffentlichungen in psychologischen, psychoanalytischen und soziologischen Fachzeitschriften.

Otto F. Kernberg, Professor für Klinische Psychiatrie an der Columbia-Universität New York; vormals Präsident der psychoanalytischen Vereinigung ›Topcka‹. Zahlreiche Publikationen in amerikanischen und internationalen Fachzeitschriften der Psychoanalyse. Wichtigste Veröffentlichung: *Borderline Conditions and Narcissistic Personalities*, New York 1975.

Peter Kutter, Prof. Dr. med. für Psychoanalyse im Fachbereich Psychologie der Universität Frankfurt am Main. Wichtige Publikationen: *Psychiatrische Krankheitsbilder*, in: *Die Krankheitslehre der Psychoanalyse*, Hrsg. v. W. Loch, Stuttgart 1967, 2. Aufl. 1971; *Sozialarbeit und Psychoanalyse*, Göttingen 1974; *Elemente der Gruppentherapie*, Göttingen 1976.

Wolfgang Loch, Prof. Dr. med., Direktor der Abtlg. für Psychoanalyse und Psychotherapie der Universität Tübingen. Wichtige Publikationen: *Voraussetzungen, Mechanismen und Grenzen des psychoanalytischen Prozesses*, Bern/Stuttgart 1965; *Die Krankheitslehre der Psychoanalyse* (Hrsg.), Stuttgart 1967, 2. Aufl. 1971; *Zur Theorie, Technik und Therapie der Psychoanalyse*, Frankfurt am Main 1972; *Über Begriffe und Methoden der Psychoanalyse*, Bern/Stuttgart/Wien 1975.

Paul Parin, Dr. med., Spezialarzt für Psychiatrie; frei in Zürich praktizierender Psychoanalytiker; Präsident der Schweizer psychoanalytischen Vereinigung. Zahlreiche Veröffentlichungen, insbesondere über Grenzprobleme der Soziologie und Psychoanalyse. Mitbegründer der Ethno-Psychoanalyse. Wichtige Publikationen (zusammen mit F. Morgenthaler und P. Parin-Matthèy): *Die Weißen denken zu viel*, Zürich 1963 u. München 1972; *Fürchte deinen Nächsten wie dich selbst*, Frankfurt am Main 1971.

Horst-Eberhard Richter, Prof. Dr. med. et phil., Direktor des Zentrums für psychosomatische Medizin der Universität Gießen. Wichtige Publikationen: *Eltern, Kind und Neurose*, Stuttgart 1967; *Herz-Neurose* (zusammen mit D. Beckmann), Stuttgart 1969; *Patient Familie*, Reinbek bei Hamburg 1970; *Die Gruppe*, Reinbek bei Hamburg 1972; *Lernziel Solidarität*, Reinbek bei Hamburg 1974; *Flüchten oder Standhalten*, Reinbek bei Hamburg 1976.

Helm Stierlin, Prof. Dr. med. et phil., Direktor der Abtlg. für psychoanalytische Grundlagenforschung und Familientherapie, Heidelberg; vormals Acting Chief der Family Studies Section des National Institute of Mental Health, Bethesda, Maryland. Wichtige Publikationen: *Das Tun des Einen ist das Tun des Anderen*, Frankfurt 1971; *Adolf Hitler*, Frankfurt 1975; *Eltern und Kinder im Prozeß der Ablösung*, Frankfurt 1975; *Von der Psychoanalyse zur Familientherapie*, Stuttgart 1975. Mitherausgeber der Zeitschrift *Familien-Dynamik*.

389 Thomas Mann, Leiden und Größe der Meister
390 Viktor Šklovskij, Sentimentale Reise
391 Max Horkheimer: Die gesellschaftliche Funktion der Philosophie
392 Heinrich Mann, Die kleine Stadt
393 Wolfgang Koeppen, Tauben im Gras
394 Cesare Pavese, Das Handwerk des Lebens
395 Theodor W. Adorno, Noten zur Literatur IV
397 Ferruccio Busoni, Entwurf einer neuen Ästhetik der Tonkunst
398 Ernst Bloch, Zur Philosophie der Musik
399 Oscar Wilde, Die romantische Renaissance
400 Marcel Proust, Tage des Lesens
402 Paul Nizan, Das Leben des Antoine B.
403 Hermann Heimpel, Die halbe Violine
404 Octavio Paz, Das Labyrinth der Einsamkeit
405 Stanisław Lem, Das Hohe Schloß
406 André Breton, Nadja
407 Walter Benjamin, Denkbilder
409 Rainer Maria Rilke, Über Dichtung und Kunst
410 Ödön von Horváth, Italienische Nacht
411 Jorge Guillén, Ausgewählte Gedichte
412 Paul Celan, Gedichte I
413 Paul Celan, Gedichte II
414 Rainer Maria Rilke, Das Testament
415 Thomas Bernhard, Die Macht der Gewohnheit
416 Zbigniew Herbert, Herr Cogito
417 Wolfgang Hildesheimer, Hauskauf
418 James Joyce, Dubliner
419 Carl Einstein, Bebuquin
420 Georg Trakl, Gedichte
421 Günter Eich, Katharina
422 Alejo Carpentier, Das Reich von dieser Welt
423 Albert Camus, Jonas
424 Jesse Thoor, Gedichte
425 T. S. Eliot, Das wüste Land
426 Carlo Emilio Gadda, Die Erkenntnis des Schmerzes
427 Michel Leiris, Mannesalter
428 Hermann Lenz, Der Kutscher und der Wappenmaler
429 Mircea Eliade, Das Mädchen Maitreyi
430 Ramón del Valle-Inclán, Tyrann Banderas
431 Raymond Queneau, Zazie in der Metro
433 William Butler Yeats, Die geheime Rose

434 Juan Rulfo, Pedro Páramo
435 André Breton, L'Amour fou
436 Marie Luise Kaschnitz, Gedichte
437 Jerzy Szaniawski, Der weiße Rabe
438 Ludwig Hohl, Nuancen und Details
439 Mario Vargas Llosa, Die kleinen Hunde
440 Thomas Bernhard, Der Präsident
441 Hermann Hesse – Thomas Mann, Briefwechsel
442 Hugo Ball, Flametti
443 Adolfo Bioy-Casares, Morels Erfindung
444 Hermann Hesse, Wanderung
445 Ödön von Horváth, Don Juan kommt aus dem Krieg
446 Flann O'Brien, Der dritte Polizist
447 Giuseppe Tomasi di Lampedusa, Der Leopard
448 Robert Musil, Törleß
449 Elias Canetti, Der Überlebende
450 Robert Walser, Geschwister Tanner
451 Alfred Döblin, Berlin Alexanderplatz
452 Gertrude Stein, Paris Frankreich
453 Johannes R. Becher, Gedichte
454 Federico García Lorca, Bluthochzeit/Yerma
455 Ilja Ehrenburg, Julio Jurenito
456 Boris Pasternak, Kontra-Oktave
457 Juan Carlos Onetti, Die Werft
458 Anna Seghers, Die schönsten Sagen vom Räuber Woynok
464 Franz Kafka, Der Heizer
465 Wolfgang Hildesheimer, Masante
466 Evelyn Waugh, Wiedersehen mit Brideshead
467 Gershom Scholem, Walter Benjamin
468 Rainer Maria Rilke, Duineser Elegien
470 Alain, Die Pflicht glücklich zu sein
471 Wolfgang Schadewaldt, Der Gott von Delphi und die Humanitätsidee
472 Hermann Hesse, Legenden
473 H. C. Artmann, Liebesgedichte
474 Paul Valery, Zur Theorie der Dichtkunst
476 Erhart Kästner, Aufstand der Dinge
477 Stanisław Lem, Der futurologische Kongreß
478 Theodor Haecker, Tag- und Nachtbücher
479 Peter Szondi, Satz und Gegensatz
480 Tania Blixen, Babettes Gastmahl
481 Friedo Lampe, Septembergewitter
482 Heinrich Zimmer, Kunstform und Yoga
483 Hermann Hesse, Musik
486 Marie Luise Kaschnitz, Orte
487 Hans Georg Gadamer, Vernunft im Zeitalter der Wissenschaft

488 Yukio Mishima, Nach dem Bankett
489 Thomas Bernhard, Amras
490 Robert Walser, Der Gehülfe
491 Patricia Highsmith, Als die Flotte im Hafen lag
492 Julien Green, Der Geisterseher
493 Stefan Zweig, Die Monotonisierung der Welt
494 Samuel Beckett, That Time/Damals
495 Thomas Bernhard, Die Berühmten
496 Günter Eich, Marionettenspiele
497 August Strindberg, Am offenen Meer
498 Joseph Roth, Die Legende vom heiligen Trinker
499 Hermann Lenz, Dame und Scharfrichter
500 Wolfgang Koeppen, Jugend
501 Andrej Belyj, Petersburg
504 Juan Rulfo, Der Llano in Flammen
505 Carlos Fuentes, Zwei Novellen
506 Augusto Roa Bastos, Menschensohn
508 Alejo Carpentier, Barockkonzert
509 Elisabeth Borchers, Gedichte
510 Jurek Becker, Jakob der Lügner
512 James Joyce, Die Toten/The Dead
513 August Strindberg, Fräulein Julie
514 Sigmund Freud, Eine Kindheitserinnerung des Leonardo da Vinci
515 Robert Walser, Jakob von Gunten
517 Luigi Pirandello, Mattia Pascal
519 Rainer Maria Rilke, Gedichte an die Nacht
520 Else Lasker-Schüler, Mein Herz
521 Marcel Schwob, 22 Lebensläufe
522 Mircea Eliade, Die Pelerine
523 Hans Erich Nossack, Der Untergang
524 Jerzy Andrzejewski, Jetzt kommt über dich das Ende
525 Günter Eich, Aus dem Chinesischen
526 Gustaf Gründgens, Wirklichkeit des Theaters
528 René Schickele, Die Flaschenpost
529 Flann O'Brien, Das Barmen
533 Wolfgang Hildesheimer, Biosphärenklänge
534 Ingeborg Bachmann, Malina
535 Ludwig Wittgenstein, Vermischte Bemerkungen
536 Zbigniew Herbert, Ein Barbar in einem Garten
537 Rainer Maria Rilke, Ewald Tragy
538 Robert Walser, Die Rose
539 Malcolm Lowry, Letzte Adresse
540 Boris Vian, Die Gischt der Tage
553 Strindberg, Traumspiel
554 Carl Seelig, Wanderungen mit Robert Walser

730 Jean-Luc Dallemagne, Die Grenzen der Wirtschaftspolitik
731 Gesellschaft, Beiträge zur Marxschen Theorie 2
732 Ernst Bloch, Ästhetik des Vor-Scheins 2
733 Alexander Kluge, Gelegenheitsarbeit einer Sklavin
734 Henri Lefebvre, Metaphilosophie. Prolegomena
735 Paul Mattick, Spontaneität und Organisation
736 Noam Chomsky, Aus Staatsraison
737 Louis Althusser, Für Marx
738 Spazier/Bopp, Grenzübergänge. Psychotherapie
739 Gesellschaft, Beiträge zur Marxschen Theorie 3
740 Bertolt Brecht, Das Verhör des Lukullus. Hörspiel
741 Klaus Busch, Die multinationalen Konzerne
742 Methodologische Probleme einer normativ-kritischen Gesellschaftstheorie. Herausgegeben von Jürgen Mittelstraß
744 Gero Lenhardt, Berufliche Weiterbildung und Arbeitsteilung in der Industrieproduktion
745 Brede/Kohaupt/Kujath, Ökonomische und politische Determinanten der Wohnungsversorgung
746 Der Arzt, sein Patient und die Gesellschaft. Herausgegeben von Dorothea Ritter-Röhr
747 Gunnar Heinsohn, Rolf Knieper, Theorie des Familienrechts
749 Rudolf zur Lippe, Bürgerliche Subjektivität
751 Brechts Modell der Lehrstücke. Herausgegeben von Rainer Steinweg
754 Zur Wissenschaftslogik einer kritischen Soziologie. Herausgegeben von Jürgen Ritsert
756 Hannelore/Heinz Schlaffer, Studien zum ästhetischen Historismus
758 Brecht-Jahrbuch 1974. Herausgegeben von J. Fuegi, R. Grimm, J. Hermand
759 Der Weg ins Freie. Fünf Lebensläufe überliefert von H. M. Enzensberger
760 Lodewijk de Boer, The Family
761 Claus Offe, Berufsbildungsreform
762 Petr Kropotkin, Ideale und Wirklichkeit in der russischen Literatur
764 Gesellschaft, Beiträge zur Marxschen Theorie 4
765 Maurice Dobb, Wert- und Verteilungstheorien seit Adam Smith
766 Laermann/Piechotta/Japp/Wuthenow u.a., Reise und Utopie
767 Monique Piton, Anders Leben
768 Félix Guattari, Psychotherapie, Politik und die Aufgaben der institutionellen Analyse
769 Jahoda/Lazarsfeld/Zeisel, Die Arbeitslosen von Marienthal
770 Herbert Marcuse, Zeit-Messungen
771 Brecht im Gespräch. Herausgegeben von Werner Hecht
772 Th. W. Adorno, Gesellschaftstheorie u. Kulturkritik
773 Kurt Eisner, Sozialismus als Aktion
775 Horn, Luhmann, Narr, Rammstedt, Röttgers, Gewaltverhältnisse und die Ohnmacht der Kritik

776 Reichert/Senn, Materialien zu Joyce »Ein Porträt des Künstlers«
777 Caspar David Friedrich und die deutsche Nachwelt. Herausgegeben von Werner Hofman
778 Klaus Fritzsche, Politische Romantik und Gegenrevolution
779 Literatur und Literaturtheorie. Hrsg. von Peter U. Hohendahl und Patricia Herminghouse
780 Piero Sraffa, Warenproduktion mittels Waren
782 Helmut Brackert, Bauernkrieg und Literatur
784 Friedensanalysen 1
787 Gesellschaft, Beiträge zur Marxschen Theorie 5
790 Gustav W. Heinemann, Präsidiale Reden
791 Beate Klöckner, Anna oder leben heißt streben
792 Rainer Malkowski, Was für ein Morgen
793 Von deutscher Republik. Hrsg. von Jost Hermand
794 Döbert R./Nunner-Winkler, G., Adoleszenzkrise und Identitätsbildung
795 Dieter Kühn, Goldberg-Variationen
797 Brecht Jahrbuch 1975
798 Gespräche mit Ernst Bloch. Herausgegeben von Rainer Traub und Harald Wieser
799 Volker Braun, Es genügt nicht die einfache Wahrheit
800 Karl Marx, Die Ethnologischen Exzerpthefte
801 Wlodzimierz Brus, Sozialistisches Eigentum und politisches System
802 Johannes Gröll, Erziehung im gesellschaftlichen Reproduktionsprozeß
803 Rainer Werner Fassbinder, Stücke 3
804 James K. Lyon, Bertolt Brecht und Rudyard Kipling
806 Gesellschaft, Beiträge zur Marxschen Theorie 6
807 Gilles Deleuze/Félix Guattari, Kafka. Für eine kleine Literatur
808 Ulrike Prokop, Weiblicher Lebenszusammenhang
809 G. Heinsohn / B. M. C. Knieper, Spielpädagogik
811 Ror Wolf, Auf der Suche nach Doktor Q.
812 Oskar Negt, Keine Demokratie ohne Sozialismus
813 Bachrach/Baratz, Macht und Armut
814 Bloch/Braudel/L. Febvre u. a., Schrift und Materie der Geschichte
815 Giselher Rüpke, Schwangerschaftsabbruch und Grundgesetz
816 Rainer Zoll, Der Doppelcharakter der Gewerkschaften
817 Bertolt Brecht, Drei Lehrstücke: Badener Lehrstück, Rundköpfe, Ausnahme und Regel
818 Gustav Landauer, Erkenntnis und Befreiung
820 Wolfgang Abendroth, Ein Leben in der Arbeiterbewegung
821 Otto Kirchheimer, Von der Weimarer Demokratie zum Faschismus
822 Verfassung, Verfassungsgerichtsbarkeit, Politik. Herausgegeben von Mehdi Tohidipur
823 Rossana Rossanda / Lucio Magri u. a., Der lange Marsch durch die Krise
824 Altvater/Basso/Mattick/Offe u. a., Rahmenbedingungen und Schranken staatlichen Handelns

825 Diskussion der ›Theorie der Avantgarde‹. Herausgegeben von W. Martin Lüdke
826 Fischer-Seidel, James Joyces »Ulysses«
827 Gesellschaft, Beiträge zur Marxschen Theorie 7
828 Rolf Knieper, Weltmarkt, Wirtschaftsrecht und Nationalstaat
830 Manuela du Bois-Reymond, Verkehrsformen zwischen Elternhaus und Schule
832 Herbert Claas, Die politische Ästhetik Bertolt Brechts vom Baal zum Caesar
833 Peter Weiss, Dramen I
834 Friedensanalysen 2
835-838 Bertolt Brecht, Gedichte in 4 Bänden
839 Géza Róheim, Psychoanalyse und Anthropologie
840 Aus der Zeit der Verzweiflung. Beiträge von Becker/Bovenschen/Brackert u. a.
841 Fernando H. Cardoso/Enzo Faletto, Abhängigkeit und Entwicklung in Lateinamerika
842 Alexander Herzen, Die gescheiterte Revolution
845 Ror Wolf, Die Gefährlichkeit der großen Ebene
847 Friedensanalysen 3
848 Dieter Wellershoff, Die Auflösung des Kunstbegriffs
849 Samuel Beckett, Glückliche Tage
850 Basil Bernstein, Beiträge zu einer Theorie
851 Hobsbawm/Napolitano, Auf dem Weg zum ›historischen Kompromiß‹
852 Über Max Frisch II
853 Brecht-Jahrbuch 1976
854 Julius Fučík, Reportage unter dem Strang geschrieben
856 Dieter Senghaas, Weltwirtschaftsordnung und Entwicklung
858 Silvio Blatter, Genormte Tage, verschüttete Zeit
860 Gombrich/Hochberg/Black, Kunst, Wahrnehmung, Wirklichkeit
861 Blanke/Offe/Ronge u.a., Bürgerlicher Staat und politische Legitimation. Herausgegeben von Rolf Ebbighausen
863 Gesellschaft, Beiträge zur Marxschen Theorie 8/9
864 Über Wolfgang Koeppen. Herausgegeben von Ulrich Greiner
866 Fichant/Pêcheux, Überlegungen zur Wissenschaftsgeschichte
868 Brede/Dietrich/Kohaupt, Politische Ökonomie des Bodens
871 Friedensanalysen 4
873 Produktion, Arbeit, Sozialisation. Herausgegeben von Th. Leithäuser und W. R. Heinz
874 Max Frisch/Hartmut von Hentig, Zwei Reden zum Friedenspreis des Deutschen Buchhandels 1976
879 Peter Bürger, Aktualität und Geschichtlichkeit
881 Loch/Kernberg u. a., Psychoanalyse im Wandel
883 Erwin Piscator, Theater der Auseinandersetzung
885 Hans Dieter Zimmermann, Vom Nutzen der Literatur
887 Über Hans Mayer, Herausgegeben von Inge Jens
891 Friedensanalysen 5

Alphabetisches Verzeichnis der edition suhrkamp